DEPENDÊNCIAS COMPORTAMENTAIS

VIVENDO EM EXCESSOS

ORGANIZAÇÃO
Associação Brasileira de Estudos do Álcool e outras Drogas (ABEAD)

CONSELHO EDITORIAL
Alessandra Diehl
Carlos Salgado
Carolina Costa
Rogério Adriano Bosso
Sabrina Presman
Selene Franco Barreto

DEPENDÊNCIAS COMPORTAMENTAIS

VIVENDO EM EXCESSOS

Artesã

Dependências comportamentais: vivendo em excessos

1ª Edição - 1ª reimpressão novembro 2025

DIRETOR
Alcebino Santana

DIREÇÃO DE ARTE
Tiago Rabello

COORDENAÇÃO EDITORIAL – ABEAD
Alessandra Diehl

REVISÃO
Giovanna Marques Hailer Felipe

CAPA
Roger Bauk
Sérgio Ricardo da Silva Filho

PROJETO GRÁFICO E DIAGRAMAÇÃO
Conrado Esteves

Catalogação na publicação
Elaborada por Bibliotecária Janaina Ramos – CRB-8/9166

A138d

ABEAD - Associação Brasileira de Estudos do Álcool e outras Drogas

Dependências comportamentais: vivendo em excessos / ABEAD - Associação Brasileira de Estudos do Álcool e outras Drogas; Organização de Alessandra Elena Diehl Branco dos Reis; Prefácio de Renata Brasil Araujo; Apresentação de Alessandra Diehl. – Belo Horizonte: Artesã, 2024.

264 p.; 16 X 23 cm

ISBN 978-85-7074-106-6

1. Dependências comportamentais. 2. Compulsão. 3. Amor patológico. 4. Dependência de jogos de azar. I. ABEAD - Associação Brasileira de Estudos do Álcool e outras Drogas. II. Reis, Alessandra Elena Diehl Branco dos (Organizadora). III. Araujo, Renata Brasil (Prefácio). IV. Diehl, Alessandra (Apresentação). V. Título.

CDD 306.7

Índice para catálogo sistemático
I. Sexualidade

IMPRESSO NO BRASIL
Printed in Brazil

(31) 2511-2040 (31) 99403-2227
www.artesaeditora.com.br
Rua Rio Pomba 455, Carlos Prates - Cep: 30720-290 | Belo Horizonte - MG
/artesaeditora

Agradecimentos

Ao apresentar o Livro *Dependências Comportamentais*, ABEAD sente-se mais uma vez orgulhosa por contar com um time de profissionais dispostos a divulgar as melhores práticas em diagnóstico, tratamento e prevenção de transtornos aditivos. Desta vez, o foco é posto nas adições comportamentais. A generosidade dos pacientes e de cada voluntário que contribuiu para esta publicação merece sempre o maior destaque, contudo, sem o registro criterioso que cada colaborador nos oferece, a imensa receptividade de nossa Editora pouco poderia fazer. A ABEAD felicita todo o time, capitaneado pela Dra. Alessandra Diehl, pelo produto que ora apresenta ao público, o qual prestigia as ações da ABEAD. A editoria primorosa da Editora merece nossos aplausos!

Sumário

Prefácio

A Associação Brasileira de Estudos do Álcool e outras Drogas (ABEAD) é composta por profissionais experientes e destacados nessa área, com um longo histórico na difusão de conhecimento científico a respeito dos Transtornos por Uso de Substâncias (TUS) e temas correlacionados a este. A ABEAD apresenta este novo material de extrema relevância clínica, o livro *Dependências Comportamentais: vivendo em excessos.* Ele segue a linha de raciocínio dos estudiosos da área que vêm ampliando o entendimento das adições para além da dependência química.

Desde a publicação do Manual Diagnóstico e Estatístico de Transtornos Mentais 5.ª edição (DSM-5) pela Associação Psiquiátrica Americana (APA), vem sendo adotada a ideia de que os TUS fazem parte de um grupo de transtornos denominados *Aditivos.* Nesse manual, há um destaque para o transtorno do jogo, contudo, sendo discutida também uma tendência a serem incluídos outros tipos, como a compulsão sexual e por compras (ambos quando não associados a episódios maníacos), a adição à internet, etc. No do Manual Diagnóstico e Estatístico de Transtornos Mentais 5.ª edição (DSM-5), texto revisado (DSM-5-TR), versão mais recente do manual, apesar das expectativas de que outros transtornos aditivos fossem incluídos, ainda não foram realizadas essas mudanças, o que deixa dúvidas de como o tema será tratado em novas edições.

Por outro lado, já foram incluídos na Classificação Internacional das Doenças em sua décima primeira versão (CID-11), o manual diagnóstico publicado pela Organização Mundial de Saúde. No capítulo dos transtornos do controle do impulso, aparecem o transtorno do comportamento sexual compulsivo e o *Gaming Disorder*, o que demonstra a preocupação com esse tipo de descontrole, no qual o desejo ou a fissura e a busca por sua realização estão marcadamente presentes.

Nessa mesma linha de reflexão, um ano antes da publicação do DSM-5, eu tinha cunhado o termo transtornos do exagero e defendido a ideia de que poderiam ser agrupados, em um mesmo *clustter*, alguns transtornos do espectro compulsivo e impulsivo. Para seu tratamento, é necessário trabalhar a motivação para a mudança, avaliar e questionar as crenças aditivas (exageradas) e ensinar técnicas de prevenção de recaída e manejo da fissura.

A importância dessa discussão é de ordem clínica. Esses transtornos, caracterizados nos manuais como impulsivos, têm também componentes cognitivos. Eles são não só automáticos ou impulsivos, havendo um desejo que pode ser freado quando houver dúvidas quanto à sua realização. Assim, torna-se crucial usar técnicas que são aplicadas nos casos de adições (como as motivacionais e cognitivas), para que possamos ter sucesso nos atendimentos.

Este livro comprova o quanto a ABEAD tem se atualizado em termos desse conceito ampliado das adições e que segue cumprindo a sua missão de pesquisar e divulgar informações científicas baseadas em evidências com relação a esse tema. O livro aborda tópicos muito relevantes, como o *Gaming Disorder*, o transtorno do comportamento sexual compulsivo, a compulsão alimentar e por compras, o amor patológico, o transtorno do jogo, o transtorno de escoriação, a tricotilomania, e ainda, um assunto pouco discutido na literatura, que é o comportamento *workaholic*. Cada um deles é aprofundado quanto às suas especificidades diagnósticas, sendo realizadas reflexões a esse respeito e, no caso de alguns transtornos, são apresentadas estratégias para a prevenção e o tratamento, tornando esta obra ainda mais interessante.

Espero que você, leitor, sinta o mesmo entusiasmo que eu tive ao ler este livro e que possa utilizá-lo como um meio, fundamentado cientificamente, para compreender e auxiliar esses indivíduos que tanto sofrem, devido a seus comportamentos exagerados.

Renata Brasil Araujo

Apresentação

Há muitos anos, pesquisadores e profissionais da saúde vêm observando o fenômeno das chamadas dependências comportamentais. Elas têm recebido atenção crescente na literatura científica nas últimas décadas, chegando a ser qualificadas, por alguns autores, como a *praga de nossa era.* Isaac Marks, na década de 90 (Hollander, 1993; Starcevic, 2016), introduziu o termo "dependência comportamental (não química)", por meio da descrição de desejos repetidos de se envolver em comportamentos contraproducentes e a proposta de que fossem aproximados do Transtorno obsessivo-compulsivo (TOC).

Com o decorrer do tempo, as evidências foram mostrando semelhanças na fenomenologia e na biologia destas condições com os Transtornos por Uso de Substâncias (TUS). Por exemplo, muitas pessoas com Transtorno por Jogo (TJ) relatam desejo ou estado de fissura antes de jogar, assim como os indivíduos com dependência de substâncias; o jogo muitas vezes diminui a ansiedade e resulta em um estado de humor positivo ou "alto" (*high*), semelhante à intoxicação por substâncias; e a desregulação emocional muitas vezes contribui para a fissura por jogos de azar, da mesma forma que ocorre com a fissura por álcool ou outras drogas (Grant; Chamberlain, 2016).

No entanto, a introdução deste conceito é relativamente nova na psiquiatria, uma vez que foi somente depois de 2010 que o termo *dependências comportamentais* foi adicionado à classificação oficial de transtornos psiquiátricos no Manual Diagnóstico e Estatístico de Transtornos Mentais, Quinta Edição (American Psychological Association (APA), 2014). Nessa edição do manual americano, houve um reposicionamento também do transtorno por jogo na seção de transtornos por uso de substâncias, e foi introduzido o transtorno por jogo na internet no apêndice de pesquisa. Cabe ressaltar que a Classificação Internacional de

Doenças na sua décima primeira versão (CID-11) também a considera (Grant & Chamberlain, 2016; Wegmann & Brand, 2021).

Esses esforços de classificação e inclusão têm sido informados também por dados neurocientíficos. Existe um desafio atual em traduzir uma compreensão neurocientífica desses transtornos em tratamentos mais eficazes. Comportamentos que podem estar atrelados a um envolvimento excessivo ou problemático incluem jogos de azar, uso da internet e jogos, comida, compras, amor, sexo, trabalho e exercícios, por exemplo (Banz et al., 2019). Até mesmo dependências por bronzeamento "*in door*" e dependência de redes sociais vêm sendo cogitadas como formas de dependência comportamental (Wegmann & Brand, 2021). Curioso que a dependência em bronzeamento também pode estar associada ao uso problemático de várias substâncias, daí a importância de abordar a dependência de bronzeamento e outras formas de dependências no contexto de comorbidades comportamentais e da cultura em que vivemos para reduzir esse comportamento de alto risco, principalmente entre jovens (Miller et al., 2018).

Existem também argumentamos que os comportamentos aditivos se desenvolvem como consequência das interações entre variáveis predisponentes, respostas afetivas e cognitivas a estímulos específicos e de funções executivas, tais como o controle inibitório e a tomada de decisão. No processo de denvolvimento de comportamentos aditivos, as associações entre reatividade e fissura e diminuição do controle inibitório contribuem para o desenvolvimento de comportamentos habituais. Um desequilíbrio entre as estruturas dos circuitos frontoestriatais, particularmente entre o estriado ventral, a amígdala e as áreas pré-frontais dorsolaterais, pode ser particularmente relevante nos estágios iniciais e o estriado dorsal nos estágios posteriores dos processos aditivos (Brand et al., 2019).

Reconhecer uma constelação de sintomas como um transtorno mental permite que a condição seja diagnosticada e classificada de forma consistente. Ademais, um diagnóstico possibilita também o aprimoramento do estudo da etiologia, desenvolvimento de medidas preventivas e de tratamento, reduzindo a morbimortalidade. Por outro lado, a "proliferação" de novas categorias de transtornos mentais justifica questionamentos sobre sua validade externa, pois pode minimizar experiências de indivíduos que possuem deficiências em graus variáveis e que não necessariamente poderiam ser compreendidas como transtornos mentais (Petry et al., 2018).

Os principais debates neste campo então entre as fronteiras da filosofia e da psiquiatria, incluindo a melhor forma de definir os transtornos mentais, validá-los e otimizar sua metaestrutura. No meio deste debate estão construtos "essencialmente contestados" que requerem consideração, avaliação e julgamento contínuos, assim como, a complexidade da psicopatologia dos mesmos sugerem múltiplas abordagens igualmente legítimas para explicar seus mecanismos. Ao otimizarmos a metaestrutura, as considerações não psicobiológicas são também cruciais e fundamentais para o entedimento de abordagens dentro de uma perspectiva de saúde mental pública (Stein; Lochner, 2022).

À medida que a sociedade evolui, a expressão de alguns transtornos mentais também parece ter mudado. Um exemplo é o da relação da humanidade com as tecnologias de comunicação. Seria válido afirmar que a tecnologia está criando novos transtornos ou dependências? Somos todos dependentes de nossos *smartphones*? Será que um comportamento que ocorre fora do domínio do chamado "normal ou esperado", ou ainda, mesmo no limite superior do "normal", pode ser considerado de fato uma doença ou um transtorno? Os padrões de comportamento excessivo são simplesmente "comportamentos inadequados" ou são reflexos de anormalidades neurobiológicas subjacentes dos chamados "cérebros sequestrados"? Todas estas questões são importantes quando se considera um novo transtorno mental, e talvez sejam particularmente pertinentes no contexto das dependências comportamentais (Petry et al., 2018).

Enquanto as pesquisas avançam, a prática clínica de nossos consultórios e o cotidiano dos serviços de saúde já estão se deparando com essa nova realidade que não para de nos desafiar. Durante a pandemia da COVID-19, por exemplo, observamos o aumento de algumas expressões destes comportamentos. Entre fevereiro e março de 2020, o *Pornhub*, uma das maiores plataformas de pornografia, identificou um aumento significativo de sua utilização, variando de 4% a 24%, dependendo dos países avaliados (Mestre-Bach et al., 2020). Embora já tivesse apresentado um aumento progressivo nos últimos anos, durante a primeira fase do *lockdown* da pandemia da COVID -19, o uso desse *site* aumentou significativamente, provavelmente como forma de escapar de situações estressantes, devido a restrições necessárias para a saúde e controle da pandemia. Paralelamente, outros comportamentos anômalos semelhantes, como o comprar compulsivo ou o comer em excesso, também têm demonstrado associação com ansiedade e sentimentos de desamparo no contexto da pandemia atrelados a dificuldades interpessoais em lidar com o *stress* (Baenas et al., 2020).

Os profissionais de saúde ainda se sentem imensamente inseguros para lidar com uma série de dependências comportamentais por desconhecer sintomas, comorbidades e possibilidades de abordagens terapêuticas. Da mesma forma, educadores e pais também se preocupam, pois gostariam de se antecipar aos possíveis problemas e trabalhar em prol da prevenção de diversos destes fenômenos contemporâneos que se traduzem em comportamentos dissonantes. Os adolescentes parecem ser particularmente vulneráveis ao desenvolvimento de transtornos associados ao sistema de recompensa. O uso excessivo de *videogames* e da internet, por exemplo, é altamente prevalente na juventude e no início da idade adulta, o que reforça a necessidade de prevenção e intervenção precoce (Lindenberg et al., 2022).

Foi dentro de todos esses contextos que essa obra nasceu. A partir de um encontro presencial da Associação Brasileira de Estudos do Álcool e outras Drogas (ABEAD), no Rio de Janeiro em 2022, associados e convidados discutiram estes assuntos. Detalharam-se métodos de avaliação e taxas de prevalência para uma série de condições que podem ser consideradas dependências comportamentais. Foram examinados dependência de sexo, internet, *games*, compras, jogos de azar, comida, amor, juntamente com comorbidades psiquiátricas, fatores de risco demográficos e biológicos e potenciais abordagens para prevenção e tratamento.

A proposta resultante foi organizar uma obra profissional com 17 capítulos, cuja finalidade é contribuir para o universo editorial neste campo do saber. Assim, a obra *Dependências Comportamentais: vivendo em excessos* apresenta enfoques teóricos, enriquecida pelo exame de aspectos ligados à prática clínica, por meio de uma linguagem científica amistosa que permite uma leitura fluida, de forma a ser palatável para qualquer público da área da saúde e educação.

Eu tenho certeza de que vocês irão gostar muito! Boa leitura!

Alessandra Diehl

Referências

American Psychiatric Association. (APA) (2014). *Manual diagnóstico e estatístico de transtornos mentais: DSM-5.* Porto Alegre: Artmed.

Baenas I., Caravaca-Sanz E., Granero R., Sánchez I., Riesco N., Testa G., Vintró-Alcaraz C., Treasure J., Jiménez-Murcia S., & Fernández-Aranda F. (2020). COVID-19 and eating disorders during confinement: Analysis of factors associated with resilience and aggravation of symptoms. *Eur Eat Disord Rev.*;28(6):855-863.

Brand M., Wegmann E., Stark R., Müller A., Wölfling K., Robbins TW, & Potenza MN. 92019). The Interaction of Person-Affect-Cognition-Execution (I-PACE) model for addictive behaviors: Update, generalization to addictive behaviors beyond internet-use disorders, and specification of the process character of addictive behaviors. *Neurosci Biobehav Rev.* 2019; 104:1-10. doi: 10.1016/j.neubiorev.2019.06.032. Epub Jun 24.

Grant JE, & Chamberlain SR. (2016). *Expanding the definition of addiction: DSM-5 vs. ICD-11.* CNS Spectr. 21(4):300-3. doi: 10.1017/S1092852916000183. Epub May 6.

Hollander E. (1993). *Obsessive-Compulsive Related Disorders.* Washington, DC: American Psychiatric Press.

Lindenberg K, Kindt S, & Szász-Janocha C. (2021). Effectiveness of Cognitive Behavioral Therapy-Based Intervention in Preventing Gaming Disorder and Unspecified Internet Use Disorder in Adolescents: A Cluster Randomized Clinical Trial. *JAMA Netw Open.* 1;5(2): e2148995. doi: 10.1001/jamanetworkopen. 48995.

Mestre-Bach G., Blycker G. R., & Potenza M. N. (2020). Pornography use in the setting of the COVID-19 pandemic. *J. Behav. Addict.* 9(2):181-183.

Miller KA, Piombo SE, Cho J, Higgins S, Wysong A, Sussman S, Cockburn MG, & Leventhal AM. (2018). Prevalence of Tanning Addiction and Behavioral Health Conditions among Ethnically and Racially

Diverse Adolescents. *J Invest*, Dermatol, 138(7):1511-1517. doi: 10.1016/j.jid.2018.02.018. Epub 8 Feb 23.

Petry NM, Zajac K, & Ginley MK. (s.d.). Behavioral Addictions as Mental Disorders: To Be or Not To Be? *Annu Rev Clin Psychol.* 20187; 14:399-423. doi: 10.1146/annurev-clinpsy-032816-045120.

Starcevic V. (2016). Behavioural addictions: A challenge for psychopathology and psychiatric nosology. *Aust N Z J Psychiatry.* 50(8):721-5. doi: 10.1177/0004867416654009. Epub Jun 29.

Stein DJ, & Lochner C. (2022). Nosology of behavioral addictions: Intersections with philosophy of psychiatry. J Behav Addict. 13;11(2):186-190. doi: 10.1556/2006.2022.00033. Print Jul 13.

Wegmann E, & Brand M. (2021). Affective and cognitive processes involved in behavioral addictions. Addict Behav. 118:106885. doi: 10.1016/j.addbeh.2021.106885. Epub Feb 22.

I.

Jogos eletrônicos, digitais e outros

CAPÍTULO 1

Por que a dependência a jogos eletrônicos é uma doença mental?

Thiago Pianca

É ainda um tema bastante controverso a definição de que um comportamento, tal como o uso de jogos eletrônicos, possa se tornar aditivo ou capaz de induzir dependência, semelhantemente como ocorre com o uso de substâncias tais como álcool, tabaco e outras drogas. No entanto, já há algumas décadas, reconhece-se que, ao menos um outro tipo de comportamento, como o uso dos chamados "jogos de azar", possa gerar sérios comprometimentos em diversas áreas funcionais. Porém, é ainda muito recente o entendimento de que, mesmo os jogos eletrônicos, os quais não envolvem necessariamente grandes valores financeiros, possam vir a gerar quadros de dependência.

Cabe lembrar aqui que os próprios jogos eletrônicos (ou *games*, termos que usaremos de forma intercambiável nesse texto) são relativamente recentes na história, tendo sua popularização apenas a partir da década de 80. É natural que só seja possível conhecer possíveis prejuízos sobre algo novo após algum tempo. Lembremos que foi assim também com os cigarros, o qual levou certo tempo até serem reconhecidos seus malefícios e seu poder de causar dependência.

Este capítulo tem o objetivo de apresentar três razões principais para demostrar ao leitor que dependência de *games* pode ser considerada uma doença mental. São elas: (1) porque assim é definido pelos manuais, (2) porque causa prejuízo e (3) porque existe tratamento para esta condição.

Porque é assim definido pelos manuais

Aqui nos referimos aos dois grandes manuais diagnósticos usados na psiquiatria atual: o *Diagnostic and Statistic Manual for Mental Disorders,* na sua quinta versão (DSM-5) (American Psychiatric Association, 2014) e a Classificação Internacional das Doenças, na sua décima primeira versão, CID-11 (Zhang et al., 2022). Ambos apresentam categorias para o diagnóstico do uso problemático de *games*. Claro que seria muito simplista apenas afirmar que "é doença porque decretaram que seja, e ponto", portanto, é necessário analisar ambas as proposições.

Em 2013, a 5ª edição do DSM (American Psychiatric Association, 2014) inseriu o Transtorno do Jogo pela Internet (TJI) como uma condição para estudos posteriores. Em outras palavras, naquele momento, foi considerado que a literatura disponível era insuficiente para constituir um diagnóstico formal, e que seriam necessários mais estudos para finalmente estabelecer o TJI como transtorno. Esse proto-diagnóstico foi incluído na seção 3 do DSM, para estimular pesquisadores a utilizá-los e, assim, obter mais informações necessárias para consolidar o diagnóstico. Já naquela época, o TJI era considerado um transtorno comportamental não relacionado a substâncias, a ser possivelmente incluído junto de outros transtornos aditivos. Os seus critérios diagnósticos eram baseados nos critérios usados de longa data para dependência de substâncias e jogo patológico (Petry, Rehbein, KO, & O'Brien, 2015) (ver quadro 1).

Quadro 1 – Construção dos critérios para transtorno do jogo pela Internet no DSM-5

Critérios do Transtorno do Jogo pela Internet (TJI)	Critérios de uso de substâncias	Critérios de jogo patológico
1. Preocupação com o jogo pela internet.	-	X
2. Sintomas de abstinência quando não jogando.	X	X
3. Tolerância	X	X
4. Tentativas fracassadas de reduzir ou parar de jogar.	X	X
5. Perda de interesse por outras atividades.	X	-
6. Continua a jogar apesar de problemas associados.	X	-

Critérios do Transtorno do Jogo pela Internet (TJI)	Critérios de uso de substâncias	Critérios de jogo patológico
7. Mente ou engana para ocultar jogo em excesso.	-	X
8. Joga para evitar afetos negativos.	-	X
9. Arrisca perder oportunidades de carreira ou relacionamentos por causa de jogo excessivo.	-	X

Fonte: Adaptado de Petry et al. *Curr Psychiatry* Rep (2015) 17.72.

Na sua revisão mais recente, a CID-11 incluiu o diagnóstico de *Gaming Disorder* (World Health Organization (WHO), n.d.). Esse termo ainda não apresenta tradução oficial para o português, mas deve muito em breve ser traduzido como transtorno por jogos eletrônicos. Diferentemente do DSM-5 (American Psychiatric Association, 2014), a CID-11 (Zhang et al., 2022) apresenta apenas três critérios principais para o diagnóstico:

- **perda de controle** sobre o hábito de jogar *games*;
- aumento da **prioridade** dos jogos em detrimento de outras atividades;
- **continuidade** do uso, apesar de consequências negativas.

Os sintomas devem estar presentes por *pelo menos 12 meses*, e o paciente precisa apresentar *prejuízo pessoal, familiar, social ou educacional significativo*. Em relação ao TJI, *o Gaming Disorder* dá menos ênfase à característica dos jogos eletrônicos serem realizados predominantemente via internet, retirando esse termo do nome e incluindo um especificador do diagnóstico, que pode ser "predominantemente *on-line*" ou "predominantemente *offline*".

Cabe chamar a atenção, o fato de que ambas as proposições diagnósticas pressupõem que o paciente tenha algum tipo de prejuízo em sua vida, decorrente dos sintomas – assunto que abordaremos a seguir.

Porque causa prejuízos

Um diagnóstico em saúde mental, em geral, requer que os sintomas e sinais apresentados pelo paciente sejam responsáveis por prejuízos significativos em uma ou mais áreas da vida do indivíduo. Tal exigência trata-se de uma medida de segurança, a qual visa evitar que comportamentos funcionais sejam patologizados – e justamente nessa questão reside a maior controvérsia a respeito do Transtorno do Jogo Eletrônico (TJE). Mesmo entre pesquisadores da área, há receios sobre a inclusão do TJE como diagnóstico na CID-11, justamente por poder considerar doença algo que é um comportamento normal (enquanto mais frequente, mais encontradiço, mais comum) e inofensivo para a grande maioria dos bilhões de pessoas que fazem uso de jogos eletrônicos todos os dias (Van Rooij et al., 2018).

Entre os prejuízos descritos do TJE, encontramos alguns relacionadas diretamente ao efeito cerebral dos jogos ou à falta dos mesmos (abstinência), tais como: mudanças no humor, incluindo irritabilidade e tédio; alterações no ciclo sono-vigília; piora da qualidade do sono; depressão, ansiedade e risco de suicídio (King & Delfabbro, 2019). Também há aqueles prejuízos relacionados a aspectos físicos decorrentes da forma de jogar, incluindo desconforto físico, dores lombares, lesões por esforço repetido, alterações visuais, sedentarismo e obesidade. Ademais, cabe ainda destacar a maneira como o jogador se relaciona com o mundo e as pessoas ao seu redor, resultando perda de amizades "no mundo real"; isolamento social, conflitos familiares, separação e divórcio; perdas de produtividade no trabalho; faltas, abandono escolar e insegurança financeira (KIng & Delfabbro, 2019).

Porque pode ser tratado

Ressalte-se que de muito pouco serve poder considerar algo como um diagnóstico, se não há possibilidade de algum tipo de tratamento. A literatura geral sobre TJE tem crescido consideravelmente nos últimos anos, mas, infelizmente, a área específica do tratamento parece não crescer na mesma velocidade. Possivelmente, seja porque há maiores dificuldades para a realização de estudos, testando diferentes modalidades de tratamento, em comparação a outros tipos de publicação, como estudos transversais e artigos de opinião, os quais são bem mais prevalentes (King & Delfabbro, 2019).

Mesmo assim, já há uma considerável base de evidência sobre tratamento. Uma metanálise recente (King et al., 2017) incluiu trinta estudos, sendo que nove deles eram ensaios clínicos randomizados. Há uma grande variedade de modalidades de tratamento sendo pesquisadas, entre elas, Terapia Cognitivo-Comportamental (TCC), Entrevista Motivacional (EM), treinamento de realidade, tratamentos multimodais combinando aconselhamento com outras técnicas psicológicas, uso de medicações e eletro acupuntura. A maneira de medir os desfechos dos tratamentos empregados também foi muito heterogênea, com utilização de escalas diferentes entre os diversos estudos. Alguns não utilizaram a mesma escala antes e após o tratamento, alguns incluíram ansiedade e depressão como desfechos e apenas os estudos farmacológicos pesquisaram efeitos adversos. A meta-análise concluiu que, apesar da literatura em crescimento, é muito difícil tecer conclusões pela heterogeneidade dos estudos, além da baixa qualidade metodológica de vários deles. Entretanto, ela aponta que o tratamento com TCC é, no momento, o que tem a maior base empírica.

Há também uma meta-análise sobre tratamentos para adição à internet, um pouco anterior, de Winkler e colaboradores (Winkler, 2013). Apesar de não contar com estudos publicados depois de 2012, o que essa meta-análise acrescenta é uma avaliação do tamanho de efeito dos tratamentos. As modalidades são as mesmas descritas na revisão de King e colaboradores (King, 2017), à exceção de eletro acupuntura, e os tamanhos de efeito foram grandes para todos os tipos de intervenção, sendo que nenhum tipo de intervenção demonstrou superioridade em relação aos demais.

O que é possível concluir desses estudos? Há a necessidade de mais e melhores estudos para definir exatamente o que funciona melhor – em especial, as intervenções farmacológicas, visto que nenhuma medicação até hoje teve mais de um ensaio clínico randomizado testando sua eficácia. Mas podemos afirmar que sim, há tratamentos para o TJI, que conseguem reduzir os prejuízos desse transtorno e que, portanto, vale a pena diagnosticar e tratar especificamente.

Implicações para a prática clínica

De que forma esse assunto pode ser abordado na prática clínica? Antes de mais nada, é necessário estar atento não apenas a critérios diagnósticos. Deve-se olhar para além deles e buscar sempre evidência de *prejuízo funcional* do uso de internet e eletrônicos na vida dos pacientes. A maioria das pessoas não apresenta qualquer tipo de prejuízo de fato, enquanto todos os pacientes que preenchem critérios diagnósticos para TJI apresentam prejuízo, por definição. No entanto, cabe ressaltar que há um grupo de pacientes que não apresenta todos os critérios para TJI e, mesmo assim, pode apresentar prejuízos importantes. Por exemplo: há pessoas que podem gastar grandes quantias, a ponto de comprometer o orçamento pessoal ou se endividar. Há uma crescente popularização dos jogos de azar feitos por meio dos *smartphones*, gerando uma espécie de intersecção entre TJI e jogo patológico, com o agravante de que o cassino se encontra, a todo momento, ao acesso dos dedos dos apostadores.

Ainda não há claramente na literatura recomendações para abordagem rotineira e preventiva desse assunto em consultas clínicas. Mas é da minha opinião que sempre que surgirem na prática clínica suspeitas de que pode haver uso excessivo ou inadequado dos meios eletrônicos, isso seja melhor investigado. Em especial, cabe buscar, com o paciente, se há algum tipo de descontrole em relação ao uso, seja por excesso de tempo de uso, de gastos, de atenção excessiva ou de uso em situações impróprias. Deve ser investigado também se há algum tipo de *arrependimento* sobre a maneira com que o paciente se relaciona com a tecnologia – por perdas em relacionamentos, oportunidades ou algo de outro tipo.

Ao identificando o diagnóstico de *Gaming Disorder*, ou problemas relacionados ao uso de *games*, mesmo sem o diagnóstico, é fundamental a busca por comorbidades, tais como Transtorno de Déficit de Atenção e Hiperatividade (TDHA) e depressão, por exemplo. Na prática clínica, frequentemente outros diagnósticos estão associados e, por vezes, até mesmo explicam os problemas com eletrônicos. No entanto, não se deve assumir que todos os casos de *Gaming Disorder* sejam secundários a outros transtornos.

Pelo exposto, o transtorno tem boa resposta aos tratamentos psicoterápicos e manejo comportamental, e os terapeutas habituados ao tratamento de outras adições não terão grandes problemas em adaptar as técnicas que já dominam para esse transtorno.

Referências

American Psychiatric Association. (2023). *Manual Diagnóstico e Estatístico de Transtornos Mentais – DSM-5-TR: Texto Revisado*. 5 ed. Porto Alegre: Artmed, 2023.

King DL, Delfabbro PH, Wu AMS, Doh YY, Kuss DJ, & Pallesen S. (2016). Treatment of Internet gaming disorder: An international systematic review and CONSORT evaluation. Clin Psychol Rev [Internet]. 2017;54 (November):123-33. Retrieved mar. 2024, from http://dx.doi.org/10.1016/j.cpr.2017.04.002.

Petry NM, Rehbein F., Gentile D A, Lemmens J.S, Rumpf H-J, & Mößle T, et al. (2014). An international consensus for assessing internet gaming disorder using the new DSM-5 approach. Addiction [Internet]. 2014 Sep [cited 2014 Oct 6];109(9):1399-406. Retrieved mar. 2024, from http://www.ncbi.nlm.nih.gov/pubmed/24456155.

van Rooij AJ, Ferguson CJ, Colder Carras M, Kardefelt-Winther D, Shi J, & Aarseth E. (2018). A weak scientific basis for gaming disorder: Let us err on the side of caution. *J Behav Addict* [Internet]. 7(1):1-9. Retrieved mar. 2024, from http://www.akademiai.com/doi/10.1556/2006.7.19.

Winkler A, Dörsing B, Rief W, Shen Y, & Glombiewski JA. (2013). Treatment of internet addiction: A meta-analysis. *Clin Psychol Rev* [Internet]. 33(2):317–29. Retrieved mar. 2024, from http://dx.doi.org/10.1016/j.cpr.2012.12.005.

World Health Organization (WHO). (2019). ICD-11 [Internet]. [cited 2018 Nov 28]. Available from: https://icd.who.int/

Zhang L, Luo T, Hao W, Cao Y, Yuan M, & Liao Y. (2022). Gaming Disorder Symptom Questionnaire: The Development and Validation of a Screening Tool for ICD-11 Gaming Disorder in Adolescents. *Front Psychiatry*. Mar 24; 13:848157. doi: 10.3389/fpsyt.2022.848157. eCollection.

CAPÍTULO 2

Jogos violentos deixam crianças e adolescentes mais agressivos?

Eduardo Ferezim
Julia Ducatti
Ivelise Fortim
Daniel Tornaim Spritzer

Os primeiros jogos eletrônicos foram compartilhados com o mundo na década de 50, desenvolvidos por grandes universidades, utilizando enormes computadores dentro de laboratórios de engenharia ou eletrônica. Ao longo das décadas seguintes, os jogos evoluíram em consonância com a tecnologia eletrônica mundial. Tal evolução permitiu a reprodução gráfica mais fiel à realidade, uma maior imersão do jogador, narrativas mais complexas, escolhas reproduzidas pelo jogador, entre outros avanços. Nesse sentido, uma das áreas que se tornou passível de ser expressa e reproduzida de modo mais fidedigno é a violência.

A evolução tecnológica exponencial resultou em jogos cada vez mais atraentes e imersivos. Na década de 90, a partir da preocupação com a exposição ao conteúdo violento de jogos como *Mortal Kombat* e *Night Trap*, foi criado o *Entertainment Software Ratings Board* (ESRB), um sistema de classificação indicativa para jogos nos EUA (Carpenter, 2021). No Brasil foi adotada a classificação indicativa brasileira (ClassInd), que já era utilizada para outras produções audiovisuais, como a televisão.

A relação entre jogos violentos e tiroteios em massa teve como marco o conhecido *Massacre em Columbine*, uma vez que os perpetradores do tiroteio eram grandes fãs do jogo *Doom*, um dos primeiros jogos de tiro em primeira pessoa popularizados mundialmente. Ao longo dos últimos anos, muitas vezes tentou-se responsabilizar os jogos eletrônicos com conteúdo violento pelos tiroteios em massa ou por outros crimes de alto grau de violência. Entre eles, podemos citar os brasileiros *Massacre de Realengo*, o *Massacre de Suzano* e o *Caso Pesseguini*. Diante de eventos tão extremos, a preocupação da sociedade para com a possível influência dos *games* no comportamento violento também aumentou à medida que os jogos digitais se tornaram uma das atividades de lazer mais populares de ambos os sexos e de todas as faixas etárias.

Debater a questão da violência torna-se uma tarefa complexa. Diversos termos são usados para discutir essa questão: violência, agressividade, crime e tiroteios em massa. Cada um desses termos apresenta uma enorme complexidade, sendo objetos de diversas ciências: psicologia, psiquiatria, medicina, assistência social, antropologia, sociologia, direito, entre outras. Portanto, o conceito de violência é muito difícil de definir, tendo em vista que há diversas teorias para sua causalidade e que levam em conta aspectos biológicos, psicológicos, doenças individuais, aspectos sociais e geográficos, desigualdade social, de gênero e raça, aprendizado cultural, entre outros (Fortim, 2020). Além disso, o termo "*videogames* violentos" tem sido tratado de maneira ambígua e com definições variadas, visto que existem diferentes definições para o termo violência. As pesquisas usam o termo "jogos violentos" sem uma definição precisa para designar uma ampla variedade de títulos, que pode apresentar tanto conteúdo com sangue, morte e tortura quanto os jogos *multiplayers* com violência fantasiosa.

A questão de como jogar jogos violentos está relacionada com a agressividade, e a violência é intensamente debatida na literatura científica, havendo opiniões marcadamente diferentes. Alguns autores argumentam a favor da hipótese de catarse, quando os jogadores podem descarregar a pressão, o que leva a uma diminuição dos impulsos agressivos. Outros, de acordo com a teoria da aprendizagem social, defendem que os jogos violentos levam a um aumento da agressividade: a violência dentro do jogo é tolerada e recompensada e posteriormente traduzida no comportamento quotidiano do jogador. Finalmente, um terceiro grupo alega que os jogadores podem diferenciar entre o mundo virtual e o real e que a exposição a conteúdos violentos não está relacionada com qualquer agressão posterior (Greitemeyer, 2022).

Esse capítulo tem como objetivo discutir as evidências científicas atuais sobre a relação entre o uso de jogos com conteúdo violento e o desencadeamento de comportamento agressivo ou violento em crianças e adolescentes. Trata-se de um campo de pesquisa complexo e que necessita de uma análise que evite o alarmismo e a defesa apaixonada que muitas vezes acompanharam a pesquisa nessa área.

Agressividade e violência: definições necessárias

Agressão é geralmente definida como um comportamento com a intenção de prejudicar ou ferir outro indivíduo (Buss & Perry, 1992). A agressão verbal pode ser definida como uma forma de ataque ao outro, com a intenção de causar sofrimento psicológico, podendo incluir provocações, xingamentos e ofensas relacionadas à aparência ou personalidade da pessoa, carregando sentimentos de desprezo ou raiva (Bodenmann et al., 2010)

Um tipo de agressividade verbal especialmente relevante no contexto dos *games* é o comportamento tóxico, um fenômeno que ocorre geralmente quando um jogador se depara com um evento negativo durante um jogo, que gera raiva e frustração (Kordyaka, 2018; Kwak & Blackburn, 2014). Este comportamento engloba *cyberbullying*, *griefing* (prática de perturbar os outros jogadores, prejudicando-os – também conhecido como *trollagem*) e *flaming* (ataque verbal e interação hostil por mensagens ofensivas, buscando um certo poder ou domínio sobre o outro jogador (Lee, Jeong, & Jeon, 2019).

São exemplos de *flaming* os discursos de ódio racistas, sexistas, xenofóbicos e homofóbicos (Kou, 2020). A heterogeneidade desta definição ocorre em função das diferenças de jogabilidade esperadas em determinado jogo, além da ambiguidade e subjetividade do que é ofensivo em contextos específicos. Isto faz com que muitas pessoas não reconheçam seus próprios comportamentos como tóxicos (Kwak, 2014). Além disso, ser exposto ao comportamento tóxico por um longo tempo pode fazer as vítimas normalizarem tais comportamentos e, possivelmente, tornarem-se eles os próprios perpetradores (Tang & Fox, 2016; Kordyaka et al., 2020).

Violência pode ser definida como uma forma extrema de agressão simbólica ou como o uso intencional de força física, que resulta ou tem alta probabilidade de resultar em ferimento, morte, dano psicológico, mau desenvolvimento ou privação (Krug et al., 2002). Apesar de confundir-se com a agressividade, a violência é uma categoria mais intensa. Dessa forma, toda violência é uma forma de agressão, mas nem toda agressão é violência.

A partir do conhecimento sobre estes comportamentos tão intrínsecos à espécie humana, sabe-se que nenhum fator de risco único conduz consistentemente uma pessoa a agir de forma agressiva ou violenta. Ao contrário, é o acúmulo e a interação entre diversos fatores de risco que tendem a levar a comportamentos agressivos ou violentos. Entre os fatores de risco ambientais conhecidos, destacam-se: adversidade familiar e desvantagem social; violência doméstica; uso de substâncias psicoativas; transtornos psiquiátricos; baixo desempenho acadêmico, posse de armas de fogo, etc. (Mendes et al., 2009; Goldstick et al., 2017; Nordfjaem, 2017; Carter et al., 2015).

Já Costa (2020) acredita que:

> [...] os jogos digitais podem vir a afetar negativamente a saúde mental, por conter discursos de ódio, violência e isolamento. Entretanto, se houver bons hábitos como ambiente apropriado, conhecimento sobre jogos e classificação indicativa e moderação, especialmente se tratando de crianças e adolescentes, os *games* (*sic*) "podem ser seguros e ter um impacto positivo no comportamento e aprendizado" (Costa et al., 2020, p. 273).

Tese, antítese, síntese: afinal, o que dizem as pesquisas?

Os estudos iniciais com metodologia transversal identificaram uma relação bastante significativa entre jogar jogos violentos e a presença de sentimentos, pensamentos e comportamentos agressivos. Entretanto, estes estudos avaliaram estas variáveis num mesmo momento, não sendo possível estabelecer uma relação de causa e efeito entre esses fenômenos.

Pesquisas longitudinais, que acompanharam os jogadores ao longo do tempo, foram então desenvolvidas para avaliar se o hábito de jogar jogos com conteúdo violento levava à agressividade ou se era a agressividade preexistente (*sic*) do indivíduo que fazia ele preferir jogos com conteúdo violento (Anderson et al., 2008; Coyne et al., 2018; Teng et al., 2019). Ainda, estudos de revisão com meta-análise permitiram investigar um número muito maior de indivíduos, de diferentes países e a partir de diferentes metodologias de pesquisa (Anderson et al., 2010; Ferguson et al., 2015; Prescott et al., 2018).

Atualmente, apesar da ausência de um consenso sobre o assunto, a leitura existente é de que há sim evidências científicas robustas indicando influência dos *games* violentos sobre o comportamento agressivo. Entretanto, o tamanho da influência é pequeno, consideravelmente menor que nos estudos anteriores, apesar de significativo (Mathur & Vanderweele, 2019). Porém, o aumento maior da violência se configura na violência verbal, e não na violência física ou violência letal (Ferguson & Wang, 2019).

Apesar da qualidade crescente dos estudos, eles não devem ser considerados fontes de verdade absoluta sobre essa questão, pois diversas questões teóricas e metodológicas ainda devem ser vistas e aprimoradas. Um ponto interessante para ser investigado é se é especificamente o conteúdo violento que está associado a um maior risco de agressividade ou se outros elementos do jogo podem também influenciar esse comportamento.

Alguns autores sugerem que é a competitividade dos jogos que gera o comportamento agressivo a curto prazo, tendo o sentimento de frustração como mediador (Adachi & Willoughby, 2011). Na mesma linha de aprofundar o entendimento sobre os elementos dos jogos que podem estar relacionados com o desfecho de agressividade, é importante utilizar como intervenção o controle de jogos não violentos que sejam igualmente estimulantes, reforçadores e competitivos (Ferguson, 2020). Ainda, uma vez que a agressividade é um fenômeno complexo e decorrente da combinação de uma série de fatores, é recomendado que se possa controlar a influência de outras variáveis teoricamente relevantes, como sexo, níveis de agressividade, características do ambiente familiar e da saúde mental dos indivíduos (Ferguson, 2020; APA, 2020).

Jogos digitais e violência letal

As informações a respeito da associação entre violência letal e jogos digitais violentos são bastante escassas. Mesmo assim, é muito comum observar declarações na mídia de que o uso de jogos digitais violentos contribui para homicídios em massa, como um fator de motivação, e também, como um treinamento para a execução dos assassinatos.

Assassinatos em massa, como os ocorridos em escolas, são eventos muito raros e, algumas vezes, são seguidos por suicídio. Em função disso, o pouco que se sabe sobre esses eventos é baseado no relato de familiares, amigos, escola, cartas e gravações, o que dificulta o estudo sobre as motivações e influências que levam os assassinos a cometerem seus crimes (Karam & Breda, 2020). Entre os trabalhos científicos que buscam compreender o *Massacre de Columbine*, o *Massacre de Realengo* e o *Massacre de Suzano*, podemos citar Vilalba (2020), que fez um estudo sobre as condições psicológicas dos perpetradores destes ataques. A autora levanta pontos importantes como as condições psicológicas, as influências, e a intenção principal destes ataques. Ela conclui que a motivação principal é a vingança, cultura masculina tóxica e a influência e glamorização de outros atentados semelhantes, sendo que os *videogames* teriam pouca influência diante destes fatores.

Os dados existentes sobre essa população apontam que o consumo de mídia com conteúdo violento é baixo, se comparado com jovens não criminosos. Além disso, há relatos muito antigos desse tipo de crime, mesmo na década de 50 e 60, época em que jogos violentos não estavam presentes. Desde os anos 90 vem ocorrendo uma redução no número de crimes violentos e da criminalidade total entre crianças e adolescentes nos EUA, ao mesmo tempo que ocorreu aumento nas vendas de *games* violentos (Karam & Breda, 2020). Assim, a evidência existente não suporta a associação entre esses crimes e jogos digitais violentos (APA, 2020). Não há evidências de que a prática de jogos digitais violentos esteja associada à violência letal, nem com o aumento da criminalidade em geral.

Contudo, há evidências que corroboram a associação entre o ato de jogar *games* violentos e ter pensamentos, sentimentos e comportamentos agressivos. Porém, tais evidências apenas demonstram que essas situações estão acontecendo em um mesmo indivíduo ou grupo, mas não têm poder para demonstrar causalidade. Não há evidências científicas que indiquem o que ocorreu antes: a agressividade do indivíduo ou a utilização dos jogos violentos. Para saber se um fator causa determinado desfecho, precisamos de outros estudos, mais complexos, e que envolvam tempo (Karam & Breda, 2020). O quadro 1 traz algumas recomendações importantes para a questão da violência e os jogos, principalmente para pais e educadores.

Quadro 1 –Recomendações referentes à questão da violência nos jogos e suas relações com os comportamentos de crianças e adolescentes

➲ Respeite a recomendação da classificação indicativa do jogo para a idade da criança ou do adolescente.
➲ Assista aos vídeos, verifique o conteúdo do jogo e participe das atividades lúdicas eletrônicas praticadas pelas crianças e pelos adolescentes.
➲ Pais e cuidadores são os principais modelos para os jovens, que aprendem muito com a observação. Por isso, os discursos de ódio e intolerância devem ser evitados.
➲ Não crie pânico com relação a notícias veiculadas na mídia envolvendo jogos violentos, pois muitas não são corretamente baseadas em informações científicas e visam criar sensacionalismo.
➲ Atente a fatores de risco mais importantes para o comportamento violento, tais como personalidade antissocial, antecedentes criminais, violência familiar, abuso infantil, *bullying* e violência escolar, depressão, outros problemas psiquiátricos e questões de desigualdade socioeconômica.
➲ Promova pensamento crítico sobre o que é visto em diversos tipos de mídia, incluindo os *games*, tais como debater a violência em diferentes contextos.

Fonte: Karam & Breda (2020), p. 59.

Considerações finais

Agressividade e violência são fenômenos complexos e relacionados a inúmeros fatores causais, tanto genéticos como ambientais. O que temos até o momento sobre a associação dos *games* violentos no aumento da agressividade aponta para a existência de uma influência dos *games*, porém de tamanho pequeno. Esta influência tende a ser o resultado da média geral dos casos avaliados, e ainda pouco é conhecido sobre populações específicas e a influência de outros fatores concomitantes. Não há evidências de que a prática de jogos digitais violentos esteja associada à violência letal, nem ao aumento da criminalidade em geral. Contudo, as pesquisas relacionadas ao comportamento tóxico em *games* apontam para um aumento geral da agressividade verbal no uso dos jogos.

Referências

Anderson, Craig A., Sakamoto, Akira, Gentile, Douglas A., Ihori, Nobuko, Shibuya, Akiko, Yukawa, Shintaro, Naito, Mayumi, & Kobayashi, Kumiko. (2008). Longitudinal Effects of Violent Video Games on Aggression in Japan and the United States. *Pediatrics,* [S.L.], v. 122, n. 5, p. 1067-1072, 1 nov. American Academy of Pediatrics (AAP). http://dx.doi.org/10.1542/peds.2008-1425. Recuperado em 16 jan. 2023, de https://publications.aap.org/pediatrics/article-abstract/122/5/e1067/71469/Longitudinal-Effects-of-Violent-Video-Games-on?redirectedFrom=fulltext.

Anderson, Craig A., Shibuya, Akiko, Ihori, Nobuko, Swing, Edward L., Bushman, Brad J., Sakamoto, Akira, Rothstein, Hannah R., & Saleem, Muniba. (2010). Violent video game effects on aggression, empathy, and prosocial behavior in Eastern and Western countries: a meta-analytic review. *Psychological Bulletin*, [S.L.], v. 136, n. 2, p. 151-173.

American Psychological Association (2023). Recuperado em 16 jan. 2023, de https://pubmed.ncbi.nlm.nih.gov/20192553/. http://dx.doi.org/10.1037/a0018251.

American Psychological Association. (2020). *APA Resolution on Violent Video Games: february 2020 revision to the 2015 resolution*. Recuperado em 16 jan. 2023, de https://www.apa.org/about/policy/resolution-violent-video-games.pdf.

Bodenmann, G., Meuwly, N., Bradbury, T. N., Gmelch, S., & Ledermann, T. (2010). Stress, anger, and verbal aggression in intimate relationships: Moderating effects of individual and dyadic coping. *Journal of Social and Personal Relationships*, 27(3), 408-424. Recuperado em 16 jan. 2023, de doi:10.1177/0265407510361616.

Buss, A. H., & Perry, M. (1992). The Aggression Questionnaire. *Journal of Personality and Social Psychology*, 63(3), 452-459. Recuperado em 16 jan. 2023, doi:10.1037/0022-3514.63.3.452.

Carpenter, N. *How Mortal Kombat invented the ESRB*. (2022). Recuperado em 23 nov. 2023, de https://www.polygon.com/22346875/mortal-kombat-violence-esrb-ratings-lieberman.

Carter, Patrick M., Walton, Maureen A., Roehler, Douglas R., Goldstick, Jason, Zimmerman, Marc A., Blow, Frederic C., & Cunningham, Rebecca M. (2015). Firearm Violence Among High-Risk Emergency Department Youth After an Assault Injury. *Pediatrics*, [S.L.], v. 135, n. 5, p. 805-815, 1 maio. American Academy of Pediatrics (AAP). http://dx.doi.org/10.1542/peds.2014-3572. Recuperado em 16 jan. 2023, de https://www.ncbi.nlm.nih.gov/pmc/articles/PMC4411782/.

Costa, Susana, Tavares, Mirian, Silva, Bruno Mendes da, Isca, Beatriz, & Cerol, Filipa (2020). Hate speech in video games and in online gaming communities – a state of art: discurso de ódio nos videojogos e nas comunidades de jogos online – estado da arte. *Revista Comunicando*, S.I, v. 9, n. 1, p. 261-278, dez. Recuperado em 16 jan. 2023, de https://revistas.sopcom.pt/index.php/comunicando/article/view/3/33%3e.

Coyne, Sarah M., Warburton, Wayne A., Essig, Lee W., Stockdale, & Laura A. (2018). Violent video games, externalizing behavior, and prosocial behavior: a five-year longitudinal study during adolescence. *Developmental Psychology*, [S.L.], v. 54, n. 10, p. 1868-1880, out. American Psychological Association (APA). http://dx.doi.org/10.1037/dev0000574. Disponível em: https://pubmed.ncbi.nlm.nih.gov/30234338/. Acesso em: 16 jan. 2023.

Ferguson, C. J., & Wang, J. C. K. (2019). Aggressive Video Games are Not a Risk Factor for Future Aggression in Youth: A Longitudinal Study. *J Youth Adolescence*. 48, 1439-1451. https://doi.org/10.1007/s10964-019-01069-0.

Ferguson, Christopher J. (2020). Aggressive video games research emerges from its replication crisis (Sort of). *Current Opinion In Psychology*, [S.L.], v. 36, p. 1-6, dez. Elsevier BV. http://dx.doi.org/10.1016/j.copsyc.01.002. Recuperado em 16 jan. 2023, de https://www.sciencedirect.com/science/article/pii/S2352250X20300038?via%3Dihub.

Ferguson, Christopher J. (2015). Do Angry Birds Make for Angry Children? A Meta-Analysis of Video Game Influences on Children's and Adolescents' Aggression, Mental Health, Prosocial Behavior, and Academic Performance. *Perspectives On Psychological Science*, [S.L.], v. 10, n. 5, p. 646-666, set. SAGE Publications. http://dx.doi.org/10.1177/1745691615592234. Recuperado em 16 jan. 2023, de https://pubmed.ncbi.nlm.nih.gov/26386002/.

Fortim, I. (2020). A questão da violência. In Fortim, I. Org. *O que as famílias precisam saber sobre games? Um guia para cuidadores de crianças e adolescentes*. São Paulo: Homo Ludens.

Goidstick, Jason E., Carter, Patrick M., Walton, Maureen A., Dahlberg, Linda L., Sumner, Steven A., Zimmerman, Marc A., Cunningham, & Rebecca M. (2017). Development of the SaFETy Score: a clinical screening tool for predicting future firearm violence risk. *Annals Of Internal Medicine*, [S.L.], v. 166, n. 10, p. 707, 11 abr. American College of Physicians. http://dx.doi.org/10.7326/m16-1927. Recuperado em 16 jan. 2023, de https://pubmed.ncbi.nlm.nih.gov/28395357/.

Greitemeyer, Tobias. (2022). The dark and bright side of video game consumption: effects of violent and prosocial video games. *Current Opinion In Psychology*, [S.L.], v. 46, p. 101326, ago. Elsevier BV. http://dx.doi.org/10.1016/j.copsyc.2022.101326. Recuperado em 16 jan. 2023, de https://www.sciencedirect.com/science/article/pii/S2352250X22000380?via%3Dihub.

Karam, R. G., Breda, V. (2020). Jogos podem gerar violência? In FORTIM, I. Org. *O que as famílias precisam saber sobre games? Um guia para cuidadores de crianças e adolescentes.* São Paulo: Homo Ludens.

Kordyaka, B. (2018). Digital Poison – Approaching a Theory of Toxic Behavior in MOBA Games. *ICIS 2018 Proceedings. 18*. Recuperado em 16 jan. 2023, de https://aisel.aisnet.org/icis2018/behavior/Presentations/18.

Kordyaka, B., Jahn, K., Niehaves, B. (2020). Towards a unified theory of toxic behavior in video games. *Internet Research*, [S.L.], v. 30, n. 4, p. 1081-1102, 10 abr. Emerald. http://dx.doi.org/10.1108/intr-08-2019-0343.

Kou, Y. (2020). Toxic Behaviors in Team-Based Competitive Gaming: The Case of League of Legends. In *Proceedings of the Annual Symposium on Computer-Human Interaction in Play*. p. 81-92.

Krug, Etienne G. et. al. (2002). World Health Organization (ed.). World report on violence and health. *Geneva: World Health Organization*. Recuperado em 16 jan. 2023, de https://www.who.int/violence_injury_prevention/violence/world_report/en/.

Kwak, H. (2014). Understanding toxic behavior in online games. 23rd International Conference on World Wide Web (WWW '14 Companion). Association for Computing Machinery, New York, NY, USA, 1245-1246. Recuperado em 16 jan. 2023, de https://doi.org/10.1145/2567948.2580066.

Kwak, H., Blackburn, J. (2014). Linguistic analysis of toxic behavior in an online video game. *International conference on social informatics. Anais...* Springer.

Lee, S. J., Jeong, E. J., & Jeon, J. H. (2019). Disruptive behaviors in online games: Effects of moral positioning, competitive motivation, and aggression in "League of Legends". *Social Behavior and Personality: an international journal*, v. 47, n. 2, p. 1-9, 27 fev.

Mathur, Maya B., Vanderweele, & Tyler J. (2019). Finding Common Ground in Meta-Analysis "Wars" on Violent Video Games. *Perspectives On Psychological Science*, [S.L.], v. 14, n. 4, p. 705-708, 12 jun. SAGE Publications. http://dx.doi.org/10.1177/1745691619850104. Recuperado em 16 jan. 2023, de https://journals.sagepub.com/doi/abs/10.1177/1745691619850104.

Mendes, Deise Daniela, MARI, Jair de Jesus, SINGER, Marina, Barros, Gustavo Machado, Mello, & Andréa F. (2009). Estudo de revisão dos fatores biológicos, sociais e ambientais associados com o comportamento agressivo. *Revista Brasileira de Psiquiatria*, [S.L.], v. 31, n. 2, p. 77-85, out. EDITORA SCIENTIFIC. http://dx.doi.org/10.1590/s1516-44462009000600006.

Nordfjaern, Trond. (2017). Violence involvement among nightlife patrons: the relative role of demographics and substance use. *Aggressive Behavior*, [S.L.], v. 43, n. 4, p. 398-407, 12 jan. Wiley. http://dx.doi.org/10.1002/ab.21698. Recuperado em 16 jan. 2023, de https://pubmed.ncbi.nlm.nih.gov/28078788/.

Prescott, Anna T., Sargent, James D., Hull, Jay G. (2018). Metaanalysis of the relationship between violent video game play and physical aggression over time. *Proceedings Of The National Academy Of Sciences*, [S.L.], v. 115, n. 40, p. 9882-9888, out. Proceedings of the National Academy of Sciences. http://dx.doi.org/10.1073/pnas.1611617114. Recuperado em 16 jan. 2023, de https://www.pnas.org/doi/10.1073/pnas.1611617114.

Stroppa, Thiago Virgílio da Silva, Gomes, Daniel Alexandre Gouvêa, Lourenço, Lelio Moura. (2017). *Videogames* violentos e a violência/agressividade do jogador: uma revisão sistemática de literatura. *Psicol. rev.* (Belo Horizonte), Belo Horizonte, v. 23, n. 3, p. 1012-1033, dez. http://dx.doi.org/10.5752/P.1678-9563.2017v23n3p1012-103. Recuperado em 16 jan. 2023, de http://pepsic.bvsalud.org/scielo.php?script=sci_arttext&pid=S1677-11682017000300014&lng=pt&nrm=iso.

Tang, W. Y., & Fox, J. (2016). Men's harassment behavior in online video games: Personality traits and game factors. *Aggressive behavior*, v. 42, n. 6, p. 513-521.

Teng, Zhaojun, Nie, Qian, Guo, Cheng, Zhang, Qian, Liu, Yanling, BUSHMAN, & Brad J. (2019). A longitudinal study of link between exposure to violent video games and aggression in Chinese adolescents: the mediating role of moral disengagement. *Developmental Psychology*, [S.L.], v. 55, n. 1, p. 184-195, jan. American Psychological Association (APA). http://dx.doi.org/10.1037/dev0000624. Recuperado em 16 jan. 2023, de https://pubmed.ncbi.nlm.nih.gov/30335433/.

Vilalba, Théssie Nantes de Brites. (2020). *Violência simbólica, educação e psicologia sócio-histórica em movimento aos massacres escolares*. Dissertação (Mestrado em Psicologia) – Faculdade de Ciências Humanas, Universidade Federal da Grande Dourados, Dourados, MS.

CAPÍTULO 3

Dependência de games e as comorbidades psiquiátricas

Carlos Salgado

A Dependência de *Games* (DG) ou jogos digitais, *on-line* ou não, atinge enorme volume de usuários adolescentes no planeta todo. Lá se vão mais de três décadas da presença massiva dos *games* em nossa cultura. No Brasil, segundo o Governo Federal, 90% das residências têm alguma forma de conexão à internet (Casa Civil, 2022). Portanto, o Brasil é um país inusitadamente e crescentemente conectado na WEB, também para fins lúdicos ou de entretenimento. Esta perspectiva garante um manancial de usuários candidatos a se tornarem adictos a jogos disponíveis na internet. Assim, não surpreende que, no Brasil, talvez a prevalência seja realmente maior do que no Hemisfério Norte, situando-se entre os usuários de *games*, de 20,0% a 38,2% (Hernández-Vásquez et al., 2022). Tais prevalências falam por elas mesmas.

A caracterização clínica da DG cresce em precisão, à medida que o fenômeno dos *games* ganha mais adeptos. A Organização Mundial da Saúde (OMS) mantém comitês que organizam novas edições de seu manual classificatório. A Classificação Internacional das Doenças (CID) em sua 11ª versão (World Health Organization (WHO), 2022), veja Quadro 1, inclui códigos para jogos no item 6C51.

Quadro 1 – Critérios Diagnósticos para o Transtorno por jogo

CID-11 – 6 C51 Transtorno do jogo
6C51.0 Transtorno de jogo, predominantemente on-line 6C51.1 Transtorno de jogo, predominantemente offline 6C51.Z Transtorno de jogo, não especificado
O transtorno do jogo é caracterizado por um padrão de comportamento de jogo persistente ou recorrente ("jogo digital" ou "jogo de vídeo"), que pode ser on-line (ou seja, pela internet) ou *offline*, manifestado por:
1. controle prejudicado sobre o jogo (por exemplo: início, frequência, intensidade, duração, finalização, contexto).
2. aumento da prioridade dada ao jogo na medida em que o jogo tem precedência sobre outros interesses da vida e das atividades diárias.
3. continuação ou agravamento do jogo, apesar da ocorrência de consequências negativas. O padrão de comportamento do jogo pode ser contínuo ou episódico e recorrente.
Há sofrimento ou prejuízo significativo pessoal, familiar, social, educacional ou ocupacional.
Persiste por 12 meses ou mais, ou menos, se todos os requisitos de diagnóstico forem atendidos e os sintomas forem graves.

Fonte: World Health Organization (WHO). (2022). *International Classification of Diseases, Eleventh Revision (ICD-11)*. https://icd.who.int/browse11. Licensed under Creative Commons Attribution-NoDerivatives 3.0 IGO licence (CC BY-ND 3.0 IGO).

A mesma CID-11 ressalta que o transtorno do jogo comumente ocorre concomitantemente com transtornos devidos ao uso de substâncias, transtornos do humor, transtornos relacionados à ansiedade, transtorno do déficit de atenção/hiperatividade, transtorno obsessivo-compulsivo e transtornos do sono-vigília. Portanto, sim, indivíduos portadores de transtorno de déficit de atenção e hiperatividade (TDAH), depressão, ansiedade ou TOC parecem realmente apresentar chance maior de envolver-se com *games* e desenvolver transtornos por sua prática. Vale ressaltar que, facilmente associável a *games*, em especial para adolescentes de mais idade e adultos jovens, também operações financeiras podem ser pauta patológica.

Talvez se deva considerar um gradiente de comorbidades longitudinais, como TDAH, que inicia ainda na infância, seguido de associação com quadros de ansiedade, depressão, TOC e, como se não bastasse tal combinação, a progressão para *games* e seus correlatos, como as operações financeiras, também com caráter aditivo, resultando desfechos graves. O abandono de práticas saudáveis de vida, em razão da dedicação a operações financeiras e *games*, somando-se às frequentes comorbidades, garante novas sobrecargas ao sistema de atenção à saúde, tanto privado quanto público. Percebe-se que o aspecto lúdico presente nos *games* e mesmo nas operações financeiras contribui para o encantamento exercido junto a adolescentes, seja pela promessa de ganho financeiro fácil, seja pelo simples prazer das disputas entre pares.

Ao longo da vida de um adolescente algumas características de personalidade parecem facilitar psicopatologias, em especial condições clínicas externalizantes (Achenbach, 1966; Achenbach et al., 2016). Um modelo interessante para personalidade é composto por temperamento (procura por novidades, evitação de danos, dependência de gratificação e persistência) e caráter (autotranscendência (*sic*), autodirecionamento, cooperatividade) (Cloninger, 1993). Escores elevados em *procura novidades* associam-se ao subtipo combinado de TDAH, resultando potencial facilitação da comorbidade com Transtornos por Uso de Substâncias (TUS) e das demais dependências, incluindo as comportamentais (Salgado et al., 2009). Ademais, a interação entre transtornos externalizantes com condições internalizantes, como ansiedade e depressão, parecem associados a uma relativa contenção da presença de TUS, mas sem significar proteção (Salgado et al., 2020). Cabe, portanto, especial atenção à natural complexidade psicopatológica apresentada por adolescentes que se tornem adictos a *games*. Pode-se afirmar que, ao avaliar tais pacientes, sempre devemos investigar condições comórbidas e, caso não encontremos, voltar a investigar, pois a regra imposta pela epidemiologia é de que existam condições em comorbidade. Tal cuidado pode contribuir muito ao prognóstico de qualquer intervenção.

É sempre preferível agir preventivamente (ver quadro 2) e há intervenções de uso corrente capazes de mudar o rumo do envolvimento de adolescentes com os *games*. As terapias cognitivas oferecem oportunidades significativas em prevenção (Lindenberg et al., 2022). As intervenções incluem tratamento precoce de condições psicopatológicas em mero esboço cedo na vida. Também contemplam medidas de mudança de estilo de vida e ampliação da autoestima, garantindo pluralidade de opções para o jovem, diante da oferta dos atalhos ao prazer representado pelos jogos digitais.

Quadro 2 - Medidas preventivas para DG - dependência de games

1. Avaliação escolar da conduta dissonante, incluindo retraimento, agitação, desatenção, desempenho acadêmico incoerente com potencial.
2. Tratamento precoce de quadros de ansiedade, depressão e TDAH.
3. Controle familiar do acesso a meios eletrônicos.
4. Estímulo continuado para atividades plurais, estimulantes e desafiadoras, incluindo práticas desportivas, expressão artísticas, iniciação musical, jogos coletivos.
5. Crianças e adolescentes tímidos devem ser sempre avaliados criteriosamente, mesmo que o desempenho acadêmico seja excelente. Não há vantagem no retraimento social.
6. A vigilância da família começa pelos hábitos dos próprios pais e de outros adultos da família. Isso também vale para professores, incluindo os universitários. Quaisquer adultos são responsáveis pelo modelo que oferecem aos jovens. Isto inclui os *games*, pois muitos adultos contemporâneos podem ser dependentes de *games*. Veja novamente o Quadro 1.

Fonte: Kuss DJ. (2018). Policy, prevention, and regulation for Internet Gaming Disorder. *J Behav Addict.* Sep 1;7(3):553-555. doi: 10.1556/2006.7.2018.79.

Stevens MWR, Delfabbro PH, & King DL. (2021). Prevention Strategies to Address Problematic Gaming: An Evaluation of Strategy Support Among Habitual and Problem Gamers. *J Prim Prev.* Apr;42(2):183-201. doi: 10.1007/s10935-021-00629-0. Epub 2021 Mar 12.

O mesmo se pode dizer sobre o tratamento de condições associáveis à DG. Um modelo psicopatológico interessante para pensar intervenções é o TDAH. Ele costuma iniciar cedo na vida, mudando muito o prognóstico da pluralidade de interesses da criança e do adolescente, que costuma ser fator protetor da saúde mental. As dificuldades na socialização, baixa autoestima, fracassos acadêmicos e problemas com regras sociais podem contribuir para a priorização do *game* na vida do jovem, forma de gratificação rápida e, portanto, predizendo problemas com eles.

Como TDAH constitui-se em uma forma de guarda-chuva de outras condições psicopatológicas (Garcia et al., 2012), seu diagnóstico e tratamento precoces podem não só reduzir o risco da DG e de outras dependências, mas também mudar o prognóstico das condições associadas, como ansiedade, depressão e transtorno de oposição e desafio.

A impressão clínica e o seguimento de casos de adolescentes com TOC favorecem hipóteses de mecanismos cerebrais compartilhados entre TOC, TUS e DG. No entanto, há uma revisão sistemática de estudos com Ressonância Magnética Funcional (RMF) que realmente confirma ativação de áreas cerebrais compartilhadas por TOC e TUS, mas não entre TOC e DG (Klugah-Brown et al., 2021). Os autores admitem que o delineamento transversal e a heterogeneidade dos estudos incluídos tornam limitada a força das conclusões. Ademais, estudos de neuroimagem, com desafio cognitivo e emocional, são ainda escassos e talvez o acúmulo de novos estudos venham a demonstrar que a impressão clínica faça sentido.

A perspectiva preventiva deve levar em consideração a complexidade de fatores de proteção e risco para a DG (Ropovik et al., 2023). A caracterização clínica vai incluindo também tais fatores, o que nos poderá brindar com medidas efetivas de prevenção, em especial entre jovens. Ou seja, no mundo real, há ainda muito o que aprender e fazer para que os jovens possam se beneficiar dos eventuais desafios saudáveis que os *games* oferecem, sem pagar o preço dos transtornos aditivos a eles relacionados.

Há ainda a dimensão específica dos *games*, pois não são todos dotados do mesmo potencial aditivo (Hing et al., 2023). Há um clamor internacional no sentido de impor parâmetros aos *games*, no intuito de minimizar seu poder aditivo. Portanto, a interação de psicopatologia como facilitadora da adição a *games* tem necessariamente de ser analisada em conjunto com o exame das características dos *games* disponíveis e, mais ainda, daqueles em projeto, antes de ingressarem no mercado. Cabe ressaltar as também promissoras qualidades de *games*, quando usados para promover saúde ou atitudes saudáveis. Os mais variados temas têm aplicado *games* como recurso motivador de mudanças de estilo de vida e até mesmo como recurso terapêutico, incluindo como objeto os processos aditivos (Sousa et al., 2023).

Ilustrações clínicas

Algumas situações clínicas ajudam a entender a natureza e o prognóstico dos jogos entre adolescentes.

Caso 1

G, 37 anos, casado, empresário, segunda internação por operações financeiras com criptomoedas e moedas estrangeiras. G foi menino impulsivo, inquieto, muito desatento e opositor-desafiante. Com características obsessivas de personalidade evidenciadas desde muito cedo, manteve razoável resultado acadêmico até ingressar na universidade, fora de sua cidade e sem a tutela familiar. Experimentou muitas drogas, tabaco e álcool. Manteve o hábito dos *games* até iniciar investidas em finanças. Transitou por Bolsa de Valores e descobriu as criptomoedas. Vivia a frustração de ver seu desempenho na empresa familiar afastar-se brutalmente daquele dos pais e irmãos. Tentou, por meio das criptomoedas, surpreender a todos com resultados muito rápidos e efetivos. Logo se tornou algo compulsivo e as perdas se cronificaram. A atitude familiar mudou de condescendente e invalidante para repressora, e ele optou por buscar tratamento. Resultou internado para interromper as crises de operação compulsiva. Ficaram evidentes enormes prejuízos para a empresa familiar que ele acobertava, com operações sobrepostas e empréstimos a juros vis.

G reclama que seus pais jamais valorizaram suas queixas sobre desatenção. Ao menos em parte, tem razão ao apontar que, tratado o óbvio TDAH que apresenta desde criança, sua biografia teria chances de ser outra. Incluir-se-iam mais sucesso acadêmico e profissional. Teria, talvez menor tendência aos *games* e, em seguimento, às operações financeiras de alto risco e muito enganosas. Depois de grave recaída, em busca de reverter perdas, tornou-se violento e foi internado novamente involuntariamente.

G tem história de quadros de ansiedades, chegando a desenvolver ataques de pânico. A história longitudinal sugere transtorno da personalidade obsessiva-compulsiva. Seu ambiente pessoal é muito ordeiro e sofre com o estilo desregrado da esposa e demais familiares.

Quando em crise por DG, intensificam-se as manifestações dos traços de personalidade, chegando a desenvolver rituais repetitivos. Por um lado, as características de personalidade parecem compensar um tanto das manifestações do TDAH, por outro, tornam a convivência com ele estressante.

Quando menino, era sistemático nos *games* e alegrava-se com resultados superiores, pois na vida acadêmica fracassava. Chegava a ter hiperfoco. A percepção de dependência de *games* o afastou do jogo cotidiano e parece ter reaparecido na forma das operações financeiras. Elas parecem também ter começado como resposta ao insucesso e inabilidade na rotina laboral familiar. Busca superar os familiares em resultados comerciais.

Caso 2

V, 28 anos, profissional liberal, influencer de internet, solteiro. Este homem vive um estilo inconsequente, muito aderido a festas glamurosas. Faz 19 anos que joga um mesmo *game*. Em muitos períodos despendia uma noite inteira entre amigos gamers, abandonando atividades relevantes. Experimentou drogas, que inicialmente contribuíam para seu desempenho nos *games*, mas resultou dependente de cocaína, álcool e tabaco, mais influenciado por festas. Foi um menino inquieto e ansioso, sofrendo muito em situações de exposição social. Cedo aprendeu que, por um lado, os *games* lhe permitiam ter grupos de referência e que álcool facilitava o manejo do desconforto social. Hoje percebe que o TDAH, associado à ansiedade social, o conduziram às dependências químicas e comportamentais.

Atualmente, sem usar substâncias, começa novo relacionamento sob atitude cautelosa de ambos. Tendo abusado de vários anfetamínicos, teme tentar o tratamento mais efetivo para TDAH. Ele também fica inseguro pela possibilidade de intensificar quadros de ansiedade que já evoluíram para crises de pânico, em épocas de intoxicação frequente. O paciente V também poderia ter se beneficiado do tratamento precoce de TDAH e ansiedade social, mudando provavelmente o risco de vir a desenvolver as dependências múltiplas apontadas, incluindo DG. Sua história de longo prazo sugere trânsito entre quadro de ansiedade, incluindo crises de pânico, quando sob uso sistematizado de drogas. Evoluiu para desregulação emocional marcada, desenvolvendo episódios depressivos, mesmo sem uso de drogas. A alternância de humor foi se configurando mais recentemente, caracterizando transtorno do humor bipolar, com boa resposta a antidepressivo e Lítio.

Pode-se perceber que o paciente **V** mostra uma biografia psicopatológica que confirma vulnerabilidade associável a uma série de condições clínicas em saúde mental, todas convergindo para o desenvolvimento e a perpetuação da adição química e comportamental, incluindo game e drogas. Ademais, pelo caráter glamuroso social de práticas de vida de **V**, fica patente uma manifestação peculiar, a fobia de não estar presente em algo que promete ser extasiante, intenso (FOMO, no original, Fear Of Missing Out) (Ergin & Ozer, 2023). Assim, ele tem vivido o afastamento de festas glamorosas ou grandes jornadas de *games* como algo que não poderia perder de forma alguma.

Considerações finais

Portanto, a resposta é realmente sim. Psicopatologia é fácil intuir, facilita mais psicopatologias, valendo tal assertiva que soa óbvia para adolescentes que apresentam TOC, TDAH, depressão com relação ao risco para dependência de *games*.

Referências

Achenbach, T. M. (1966). The classification of children's psychiatric symptoms: a factor-analytic study. *Psychological Monographs*. https://doi.org/10.1037/h0093906.

Achenbach, T. M., Ivanova, M. Y., Rescorla, L. A., Turner, L. v, & Althoff, R. R. (2016). Internalizing/Externalizing Problems: Review and Recommendations for Clinical and Research Applications. *Journal of the American Academy of Child and Adolescent Psychiatry*, *55*(8), 647-656. https://doi.org/10.1016/j.jaac.2016.05.012.

Casa Civil. (2022, September). *90% dos lares brasileiros já tem acesso à internet no Brasil, aponta pesquisa*. Notícias. Recuperado em 6 mar. 2024, de https://

www.gov.br/casacivil/pt-br/assuntos/noticias/2022/setembro/90-dos-lares-brasileiros-ja-tem-acesso-a-internet-no-brasil-aponta-pesquisa

Cloninger, C. R. (1993). A Psychobiological Model of Temperament and Character. *Archives of General Psychiatry, 50*(12), 975. https://doi.org/10.1001/archpsyc.1993.01820240059008.

Ergin, Z. O., & Ozer, A. (2023). Unravelling the Relation Between Fear of Missing Out, Time Spent on the Phone, Sex, Alienation, and Nomophobia. *Psychological Reports, 126*(1), 181-197. https://doi.org/10.1177/00332941211043456.

Garcia, C. R., Bau, C. H. D., Silva, K. L., Callegari-Jacques, S. M., Salgado, C. A. I., Fischer, A. G., Victor, M. M., Sousa, N. O., Karam, R. G., Rohde, L. A., Belmonte-de-Abreu, P., & Grevet, E. H. (2012). The burdened life of adults with ADHD: Impairment beyond comorbidity. *European Psychiatry, 27*(5). https://doi.org/10.1016/j.eurpsy.2010.08.002.

Hing, N., Russell, A. M. T., King, D. L., Rockloff, M., Browne, M., Newall, P., & Greer, N. (2023). Not all games are created equal: Adolescents who play and spend money on simulated gambling games show greater risk for gaming disorder. *Addictive Behaviors, 137*, 107525. https://doi.org/10.1016/j.addbeh.2022.107525.

Klugah-Brown, B., Zhou, X., Pradhan, B. K., Zweerings, J., Mathiak, K., Biswal, B., & Becker, B. (2021). Common neurofunctional dysregulations characterize obsessive–compulsive, substance use, and gaming disorders — An activation likelihood meta analysis of functional imaging studies. *Addiction Biology, 26*(4). https://doi.org/10.1111/adb.12997.

Kuss DJ. Policy, prevention, and regulation for Internet Gaming Disorder. *J Behav Addict*. 2018 Sep 1;7(3):553-555. doi: 10.1556/2006.7.2018.79.

Lindenberg, K., Kindt, S., & Szász-Janocha, C. (2022). Effectiveness of Cognitive Behavioral Therapy-Based Intervention in Preventing Gaming Disorder and Unspecified Internet Use Disorder in Adolescents: A Cluster Randomized Clinical Trial. *JAMA Network Open, 5*(2). https://doi.org/10.1001/jamanetworkopen.2021.48995.

Ropovik, I., Martončik, M., Babinčák, P., Baník, G., Vargová, L., & Adamkovič, M. (2023). Risk and protective factors for (internet) gaming disorder: A meta-analysis of pre-COVID studies. *Addictive Behaviors, 139*, 107590. https://doi.org/10.1016/j.addbeh.2022.107590.

Salgado, C. A. I., Bau, C. H. D., Grevet, E. H., Fischer, A. G., Victor, M. M., Kalil, K. L. S., Sousa, N. O., Garcia, C. R., & Belmonte-De--Abreu, P. (2009). Inattention and hyperactivity dimensions of ADHD are associated with different personality profiles. *Psychopathology, 42*(2). https://doi.org/10.1159/000203343.

Salgado, C. A. I., Rovaris, D. L., Vitola, E. S., Grevet, E. H., & Bau, C. H. D. (2020). The impact of the overlap between externalizing and internalizing problems on substance use disorders. *European Child and Adolescent Psychiatry, 29*(2). https://doi.org/10.1007/s00787-019-01304-w.

Sousa, C. V., Lee, K., Alon, D., Sternad, D., & Lu, A. S. (2023). A Systematic Review and Meta-Analysis of the Effect of Active Video Games on Postural Balance. *Archives of Physical Medicine and Rehabilitation.* https://doi.org/10.1016/j.apmr.2023.01.002.

Stevens MWR, Delfabbro PH,King DL. (2021). Prevention Strategies to Address Problematic Gaming: An Evaluation of Strategy Support Among Habitual and Problem Gamers. *J Prim Prev.* Apr;42(2):183-201. doi: 10.1007/s10935-021-00629-0. Epub 2021 Mar 12.

World Health Organization (WHO). (2022). *International Classification of Diseases, Eleventh Revision (ICD-11).* https://icd.who.int/browse11. Licensed under Creative Commons Attribution-NoDerivatives 3.0 IGO licence (CC BY-ND 3.0 IGO).

CAPÍTULO 4

Qual é o estado da arte do transtorno por jogo?

Elizabeth Carneiro

O jogo patológico, antes nomeado como um Transtorno de Controle dos Impulsos (TCI), mais recentemente, entrou para a categoria de transtorno de jogo (TJ) no DSM-5 (APA, 2014) e foi incluído na sessão de transtornos aditivos. Isso foi um marco na sua trajetória diagnóstica, pois existem inúmeras semelhanças, já há muito tempo identificadas, no manejo clínico e de pesquisa entre as dependências comportamentais e as dependências químicas. Aspectos fenomenológicos, de hereditariedade genética, fatores de risco e a neurobiologia são compartilhadas em muitos aspectos. Ficou então reconhecido e instituído que, além das substâncias psicoativas, alguns comportamentos, como o ato de apostar, também provocam intensa alteração subjetiva do estado mental e provocam dependência da mesma forma. A categoria diagnóstica de transtornos do controle dos impulsos (TCI) é dada exclusivamente agora aos seguintes transtornos: piromania, cleptomania, transtorno explosivo intermitente e transtorno de comportamento sexual compulsivo, não sendo mais o lugar aonde TJ se encontra em termos diagnósticos (Tavares, 2022).

Embora o TJ não seja mais nomeado como um TCI, precisamos reconhecer que a impulsividade costuma ser um forte traço dos jogadores. Ela pode ser definida como uma predisposição para reações rápidas e não planejadas a estímulos internos ou externos e a pessoa não consegue levar em consideração possíveis consequências negativas dessas reações ou atos (Fontenelle et al., 2023).

A atividade de jogar, desde os primórdios, é caracterizada como algo positivo, saudável e lúdico. Jogos como os de tabuleiro, dados, futebol, cartas, bingo são atividades que, desde a infância, somos incentivados a praticar. A grande questão é quando isso passa do normal ao patológico (quando pacientes começam a vivenciar perda de controle no ato de apostar). A passagem por essa fronteira, que se caracteriza por esse indivíduo começar a sofrer as consequências de seu comportamento, é uma linha tênue para a identificação. É importante frisar que para ser considerado transtorno de jogo, é imperativo que haja aposta financeira. Uma das possíveis definições de transtorno por jogo é "empenhar um valor (dinheiro) na previsão de um resultado futuro" (Tavares et al., 2008).

O transtorno por jogo, portanto, é uma dependência comportamental e considerada uma atividade nociva, além de um problema de saúde pública. Sua gravidade ainda é subestimada e negligenciada em termos de pesquisa e prevenção na sociedade, além da acessibilidade a tratamento de qualidade. Continuar jogando a despeito de consequências econômica, pessoais, familiares e laborativas é um forte indicador do jogador patológico (Carneiro, 2017).

Na Europa, o TJ tem uma prevalência acima de 3% e, em alguns países não europeus, esse percentual aumenta para a partir de 6% (Murcia et al., 2020). A acessibilidade/legalidade dos jogos de azar em certos lugares tem grande impacto sobre sua prevalência. Países com políticas públicas que apoiam o jogo através de sua legislação, promovem um ambiente de aceitação social, onde há o encorajamento e a promoção ativa do ato de jogar (Gavriel-Fried et al., 2021). Já no Brasil, dados indicam que 1% da população adoece por transtorno de jogo e 1,3% são jogadores problema. A cada 3 homens, temos 1 mulher jogadora (Tavares et al., 2010).

Existem fatores importantes que tornam certas populações mais vulneráveis que outras no desenvolvimento desta morbidade. São eles: pertencer a minorias étnicas (afrodescendentes) e religiosas, ser desempregado ou aposentado, morar em grandes metrópoles, e ter menos acesso à educação formal. Especificamente sobre a religião, ser protestante parece proteger da exposição ao jogo, mas quando já exposto, ela não protege para o aparecimento de problemas (Carneiro, 2020).

Estamos atualmente vivendo o apocalipse do jogo de aposta no país com a enorme multiplicidade de mídias integradas. Anteriormente, o sujeito para se engajar num jogo de aposta, "era forçado" a sair de casa para ir ao *jockey*, a um cassino, ao bingo (oficial ou clandestino) ou mesmo ir à banca do jogo do bicho. Hoje, é possível apostar pelo celular ou computador fazendo um pix para constituir seu crédito. No Brasil, existe um grande *lobby* dos jogos de azar, tentando aprovar, no Senado, a liberação dos cassinos. Esse mercado, hoje, movimenta 100 bilhões de reais e há uma previsão de chegar a 700 bilhões até 2028. Os *sites* ficam hospedados fora do país, já que, em teoria, no Brasil, jogo a dinheiro é proibido. Estes oferecem apostas em mais de 20 modalidades esportivas. Dos 40 times das séries A e B, 35 são patrocinados por *sites* de apostas esportivas, já deixando claro o nosso destino. Nestes *sites* também encontramos cassinos com pôquer, roletas etc. Hoje, o jogo é ofertado a uma distância de uma teclada, impedindo a existência de um intervalo de tempo suficiente para qualquer questionamento ou negociação interna sobre jogar ou não jogar. O traficante agora mora dentro de casa.

Pessoas com autoestima dilapidada são mais vulneráveis ao desenvolvimento do TJ. A impulsividade e o excesso de suscetibilidade a perdas, em geral, destacam-se como traços comuns a jogadores patológicos. Tudo isso, nas apostas, gera tomada de decisões precipitadas, persistência no jogo para reverter o resultado negativo e medo de encarar o prejuízo e a realidade. Um marcador importante do agravamento na história de todo jogador é quando ele não joga mais apenas ocasionalmente por diversão, no escopo do lúdico, e passa a jogar de forma obstinada para recuperar o valor perdido, sempre na fantasia de que vai "reverter" os resultados obtidos. Repare que ele pode narrar histórias de ocasiões em que ganhou valores expressivos. Entretanto, se o profissional fizer com ele um livro caixa de entradas e saídas, facilmente ele perceberá um resultado expressivo negativo, especialmente em ambientes clínicos, nos quais ele ou a família já perceberam o descontrole. Todo jogador patológico traz em sua bagagem relatos que sugerem alta probabilidade de voltar "a ter sorte" e ser vencedor, mas tais relatos vão perdendo a dimensão fantasiada, quando no tratamento estimulamos um aprendizado mais racional sobre as características próprias dos jogos de aposta.

Diagnóstico

A seguir há critérios diagnósticos para a identificação se de fato uma pessoa desenvolveu jogo patológico (APA, 2014). Para isso, é necessário que o paciente preencha 4 ou mais destes critérios e que estes tenham uma durabilidade de pelo menos de 12 meses.

1. Necessidade de apostar quantias cada vez maiores de dinheiro com o objetivo de atingir a excitação desejada.
2. Fica inquieto ou irritado ao tentar interromper ou reduzir o jogo em sua vida.
3. Faz esforços repetidos e sem sucesso para tentar controlar ou parar com o hábito de jogar.
4. Preocupação frequente com o jogo, o qual se torna o centro de sua vida. Passa seus dias jogando, pensando ou planejando a hora em que vai poder jogar.
5. Frequentemente joga quando tem sentimentos negativos (depressão, ansiedade, culpa etc.).
6. Quando perde dinheiro no jogo, acaba voltando para recuperar tais perdas.
7. Mente para esconder sua relação com o jogo.
8. Já teve perdas com o jogo, no âmbito pessoal, profissional, afetivo ou familiar.
9. Conta com outros (pessoas, instituições financeiras, agiotas) para salvar seu endividamento com o jogo.

Comorbidades

Existem muitos casos de comorbidades psiquiátricas com transtorno por jogo. Pesquisas anteriores indicam forte associação entre transtorno por jogo e outros transtornos mentais como ansiedade, transtorno de humor, uso de substância, transtorno da personalidade e espectro das desordens com quadros psicóticos (Ford et al., 2020). O TJ também tem muitas questões clínicas associadas. São elas sedentarismo, longos períodos sem se alimentar, aumento de consumo de tabaco e álcool, infecções sexualmente transmissíveis (ISTs), privação de sono, estresse sustentado. Estudos também demonstram que indivíduos com transtorno de jogo apresentam diferenças em relação a suas medidas de função executiva relacionada à atenção, ao aprendizado, ao planejamento e ao processo decisório, o que reforça a necessidade do trabalho cognitivo-comportamental com os pacientes (Potenza, 2014).

Qual o contexto do mundo pós-moderno que favorece e reforça certos valores do jogador patológico?

As ideologias intrínsecas do *modus vivendi* da sociedade atual são baseadas no materialismo, hedonismo, consumismo e niilismo (Barros, 2013). Essas características são extremamente favorecedoras do desenvolvimento do transtorno de jogo e de outra manifestação central que envolve dinheiro.

Quais valores de vida estão associados às fantasias e distorções do portador de TJ?

Jogadores patológicos, assim como os compradores compulsivos, têm, entre seus valores centrais, dinheiro, o "ter" e não o "ser". Muitas vezes, têm uma tendência a pensamentos ilusórios para conseguir um "*upgrade*" social e ocupar um lugar de "*status*" diferente na sociedade. O significado de ganhar esse dinheiro em apostas costuma ser de um preenchimento emocional maior do que o próprio dinheiro em si. Parece que ele se torna uma pessoa melhor que as outras, que é um sortudo, que a sociedade agora vai respeitá-lo mais. A falta de inserção social costuma ser um fator de risco para se tornar um jogador patológico.

Homens e mulheres parecem buscar o jogo por diferentes motivações: homens jogam com a fantasia de uma elevação do *status* socioeconômico e a mulher com a fantasia da obtenção da autonomia financeira (Carneiro et al., 2020).

Na prática clínica, costumamos dizer que existem basicamente 2 tipos de jogadores: o primeiro chamamos de "buscadores de emoções e/ou novidades". Aquele que joga para a busca da excitação fisiológica e de sentir grandes emoções/aventuras. Esse paciente frequentemente faz menos apostas que o do outro grupo, mas com grande volume de dinheiro. São predominantemente homens. E, por outro lado, diferentemente, temos o jogador que fica por muitas horas apostando, frequentemente valores mais baixos, pois ele utiliza o jogo como uma forma de anestesiar seus problemas. Então, seu maior objetivo é a desconexão. Para ele, o jogo não precisa ser muito emocionante, basta a alienação provocada por muitas horas de jogo seguidas. Chamamos estes jogadores de "fugitivos dos problemas". Este grupo é predominantemente feminino.

O trabalho psicoterápico de jogadores é fundamental para uma plena recuperação. Observe a seguir as típicas distorções cognitivas mais comuns entre jogadores, que serão foco da terapia cognitiva comportamental utilizada como uma das ferramentas principais na abordagem do jogador.

Distorções cognitivas típicas do jogador

- "Eu sei calcular as probabilidades e a minha experiência me ajuda a analisar e prever os resultados" (superestimar sua habilidade).
- "Quando perco muitas vezes, continuo jogando porque sinto que minha sorte vai mudar" (capacidade preditiva).
- "Sei que hoje vai dar tudo certo, se eu ganhar algo nos primeiros 20 minutos de jogo" (associações ilusórias de causa e efeito).
- "Eu sempre tenho mais sorte se jogo na minha máquina predileta" ou "se ninguém estiver olhando" (superstições).
- "Eu nasci virado para lua, sou sortudo" (acreditar na sorte como um destino, um atributo pessoal).
- "Sei que a máquina acumulou um prêmio grande, isso quer dizer que já tomou muito dinheiro e agora precisa devolver um pouco" (a falácia do jogador).
- "Vou continuar jogando porque não posso parar, antes de recuperar, pelo menos, metade do dinheiro que trouxe" (jogar para recuperar).
- "Eu sei que estou quase lá, pois nas últimas vezes faltou só um número para eu acertar" (efeito foi por pouco).

O que na construção psíquica do jogador ele desconhece ou não leva em conta sobre ele e sobre o jogo de aposta? Quais são as características reais do jogo em que teremos que nos basear para fazer uma psicoeducação e esta servir de auxílio para o questionamento das crenças irracionais ou distorcidas do jogador mencionadas anteriormente?

1. O acaso, aleatoriedade e imprevisibilidade são entendimentos fundamentais para o processo de recuperação: alguns jogos de aposta dependem parte da destreza de quem joga e parte da "sorte", ou seja, do acaso. Quando aposta em cavalo, por exemplo, a pessoa pode ter boa noção da performance do cavalo, mas não sabe se o animal pode sofrer lesão no percurso ou se o cavaleiro estará num bom dia de desempenho. Apostas em times de futebol e/ou esporte se apresentam nesta mesma categoria. O apostador pode até saber se aquele time tende a ganhar, mas imprevistos com a equipe e com os adversários sempre poderão estar presentes. Nesta categoria, também incluímos o jogo de cartas e pôquer. A destreza do jogador interfere, mas é completamente sem previsão que cartas serão recebidas, ou seja, a aleatoriedade é a parte maior desta equação. Diferentemente, alguns jogos são 100% aleatórios. Em loterias esportivas, caça níqueis, jogo de roleta, bingo, ou seja, há ausência completa de controle do jogador sobre o resultado.
2. Jogadores, em geral, acreditam na existência de uma relação entre uma jogada e outra: por exemplo: eles acreditam que, se agora deu preto, é porque a próxima dará vermelho; se hoje fazia sol e eu perdi, amanhã, com chuva, é o sinal de que será meu dia de sorte. Eles não conseguem ter a racionalidade para entender que um dia ou um sorteio é completamente independente do outro e que a probabilidade de ganhar não envolve nada sequencial. Isso é o que chamamos de *independência dos sorteios*.
3. Outro dado importante para trabalharmos na psicoeducação do paciente é o fato de, quando ele começa a jogar, a casa ou o *site* de aposta terem em suas regras previamente contratualizadas que tudo no ambiente de jogo já está previamente

programado para que "a casa" faça uma retenção de 20-30% de todo dinheiro apostado. Remunera-se menos por vitórias do que aquilo que se cobra por total de derrotas. Chamamos a isso de *taxa negativa de retorno.*

4. Pode-se começar a apostar com muito pouco dinheiro, e esse pouco dinheiro pode proporcionar, pela ação do acaso, um resultado financeiro significativo, ou seja, apostar é uma atividade autorreforçadora em si, o que pode criar no indivíduo a ilusão de controle e talento no jogo. O jogador não identifica que foi o acaso e passa a acreditar que ele tem um "dom especial" para ganhar dinheiro rápido e fácil. O fato do reforço no cérebro (assim como nas dependências químicas) ser imediato, aumenta a probabilidade de o jogo ser muito atraente. Todos sabemos que quanto menor o intervalo de tempo entre o estímulo e a resposta, maior a possibilidade de iniciar o adoecimento e a dependência. Essa rapidez de reforço favorece a sustentação contínua de aposta atrás de aposta e um mix de um estado de estimulação, alienação e desconexão.
5. Um outro aspecto muito aditivo no jogo é o fato de o prêmio ocorrer intermitentemente, afinal, ninguém ganha o tempo todo. Esse reforço intermitente cria estado de alerta/ansiedade ao jogar, sob o qual o jogador pensa que estar na iminência de ganhar novamente, e que falta muito pouco para sua vitória. Damos a isso o nome de *efeito foi por pouco* (Tavares, 2008).

Quem é o jogador que mais nos procurará no século XXI e para o qual devemos estar preparados tecnicamente?

Vamos tentar ilustrar esta resposta por meio de um caso clínico e do tratamento psicoterápico ofertado. Falaremos, sobretudo, das abordagens psicoterápicas já implementadas neste caso clínico.

Resumo de um caso Clínico

M, 15 anos, portador de TDAH (medicado). Percurso escolar e de desenvolvimento sem qualquer maior problema. Fazia esportes, frequentou o mesmo grupo de amigos desde a primeira infância em uma cidade pacata do Brasil. Família constituída por mãe, padrasto (que chama de pai), avós maternos, a avó paterna biológica que se manteve no Brasil, e ele. Aos nove anos seu pai biológico "sumiu para o exterior". Foi descoberto no Brasil seu envolvimento com atividades ilícitas, sua mãe pediu divórcio e seu pai fugiu da justiça. As histórias contadas a **M** sempre foram mal construídas, incompletas, mal contadas, com a presença de sussurros e "não ditos" (segredos e mentiras) sobre o que **M** não poderia saber. A mãe acreditava que seria muito pesado expor uma criança a uma história "tão grave". **M** nunca aprendeu a expressar suas emoções nem necessidades de forma clara e verdadeira, visto que o código de comunicação da casa era de manutenção do que "não podia ser falado".

Aos 10 anos, **M** começou a comer compulsivamente e rapidamente, tornando-se um menino obeso. Embora tivesse amigos, sua obesidade o inibia e o fazia sentir-se "menos" que os outros. Desde 11 anos tornou-se compulsivo por *games on-line* também. Neste caso, fica clara a existência de questões sistêmicas que, se não tratadas na família, em concomitância ao tratamento individual, teríamos um ambiente nada favorecedor de uma plena recuperação.

Aos 14 anos, ele foi apresentado por um amigo aos *sites* de apostas esportivas: "eu não conseguia pensar mais em nada, passava os dias estudando performance de jogadores e times e pensando em como eu poderia ficar rico. O pai desse meu amigo abriu uma conta pra gente jogar, já que é proibido para menores. Eu, no início, mandava muito bem, cheguei a ganhar valores que nunca imaginei poder ganhar na minha idade, foi uma época muito top. Eu me achava o máximo, eu era o cara" (Chamamos isso de *fase de ganhos* na evolução da doença.). "Mas quando comecei a perder, me desesperei, e ficava cada vez mais obcecado para recuperar e voltar a ganhar (Chamamos isso de *fase de perdas* na evolução da doença.). Foi quando um colega da escola me falou que conhecia um cara que a quem eu poderia vender joias da minha família para pagar as dívidas: roubei todas as joias da minha mãe, joias também de valor afetivo, além de financeiro. Quando eu continuei perdendo e me desesperando, passei a mentir pra minha mãe que tinha vontade de ficar com minha avó às tardes por ela estar velhinha e dizer que queria 'aproveitar enquanto ela ainda era viva'. Peguei o cofre dela todo." (Chamamos isso de *fase de desespero* na evolução da doença.).

Os roubos de joias cometidos por **M** e o envolvimento dele num submundo só foi descoberto, pois **M**, quando não tinha mais joias para roubar, ligou para um amigo de seu pai pedindo dinheiro emprestado, sem explicar muito o motivo da solicitação. O amigo conhecia a elevada capacidade socioeconômica do pai e sabia que **M** não precisaria pedir dinheiro fora da família. Desconfiou que algo errado estava acontecendo e comunicou o fato aos pais que foram investigar a sequência dos eventos.

M, ao contar essa história, envergonhado, chora como um bebê, não sabe como fez tudo isso sem pensar "na impulsividade e desespero". Dizia sentir-se muito culpado e que aceitava a ajuda. Com a evolução do tratamento, **M** está sem jogar, resgatou seu grupo antigo de amigos, voltou a fazer esporte e sua família acatou nossa indicação para, em paralelo, engajar-se em trabalho sistêmico, relacionado aos segredos, mentiras, limites e hierarquia.

Considerações sobre a síntese do caso apresentado

Observem que, dentro das possibilidades de cada profissional ou equipe, devemos avaliar se existe um problema sistêmico a ser tratado que dê sustentação para a perpetuação da doença. **M** se engajou em comportamento ilícito e de mentiras para a obtenção de dinheiro para jogar. Podemos pensar que se estruturou como pessoa em ambiente marcado por segredos e mentiras a respeito de sua própria história, bem como acerca do mundo ilícito "não dito" do pai que, quando descoberto pela mãe, culminou com o divórcio do casal.

Nesses casos, a abordagem multidisciplinar é de suma importância, tendo em vista a frequente presença de comorbidades psiquiátricas e clínicas, da impulsividade e da compulsividade. Neste capítulo, damos ênfase ao "como fazer" em psicoterapia, usando como base o caso exposto. Não pretendemos explorar em detalhes cada abordagem, visto que isto demandaria outros capítulos do livro. São apresentadas referências bibliográficas para o eventual aprofundamento da leitura. Então, o que se segue é um plano terapêutico para o caso em questão.

Cabe lembrar que cada caso é singular e deve ser individualizado em termos de recursos aplicados.

1. Entrevista motivacional para ambivalência do paciente

Para compreensão e aprendizado mais profundo da abordagem utilizada, cabe sugerir a leitura de livros básicos (Miller et al., 2013).

M chegou muito culpado e envergonhado com o fato de ter roubado a mãe e a avó. Mentia para continuar jogando e esconder o envolvimento com grupo facilitador do jogar. Por que o consideramos um paciente ambivalente? Porque, apesar de declarar que gostaria de parar de jogar, tendo um grau de importância sobre mudar uma nota 7 numa escala de 0-10, sua confiança era muito baixa sobre sua capacidade de conseguir. Estava muito compulsivo e fissurado para seguir apostando, dando uma nota 4 numa escala de 0-10. Então, a primeira etapa do tratamento consistiu em focar no aumento de sua autoeficácia, para que revisitasse sua potência em outros momentos da vida e para aumentar sua confiança de que poderia dar conta do enfrentamento de sua dependência. Ademais, focamos também nos valores do paciente que, quando clarificados, apareceram como: honestidade, respeito e amizade. Nosso objetivo era evidenciar a discrepância entre o que ele de fato valorizava na vida e o quanto seu comportamento estava dissonante de seus próprios valores, objetivando assim o incremento do senso de importância da mudança comportamental.

2. Da indicação de um terapeuta familiar sistêmico

Ambos os trabalhos terapêuticos evoluíram em concomitância. Na terapia familiar sistêmica, trabalhamos a real inserção do padrasto como figura substituta paterna e de autoridade, podendo ter parceria com a mãe para desenvolver mais limites e hierarquia, temas vitais, ao falarmos de dependência em jovens. Trabalhamos também o adoecimento provocado pelos segredos e mentiras, estimulando na família a real expressão da verdade em qualquer esfera, das necessidades de cada membro proporcionando mais intimidade entre eles e mudando assim o código de comunicação.

No momento em que seu grau de importância sobre mudança de comportamento passou a ser 9 e o de confiança passou a ser 7, pudemos iniciar o trabalho de reestruturação cognitiva. Na realidade, **M**, até então, só não estava jogando porque os pais e um motorista não deixavam nenhum tipo de brecha para o acesso ao jogo.

a) Lidar com a fissura por jogar e aprender a ter soluções para os gatilhos que antecedem a decisão por jogar (usando técnicas de prevenção da recaída).

b) Compreensão das características/funcionamento dos jogos de aposta que favorecem a instauração da dependência (aleatoriedade, taxa de retorno negativo, acaso, intermitência dos ganhos e efeito foi por pouco).

c) O trabalho de reestruturação cognitiva envolvia identificar as falsas crenças (como os exemplos dados neste capítulo sobre as mais frequentes distorções cognitivas) e ressignificá-las a partir de uma clareza maior da realidade, das crenças, havendo assim a transformação de crenças irracionais em novas crenças funcionais ou racionais.

3. Terapia familiar sistêmica

Neste caso, fica clara a existência de questões sistêmicas que, se não tratarmos na família, em concomitância ao tratamento individual, teríamos um ambiente nada favorecedor de uma plena recuperação de **M**. Em paralelo à psicoterapia individual, indicamos um terapeuta familiar sistêmico. Na família, trabalhamos a real inserção do padrasto como figura substituta paterna e de autoridade, podendo ter parceria com a mãe para desenvolver mais limites e hierarquia, temas vitais quando falamos de dependência em jovens. O padrão, até então, era de triangulação entre os membros. A mãe ocultava do padrasto dados sobre o filho que poderiam gerar indignação no padrasto. Fazia uma aliança com o filho e, com isso, perdia a oportunidade de ter o marido como suporte e força para dar conta da criação do filho.

Trabalhamos também o adoecimento provocado pelos segredos e mentiras, estimulando na família a real expressão da verdade em qualquer esfera, das necessidades de cada membro e, com isso, proporcionando mais intimidade entre os membros, mudando assim o código de comunicação.

4. Orientação familiar

Na parte que consiste objetivamente em orientações à família (psicoeducacional) sobre como proceder para ajudar o paciente a não recair, recomendamos usualmente que a família suspenda o acesso ao computador e ao celular ao longo do dia e que só possibilitem o uso na presença dos pais ou outros familiares de suporte. O objetivo de tal liberação consiste na viabilidade da realização de pesquisas e trabalhos escolares, além de poder responder a mensagens do WhatsApp e *e-mails* de fato relevantes. Nos dias atuais, é inviável uma recomendação de suspenção completa da utilização da tecnologia, a qual está presente em todas as atividades cotidianas. Depois de 1 a 2 horas de utilização monitorada de fato, o paciente perdia o acesso ao computador e ao celular, que ficavam guardados em lugar desconhecido por ele. Também orientamos que o paciente não tivesse acesso a objetos de valor, contas correntes, possibilidade de fazer pix ou uso cartões de crédito. Para o jogador, assim como nas dependências químicas, o acesso a dinheiro é fator de risco para recaída.

Uma outra recomendação de extremo valor era que os pais tentassem ajudá-lo a resgatar vínculos que antecedessem o tempo em que ele começou a jogar, além de ajudá-lo a deletar contatos telefônicos do grupo de pessoas ligadas ao jogo ou ao roubo.

5. Orientação para frequência ao JA

Indicamos sempre aos nossos pacientes a frequência ao Jogadores Anônimos (JA), grupo de extrema seriedade que oferta ajuda a inúmeros jogadores de todo o mundo. Esse paciente especificamente infelizmente ainda não conseguiu se identificar, talvez por sua imaturidade.

6. Abordagem da farmacoterapia

A abordagem por meio da farmacoterapia do tratamento não será abordada neste capítulo. Contudo, é de vital importância enfatizar a necessidade de que haja uma equipe multidisciplinar envolvida em cada caso, para que aspectos da compulsão, impulsividade, comorbidades psiquiátricas e clínicas sejam cuidados, em concomitância com o tratamento psicoterápico. O jogador patológico, em geral, só responde com a integração de várias especialidades, dada a gravidade dos casos.

Referências

American Psychiatric Association – (APA). (2023). *Manual diagnóstico e estatístico de transtornos mentais: DSM-5-TR – texto revisado*. Porto Alegre: Artmed.

Arkowitz, Hal, Miller, WR, & Rollnick, S. (2015). *Motivational Interviewing in the treatment os psychological Problems*. 2 ed. London: Guilford.

American Psychiatric Association. (2013). *Diagnostic and Statistical of mental Disorders*. 5ed. Arlington: American Psyquiatric Press.

Barros, S. (2013). A ética, a escola e a formação da cidadania digital. In Nabuco, C, Eisenstein, E, Estefenon, S. *Vivendo esse mundo digital*. Porto Alegre: Artmed.

Carneiro E, Tavares, H, Sanches M, Pinsky. I, Caetano, R, Zaleski, & M, Laranjeira, R. (2017). Gambling onset and progression in a sample of at-risk gamblers from de general population. *Psychiatry Research* 216, 404-411.

Carneiro, E, Tavares, H, Sanches M, Pinsky. I, Caetano, R, Zaleski, M, & Laranjeira, R. (2020). Gender Differences in Gambling Exposure and at-risk Gamblig Behavior Journal of Gambling Studies, 36(2):445-457.

Fontenelle, L, & Ribeiro, A. P. (2022). Transtornos do Controle dos impulsos. In Nardi, A, Geraldo da Silva, A, & Quevedo, G. *Tratado de Psiquiatria na Associação de Psiquiatria Brasileira*. Porto Alegre: Artmed.

Ford, M, & Hakansson, A. (2020). *Problem Gambling, associations with comorbid helath conditions, substance use and behavior addictions: oportunities for pathways in treatment*. PloSone 15(1):e0227644.

Gavriel-Fried, B, Paul Delfabbro, Neven Ricijas, Dora Dodig Undric, & Jeffrey L. Derevensky (2021). *Cross – National comparisons of the prevalence of gambling in young people and the role of accessibility in higher risk gambling: a study of Australia, Canada, Croatia and Israel*. Current Psychology, 1-12.

Miller, W, & Rollnick, S. (2013). *Motivational Interviewing: Helping People Change*. Londres: The Guilford Press.

Murcia, S. J, Granero, R, Gimenez, M, del Pino Gutierrez, A, Mestre--Bach, G, Mestre-Bach, G, Mena-Moreno, T, Moragas, L, Baño, Sánchez-González, De Gracia, M, Baenas-Soto, I, Contaldo, S.F, Valeciano--Mendoza, E, Mora-Maltas, B, Lopez-Gonzalez, H, Menchón, J. M, ...

Aranda, F. F (2020). Contribution of sex on the underlying mechanism of the gambling disorder severity. Nature – *Scientific Reports*, volume 10, Article number: 18722.

Potenza, M. (2014). The Neural bases of Cognitive Process in gambling Disorder. *Trends in cognitive Science* 18(8) 429-438.

Tavares, H. (2022). Introdução ao conceito de dependência comportamental e perda de controle sobre comportamento específico. In Tavares, H, Nabuco de Abreu, C, Seger, L, Mariani, M, & Filomensky, T. *Psiquiatria, Saúde Mental e a Clínica da Impulsividade*. São Paulo: Manole.

Tavares, H., Carneiro, E., Sanches, M., Pinsky, I., Caetano, R., & Zaleski, M. (2010). Gambling in Brazil: lifetime prevalence and socio-demographic correlates. *Psychiatry Research*, 2010 ;180(1), 35-41.

Tavares, H, & Mariani, M. (2022). Transtorno de Jogo. In Tavares, H, Nabuco de Abreu, C, Seger, L, Mariani, M, & Filomensky, T. *Psiquiatria, saúde mental e a clínica da impulsividade*. São Paulo: Manole.

Tavares, H, & Rossine, D. (2008). Jogo Patológico. In Nabuco de Abreu, C, Tavares M, Cordàs, T, & colaboradores. *Manual clínico de transtornos de controle dos impulsos*. Porto Alegre: Artmed.

II.
Compulsão alimentar e imagem corporal

CAPÍTULO 5

Compulsão alimentar e obesidade: dois fenômenos distintos?

Higor Caldato

Sim, são fenômenos distintos. Nem todo obeso tem compulsão alimentar, assim como nem todos que apresentam compulsão alimentar são obesos. Esse tipo de confusão é muito comum e acaba por gerar alguns estigmas sociais que contribuem para que, em ambas as condições, o sofrimento emocional esteja presente.

Um fator que pode ser prejudicial para a saúde mental de indivíduos com obesidade é a exposição a atitudes e comportamentos discriminatórios que sabidamente acontecem em diferentes áreas, como emprego, educação e saúde (Pulh, 2001). Habitualmente, esse comportamento está associado ao julgamento de que o indivíduo não tem controle sobre a alimentação, como se a obesidade tivesse única causa e fosse apenas uma escolha deliberada do indivíduo.

Além disso, a discriminação contra indivíduos com índice de massa corporal (IMC) mais alto pode ser particularmente problemática, porque pode induzir uma forte insatisfação com o peso e/ou forma corporal, o que é um fator de risco para o desenvolvimento de comportamentos comórbidos de transtorno alimentar (Fairburn, 2008).

O termo *compulsão alimentar* é citado constantemente na mídia, nas redes sociais e na fala de muitas pessoas que passaram a empregá-lo, diferentemente do que é proposto pelos critérios diagnósticos utilizados para esses episódios.

Segundo a American Psychiatric Association (APA, 2013), um "*episódio de compulsão alimentar*" é definido como a ingestão, em um período determinado, de uma quantidade de alimento definitivamente maior do que a maioria das pessoas consumiria em um mesmo período sob circunstâncias semelhantes. Lanches contínuos em pequenas quantidades de alimento ao longo do dia não seriam considerados compulsão alimentar.

Além disso, uma ocorrência de consumo excessivo de alimento deve ser acompanhada por uma sensação de falta de controle para ser considerado um episódio de compulsão alimentar (por exemplo: sentimento de não conseguir parar de comer ou controlar o que e o quanto está ingerindo).

É importante entender que o fato de ocorrer algum episódio de compulsão alimentar não significa que a pessoa é considerada com o Transtorno de Compulsão Alimentar (TCA). Ele acontece quando os episódios ocorrem, em média, ao menos uma vez por semana durante três meses, com sofrimento marcante em virtude da compulsão alimentar. Além disso, os episódios de compulsão alimentar estão associados a três ou mais dos seguintes aspectos:

> comer muito mais rapidamente do que o normal; comer até se sentir desconfortavelmente cheio; ingerir grandes quantidades de alimento sem estar com sensação física de fome; comer sozinho por vergonha do quanto se come; e sentir-se desgostoso de si mesmo, deprimido ou muito culpado em seguida (APA, 2013).

A prevalência mundial de TCA para os anos 2018-2020 é estimada em 0,6-1,8% em mulheres adultas e 0,3-0,7% em homens adultos. As pessoas com TCA experimentam prejuízos na qualidade de vida e, ao mesmo tempo, muitas vezes ele não é detectado nem tratado (Giel, 2022).

A etiologia do TCA é complexa, incluindo fatores genéticos e ambientais, bem como contribuições neuroendocrinológicas e neurobiológicas. Achados neurobiológicos destacam deficiências no processamento de recompensas, controle inibitório e regulação emocional, sendo esses domínios neurobiológicos alvos para abordagens de tratamento emergentes (Giel, 2022).

Demonstrar que a "compulsão alimentar" relatada pelo paciente pode não ser de fato um sintoma do transtorno de compulsão alimentar é um dos objetivos desse capítulo, pois, entendido isso, também fica mais clara a correlação desse transtorno com a obesidade.

Cerca de trinta por cento dos pacientes obesos que procuram clínicas especializadas para emagrecimento apresenta o transtorno de compulsão alimentar. A obesidade é uma doença crônica de difícil manejo e muitas vezes pontuada pela falha do tratamento. O rastreio de transtornos alimentares, principalmente o transtorno de compulsão alimentar, é fundamental em doentes com excesso de peso, pois a prevalência nesse público é elevada. Como é raro o motivo de consulta de obesos serem transtornos alimentares desde o início, é necessário que os profissionais de saúde saibam avaliar esse comportamento desde as primeiras consultas, a fim de propor uma abordagem terapêutica específica, visando à perda de peso sustentável a longo prazo (Melchior, 2021).

O transtorno de compulsão alimentar e a obesidade estão associados a consequências graves para a saúde física e mental. Os indivíduos com obesidade, bem como os transtornos alimentares comórbidos, correm maior risco de danos à sua saúde do que os indivíduos com qualquer uma das condições isoladamente. Além disso, a obesidade pode contribuir para comportamentos de transtorno alimentar.

Os profissionais de saúde especializados no tratamento da obesidade que não abordam os comportamentos de transtorno alimentar de seus pacientes,-provavelmente terão intervenções malsucedidas para a perda de peso a longo prazo, devido à compulsão alimentar persistente. Por outro lado, os profissionais de saúde especializados em transtornos alimentares e que não abordam o controle de peso com seus pacientes com sobrepeso ou obesidade comórbidos podem observar um interesse reduzido de seus pacientes, resultando potencialmente no desengajamento (ou falta de envolvimento) no tratamento do transtorno alimentar, buscando, em vez disso, tratamentos para perda de peso, que não tratam seu comportamento alimentar. É vital desenvolver e testar opções inovadoras de tratamento médico, psicológico e nutricional que abordem simultaneamente a obesidade e a compulsão alimentar comórbida (Da Luz, 2018).

As ações de saúde pública, em grande parte, desconsideraram a importante sobreposição entre transtornos alimentares e obesidade (Soneville, 2019). O impacto concomitante da saúde mental é amplamente ignorado, apesar das ligações bem pesquisadas entre a saúde física e mental de pessoas obesas. A alimentação desordenada é um risco importante e um fator de perpetuação da obesidade, muitas vezes mediada por estados psicológicos, como humor deprimido ou afeto negativo. Da mesma forma, concomitantes psicológicos de alto índice de massa corporal (kg/m2; IMC), como insatisfação corporal e estigma do peso, contribuem para o aumento da carga de transtornos alimentares em todo o mundo (Hay, 2019).

Sendo assim, apesar de serem fenômenos distintos, o TCA é comumente associado à obesidade e vice-versa (Giel, 2022). Portanto, é importante avançarmos cientificamente na compreensão das complexas relações entre peso e os problemas alimentares, reforçando a necessidade de diretrizes sobre cuidados ideais para pessoas com ambos os problemas. Somente com tais esforços integrados esses campos podem progredir em conjunto (Hay, 2019).

Referências

American Psychiatric Association – (APA). (2023). *Manual diagnóstico e estatístico de transtornos mentais: DSM-5-TR – texto revisado.* Porto Alegre: Artmed.

Da Luz FQ, Hay P, Touyz S, & Sainsbury A. (2018). Obesity with Comorbid Eating Disorders: Associated Health Risks and Treatment Approaches. *Nutrients.* 10(7):829.

Fairburn, Christopher G. (2008). *Cognitive behavior therapy and eating disorders.* Guilford Press.

Giel KE, Bulik CM, Fernandez-Aranda F, Hay P, Keski-Rahkonen A, Schag K, Schmidt U, & Zipfel S. (2022). Binge eating disorder. *Nat Rev Dis Primers.* Mar 17;8(1):16.

Hay, P., & Mitchison, D. (2019). Eating Disorders and Obesity: The Challenge for Our Times. *Nutrients. 11*, 1055.

Melchior V, Fuchs S, & Scantamburlo G. (2021). Vignette thérapeutique de l'étudiant. Obésité et troubles du comportement alimentaire [Obesity and eating disorders]. *Rev Med Liege.* Feb;76(2):134-139. French.

Puhl R, Brownell KD. (2001). Bias, discrimination, and obesity. *Obes Res.* Dec; 9(12):788-805.

Sonneville, K., & Rodgers, R. (2019). Shared Concerns and Opportunity for Joint Action in Creating a Food Environment That Supports Health. *Nutrients. 11*, 41.

CAPÍTULO 6

Insatisfação com a imagem corporal e a vigorexia: o que isto tem em comum?

Sabrina Presman
Higor Caldato

A aparência do corpo exerce uma influência na vida social, profissional e afetiva das pessoas. No entanto, não é apenas a forma como os outros nos veem que gera grande impacto nas nossas vidas, mas é a concepção que nós temos sobre nossa imagem que determina também essa influência. Além do mais, a forma como os outros nos percebem pode ser bastante destoante daquilo que experenciamos subjetivamente. Essa concepção interna e subjetiva sobre o corpo é chamada de imagem corporal (Nunes, 2006).

Apesar do conceito de imagem corporal ter um certo consenso entre os estudiosos (Cash, 1990), os aspectos que constituem essa experiência subjetiva continuam sendo debatidos atualmente. Ainda é um desafio desvendar a complexidade do fenômeno da imagem corporal.

A imagem corporal é a percepção que uma pessoa tem do seu próprio corpo, os pensamentos e sentimentos que resultam desta percepção. Quando uma pessoa tem pensamentos e sentimentos negativos sobre o seu próprio corpo, podendo ser sobre aspectos relacionados à aparência física, ao tamanho, à forma ou à funcionalidade, ela pode desenvolver uma insatisfação corporal.

A formação da imagem corporal envolve fatores internos e externos e é um processo complexo e multifacetado (Cash, & Smolak, 2011), prova disso é a necessidade de utilização de diversos instrumentos de avaliação com diferentes parâmetros nas pesquisas científicas sobre o assunto (Neves, 2015).

Entre os principais fatores externos podemos citar: aspectos culturais que ditam as expectativas sociais em relação ao corpo; opiniões e comentários de familiares, amigos e parceiros e a mídia, que exerce uma grande pressão em relação aos padrões de beleza, muitas vezes irreais e inatingíveis. Entre os aspectos internos, experiências pregressas de vivência de *bullying*, discriminação e traumas, características físicas individuais e estilo de vida além de transtornos psiquiátricos como depressão, ansiedade e transtorno alimentar, também tem um impacto na construção da autoimagem.

Ao perceber que existe um constante descontentamento com a aparência física, o desafio é saber quando estamos diante de um quadro de distorção da imagem corporal ou simplesmente estamos lidando com uma questão sociocultural que reforça a busca pela perfeição do corpo.

Transtorno Dismórfico Corporal

O Transtorno Dismórfico Corporal (TDC), que também é conhecido como dismorfia, é caracterizado por uma preocupação excessiva e persistente com a aparência física, levando a uma percepção distorcida da própria imagem corporal.

Pessoas com TDC tendem a focar em pequenas imperfeições ou características físicas que percebem como sendo anormais ou repulsivas, mesmo que essas sejam inexistentes ou consideradas pelos outros como irrelevantes. Essas preocupações podem afetar significativamente a qualidade de vida, gerando sofrimento ao indivíduo, levando a evitar situações sociais, ao isolamento, à depressão e até mesmo à ideação suicida.

Segundo o Manual Diagnóstico e Estatístico de Transtornos Mentais na sua quinta versão (DSM-5) (APA, 2013) existem critérios diagnósticos que determinam a presença do transtorno, conforme mostra o quadro (1) a seguir:

Quadro 1 – Critérios diagnósticos do transtorno dismórfico corporal

A. Preocupação com um ou mais defeitos ou falhas percebidas na aparência física que não são observáveis ou que parecem leves para os outros.
B. Em algum momento durante o curso do transtorno, o indivíduo executou comportamentos repetitivos (p. ex.: verificar-se no espelho, arrumar-se excessivamente, beliscar a pele, buscar tranquilização) ou atos mentais (p. ex.: comparando sua aparência com a de outros) em resposta às preocupações com a aparência.
C. A preocupação causa sofrimento clinicamente significativo ou prejuízo no funcionamento social, profissional ou em outras áreas importantes da vida do indivíduo.
D. A preocupação com a aparência não é mais bem explicada por preocupações com a gordura ou o peso corporal em um indivíduo cujos sintomas satisfazem os critérios diagnósticos para um transtorno alimentar.
E. Especificar-se: com dismorfia muscular Especificar-se: o grau de insight em relação às crenças do TDC (bom ou razoável / pobre / ausente, crenças delirantes). Esses critérios devem estar presentes por pelo menos 6 meses.

Fonte: APA, 2013 (DSM-5).

O TDC é um transtorno relativamente comum e é considerado pertencente ao espectro obsessivo-compulsivo, com base nas semelhanças que tem com o transtorno obsessivo-compulsivo (TOC). É importante reconhecer e tratar adequadamente o TDC, pois esse transtorno está associado a um prejuízo acentuado no funcionamento psicossocial, notadamente baixa qualidade de vida e altas taxas de suicídio (Andri, 2010).

Nos quadros de TDC, o componente obsessivo-compulsivo se manifesta da seguinte forma:

- Obsessões voltadas à aparência física, quando a pessoa se preocupa excessivamente com um defeito ou imperfeição imaginária ou leve em seu corpo. Essas preocupações têm características persistentes, invasivas e com difícil controle, podendo durar horas ou mesmo dias. Exemplos desses pensamentos persistentes podem ser preocupações com acne, cicatrizes, cabelos, formato do rosto, dentre outros aspectos.

- Compulsões podem incluir comportamentos repetitivos, como verificar a aparência constantemente ao espelho, comparar-se com outras pessoas ou buscar tratamentos estéticos para corrigir o suposto defeito. As compulsões podem ser nocivas para a saúde física e mental do indivíduo, podendo levar a comportamentos autolesivos, isolamento social, depressão e ansiedade.

Segundo a *American Psychiatric Association* (APA, 2013), em dois terços dos indivíduos que apresentam TDC, o início do transtorno acontece antes dos 18 anos. A prevalência mundial, em média, chega a 1,8% da população geral, com distribuição similar entre homens e mulheres. O TDC foi associado a disfunção executiva e anormalidades no processamento visual, com uma propensão a analisar e codificar detalhes, em vez de aspectos holísticos ou configuracionais dos estímulos visuais. As pessoas com esse transtorno tendem a interpretar de forma negativa e ameaçadora expressões faciais ou cenários ambíguos.

Vale ressaltar que indivíduos com TDC podem apresentar insatisfação com qualquer área do seu corpo (nariz, cabelo, pele, olhos, queixo, lábios, dentes, barriga, quadril etc.) e, quando a preocupação está relacionada à aparência muscular, trata-se do transtorno dismórfico muscular.

Transtorno dismórfico muscular

O transtorno dismórfico muscular (TDM), também conhecido como vigorexia, complexo de Adonis, anorexia reversa ou bigorexia (referindo-se a "big", em inglês), ocorre predominantemente no sexo masculino (Kimberly, 2021), sendo caracterizado pela preocupação excessiva e obsessiva com a forma, o tamanho, e a definição muscular. No caso de indivíduos com TDC, o peso elevado não é uma preocupação, desde que esse seja resultado de um de uma maior quantidade de músculos.

Os indivíduos com essa forma de transtorno apresentam a crença de que seu corpo é fraco, insuficientemente musculoso e pequeno, mesmo que isso não seja verdade. Eles, em geral, têm uma aparência corporal normal ou são até mesmo musculosos. A maioria (mas não todos) faz dieta, exercícios e/ou levanta pesos excessivamente, às vezes causando danos ao corpo. Alguns usam suplementos alimentares e até mesmo esteroides anabolizantes para tentar deixar seu corpo maior e mais musculoso.

O DSM-5 não apresenta critérios específicos para o diagnóstico do TDM, sendo descrito como um especificador do TDC aplicado quando "o indivíduo está preocupado com a ideia de que sua forma física é muito pequena ou insuficientemente musculosa".

No entanto, Pope et al. (1997) propuseram parâmetros para o diagnóstico do TDM que auxiliam no entendimento do transtorno. Veja no quadro 2.

Quadro 2 – Critérios diagnósticos do TDM de acordo com Pope et al. (1997)

1. A pessoa tem uma preocupação com a ideia de que seu corpo não está suficientemente esbelto e musculoso. Comportamentos característicos associados incluem longas horas de levantamento de peso e atenção excessiva à dieta.
2. A preocupação causa sofrimento clinicamente significativo ou prejuízo no funcionamento social, ocupacional ou outros importantes, como demonstrado por pelo menos dois dos quatro critérios seguintes: a. O indivíduo frequentemente desiste de atividades sociais, ocupacionais ou recreativas importantes por conta da necessidade compulsiva de manter seus exercícios e regime dietético b. O indivíduo evita situações em que seu corpo é exposto a outros, ou enfrenta essas situações somente com sofrimento importante ou ansiedade intensa. c. A preocupação acerca da inadequação do tamanho corporal ou musculatura causa sofrimento clinicamente significante ou prejuízo nas áreas social, ocupacional ou outra área importante de funcionamento d. O indivíduo continua a se exercitar, a restringir a alimentação ou usar substâncias ergogênicas (que melhoram o desempenho físico), apesar do conhecimento das consequências físicas e psicológicas negativas.
3. O foco primário da preocupação e dos comportamentos é ser muito pequeno ou inadequadamente musculoso, diferentemente do medo de ser gordo, como na AN ou uma preocupação primária somente com outros aspectos da aparência, como em outras formas de TDC.

Fonte: Pope et al. (1997).

Os indivíduos com vigorexia têm sua vida significativamente afetada em diversos aspectos impactando diretamente a qualidade de vida com implicações em sua autoestima com sentimentos de inadequação e insegurança, além de prejuízos na vida social com evitação de situações sociais que exijam exposição corporal, devido à vergonha ou ao medo de serem julgados, podendo causar isolamento e dificuldades nos relacionamentos interpessoais. Não é incomum prejuízo no desempenho no trabalho ou estudo e, por vezes, a preocupação excessiva e constante com a aparência dos músculos; favorece comportamentos repetitivos, como verificar-se no espelho, comparar-se com outras pessoas, sempre buscando a confirmação sobre a aparência. A obsessão pela forma física também pode acarretar a procura por procedimentos estéticos desnecessários ou exagerados, que visam "corrigir" as supostas imperfeições corporais, o que pode levar a riscos à saúde.

Comorbidades psiquiátricas

Com tanta preocupação pela aparência, é comum a frustração frequente com a imagem corporal, fato que justifica a presença do transtorno depressivo maior como comorbidade psiquiátrica mais comum. Entre os transtornos comórbidos frequentes também estão a fobia social, transtorno obsessivo-compulsivo (TOC), transtornos relacionados ao uso de substâncias não relacionados ao desempenho, tentativas de suicídio. A preocupação excessiva com a aparência também pode estar relacionada a outras partes do corpo (cabelo, pele, dentes etc.) caracterizando a outra forma de TDC. Comportamentos bulímicos ou purgativos, bem como a presença de anorexia nervosa, também são frequentes nessa população.

Epidemiologia

Embora haja uma escassez de estudos epidemiológicos, estima-se que a prevalência seja de cerca de 2,4% na população, sendo mais frequente em indivíduos jovens do gênero masculino, tendo seu início comumente antes dos 19 anos. Observa-se também um maior número de casos no Ocidente, onde o culto ao corpo tem maior importância.

Um estudo brasileiro publicado em 2021 evidenciou que indivíduos com TDM apresentaram piora significativa na qualidade de vida durante o período de isolamento social da pandemia do COVID (Domingos et al., 2021). A interrupção das atividades físicas regulares e a falta de acesso a academias parecem ter impactado negativamente a saúde mental dos indivíduos com TDM (Cafri et al., 2020).

A prevalência de TDM é assustadoramente maior se considerarmos a população de praticantes de levantamento de peso e fisioculturistas. Um exemplo, é um estudo realizado com 232 homens fisiculturistas, que encontrou uma prevalência de 22,4% de vigorexia (Hussain et al., 2017). Em relação a homens que praticavam levantamento de peso, outro estudo publicado em 2020 com amostra de 475 homens apresentou a presença do transtorno em 12,2% dos participantes (Witkiewitz et al., 2020).

Em relação ao uso de esteroides anabolizantes nessa população, os estudos são limitados, mas acredita-se que entre 10% a 30% dos fisiculturistas e levantadores de peso os utilizem com objetivo de melhorar o desempenho físico e aumentar a massa muscular (Pope et al., 2014).

Alguns países no mundo, como Estados Unidos e Inglaterra, desenvolveram guias de recomendações para identificação, prevenção, manejo e tratamento de atletas e praticantes de exercício físico. No Brasil, são poucas as pesquisas sobre o tema e não há evidências de programas de prevenção no esporte.

Outro ponto de atenção é a população transgênero. Embora não haja estudos sobre o tema, esse grupo é comumente submetido a pressões e expectativas internas e externas socialmente estabelecidas em relação à sua aparência. Por vezes experienciam a insatisfação com o próprio corpo, devido ao desconforto com as características sexuais que não correspondem a sua identidade de gênero. Essa insatisfação não representa um transtorno de imagem corporal. Nesses casos, o que acontece é a sensação de que o corpo não está em harmonia com a identidade de gênero da pessoa.

Além disso, muitas pessoas trans podem buscar uma aparência mais "masculina" ou "feminina" de acordo com sua identidade de gênero, o que pode envolver a busca por uma musculatura mais desenvolvida. Esse resultado pode ser difícil naturalmente, resultando uma maior vulnerabilidade para o desenvolvimento de transtornos relacionados à imagem corporal e uso de esteroides anabolizantes. É importante que os serviços de saúde forneçam atendimentos focados na saúde mental dessa população, trabalhando, entre outras questões, a imagem corporal. A realização de estudos abordando o tema pode ser interessante para avaliar a existência de uma maior vulnerabilidade em pessoas trans.

Diagnóstico diferencial

Em um indivíduo com transtorno alimentar (TA), o distúrbio de imagem corporal está relacionado às preocupações com ser gordo ou grande (peso na balança, silhueta avantajada) e não ser pouco musculoso, pequeno ou fraco, como no TDM. Os indivíduos com anorexia nervosa pesam significativamente abaixo dos padrões de normalidade. Isto não costuma acontecer naqueles com vigorexia, os quais geralmente estão dentro do esperado ou até mesmo com sobrepeso. Já, se considerarmos as crenças disfuncionais, na anorexia, a pessoa se percebe muito maior, mais gorda e pesada do que de fato é. Já no TDM, a distorção de imagem é oposta, sendo que o indivíduo vivencia uma imagem corporal geralmente mais franzina, fraca ou menos musculosa do que de fato é, sendo o TDC também chamado de anorexia reversa.

A complexidade do diagnóstico diferencial se dá principalmente por conta dos padrões alimentares que em ambos os transtornos podem sofrer alterações, com dietas rígidas e restritivas. Em alguns casos de TDM, o foco no comportamento alimentar pode ser tão grande quanto na atividade física, com uma maior ênfase em dietas hiper proteicas. O que diferencia o TDM do transtorno alimentar, no aspecto do comportamento alimentar, é que as restrições têm objetivos diferentes. Enquanto no TA o foco é a perda de peso, no TDM é o aumento dos músculos. Vale ressaltar, no entanto, que é possível a existência de ambos os transtornos simultaneamente.

As preocupações e os comportamentos repetitivos do TDC diferem das obsessões e compulsões do transtorno obsessivo-compulsivo, na medida em que o primeiro foca apenas na aparência. Quando arrancar a pele tem intenção de melhorar a aparência dos defeitos nela percebidos, deve ser diagnosticado TDC em vez de transtorno de escoriação (*skin-picking*).

A prática de exercício físico regular já está bem elucidada pela ciência quanto ao impacto positivo na saúde, inclusive seus efeitos terapêuticos em várias doenças. Entretanto, no transtorno dismórfico corporal, a preocupação não converge para a prevenção ou promoção de saúde. Desta forma, seus benefícios não conseguem superar os prejuízos que a busca incessante pelo corpo musculoso pode gerar. É de fundamental importância avaliar prioritariamente quais pensamentos e sentimentos norteiam a prática de exercícios (Teixeira, 2019) e, secundariamente, analisar os parâmetros quanto à sua frequência, duração e intensidade.

Vale ressaltar ainda que vários estudos trazem as características clínicas do quadro de dependência ao exercício e, em geral, os sintomas referentes à imagem corporal não estão presentes. Além disso, na dependência ao exercício, a pessoa sente uma necessidade intensa e incontrolável de se exercitar, mesmo quando está cansada, lesionada ou doente ("fissura"). O volume de treino é elevado, aumenta progressivamente com o passar do tempo ("tolerância") e existe a sensação de perda de controle, quando deseja parar ou diminuir quantidade de exercícios. Além disso, a pessoa pode sentir sintomas de ansiedade e irritabilidade, quando não se exercita (Hausenblas, 2002). O TDM não está diretamente relacionado à prática de atividade física, mas sim a uma imagem corporal distorcida.

Avaliação Diagnóstica

Na entrevista diagnóstica, é importante avaliar a história clínica do paciente, incluindo a duração dos sintomas, o impacto na vida diária, a presença de comorbidades psiquiátricas e o uso de substâncias e comportamentos alimentares. A avaliação do grau de satisfação com cada parte do seu corpo e da distorção da imagem corporal também deve ser considerada. Uma avaliação médica do estado físico do paciente e de exames de sangue, urina, entre outros testes diagnósticos para verificar a presença de problemas de saúde relacionados ao treinamento excessivo, padrão de restrição alimentar e uso de suplementos ou esteroides anabolizantes são importantes diante do TDM. Investigar as crenças em relação à imagem corporal é fundamental para o diagnostico diferencial.

Escalas de avaliação

- ***Yale-Brown Obsessive Compulsive Scale Modifed for Body Dysmorphic Disorder***

Baseada em uma entrevista clínica semiestruturada, consistindo em 12 itens que avaliam a gravidade dos sintomas em indivíduos que apresentam excessiva preocupação e angústia em relação à aparência física. É amplamente utilizada em pesquisas clínicas, sendo validada em vários idiomas, incluindo Português, Espanhol e Chinês.

- **Escala de Sintomas da Dismorfia Corporal (BBDS – UNIFESP/EPM)**

Trata-se de um instrumento de autoavaliação composto por 10 itens que identificam de forma objetiva e rápida a presença de características psicopatológicas do TDC em indivíduos que procuram cirurgia plástica.

- ***Body Dysmorphic Disorder Examination* (BDDE)**

É uma entrevista clínica semiestruturada utilizada para a triagem do TDC, tendo como objetivo avaliar a gravidade dos sintomas negativos relacionados à imagem corporal. Ela consiste em 34 itens que avaliam os sintomas do TDC em seis dimensões: preocupação e avaliação negativa da aparência física; excessiva importância atribuída à aparência física; vergonha, constrangimento e percepções de autorreferência; evitação de situações ou atividades em público, ou contato físico com os outros; estratégias de camuflagem (estilos de roupa e acessórios, tipos de maquiagem e postura corporal).

- **Escala de silhuetas Stunkard**

Também conhecida como escala de figuras de imagem corporal, é uma ferramenta usada para avaliar a autoimagem, sendo desenvolvida por Stunkard et al., em 1983. Ela consiste em nove figuras de silhuetas numeradas de 1 a 9, que variam de magro (figura 1) a obeso (figura 9). A pessoa é solicitada a escolher a figura que mais se assemelha à sua aparência atual e, em seguida, a figura que ela gostaria de ter como aparência ideal. A diferença entre essas duas escolhas pode indicar a insatisfação com a imagem corporal.

- *Muscle Appearance Satisfaction Scale* (MASS)

É um questionário utilizado para avaliar a satisfação do indivíduo com a aparência dos seus músculos. Desenvolvido por Edward C. Smith e colaboradores, o MASS é composto por 19 itens que avaliam diferentes aspectos da satisfação do indivíduo com a aparência muscular, tais como a aparência geral, a definição muscular, a simetria muscular, a vascularização e a tonalidade muscular. O MASS é utilizado principalmente em estudos com praticantes de atividades físicas, especialmente aqueles que buscam o desenvolvimento muscular. Ele pode ser aplicado tanto em homens quanto em mulheres e em diferentes faixas etárias.

- *Drive Muscularity Scale* (DMS)

Foi desenvolvida por McCreary e Sasse em 2000, composta por 15 itens que avaliam a motivação para a musculação, a importância atribuída à aparência muscular e a insatisfação com a aparência muscular atual. A escala mede o grau de motivação e investimento na construção muscular e pode ser usada em estudos de vigorexia, transtornos alimentares, exercício físico e imagem corporal.

- **Questionário de complexo de Adônis (QCA)**

Foi desenvolvido por Pope et al., sendo um questionário de autoavaliação que avalia o grau de insatisfação com a aparência física, especialmente com a magreza e a falta de massa muscular. O questionário é composto por 13 itens que avaliam a preocupação com a aparência, a satisfação com a massa muscular, a preocupação com a alimentação, além do uso de esteroides anabolizantes.

Tratamento

Farmacológico

Dentre as possibilidades farmacológicas, os inibidores seletivos da recaptação de serotonina (ISRS), foram os que apresentaram potencial benefício nos estudos relacionados a este tipo de intervenção terapêutica. O tratamento para o TDC geralmente envolve uma combinação de intervenções psicológicas e farmacológicas. No entanto, apenas um pequeno número de ensaios clínicos randomizados foi realizado examinando a eficácia de diferentes intervenções terapêuticas (Phillipou, A., 2016).

Nutricional

Na dismorfia muscular, a avaliação médica sistêmica também se faz necessária, focando nas alterações endocrinológicas e nutricionais que podem acontecer, devido a uma dieta superestimada em proteínas e ao uso excessivo de anabolizantes.

O tratamento nutricional vai ser fundamental para a adequação do consumo alimentar, para corrigir complicações clínicas e colaborar para o estado de saúde geral. No entanto, as escolhas e o consumo alimentar dos pacientes dependem de suas atitudes, crenças, cognições, sentimentos, comportamento e relacionamento com a comida (Alvarenga, 2011).

Abordagem psicoterápica

Terapia cognitivo-comportamental

A terapia cognitivo-comportamental (TCC) é frequentemente utilizada no tratamento da vigorexia. Essa abordagem terapêutica enfatiza a relação entre os pensamentos, as emoções e os comportamentos. Ela busca a mudança dos padrões de pensamento e comportamentos, por meio da identificação e reformulação das crenças disfuncionais do paciente a respeito do seu corpo e da sua imagem corporal, construindo crenças mais adaptativas para uma vida mais saudável.

No quadro 3, apresentamos algumas das crenças disfuncionais frequentemente observadas nesse grupo de pacientes. Posteriormente, no quadro 4, são listadas algumas técnicas de TCC a serem empregadas na psicoterapia de pessoas com transtorno dismórfico corporal.

Quadro 3 – Crenças disfuncionais frequentes em pacientes com transtorno dismórfico corporal

Tipo	Descrição	Pensamento	Fato
Abstração seletiva	Focar apenas em detalhes negativos ou preocupantes, enquanto ignora informações positivas.	"Puxa, não consegui levantar 150 kg na Barra. Hoje está sendo um dia horrível!"	Levantou 145 kg, havia aumentado 25 kg de carga na última semana. Nesse dia, fez um treino completo de 3 horas e recebeu uma notícia de que foi promovido no trabalho.
Pensamento dicotômico	Ver as coisas apenas em termos de preto e branco, sem reconhecer as nuances e variações. Enxergar os fatos como 8 ou 80.	"Minha semana foi um fracasso. Sou um fraco e sem disciplina. Meu treinamento essa semana não valeu nada".	Planejou treinar 3 horas por dia nos 7 dias da semana, mas no sábado só conseguiu treinar 2 horas e meia.
Padrões irrealistas	Crenças ou expectativas que são difíceis ou impossíveis de alcançar na realidade.	"Quero ficar igual ao Arnold Schwarzenegger".	Ele é franzino, não tem a estrutura corporal do Arnold, já vem treinando com uma carga elevada há mais de um ano e seu tamanho já aumentou significantemente nesse período.
Raciocínio emocional	Tomar decisões baseadas em emoções intensas em vez de fatos objetivos e racionais.	"Não consigo passar um dia sem me exercitar, senão vou me sentir horrível e deprimido."	Não deveria ir à academia hoje pois tem uma viagem com amigos com planejamentos muito divertidos.
Catastro-fização	Antecipar o pior cenário possível, mesmo que seja improvável.	"Se eu faltar a um dia de exercícios, vou perder todo o meu progresso e nunca mais serei capaz de recuperá-lo."	Treina diariamente, 7 dias por semana.

Fonte: Adaptado pelos autores. Alvarenga, M. S., & Philippi, S. T. (2011). Estrutura padrão, consumo e atitude alimentar – conceitos e aplicações nos transtornos alimentares. In Alvarenga, M. S., Scagliusi, F. B., & Philippi, S. T. *Nutrição e transtornos alimentares: avaliação e tratamento*. Barueri: Manole, p.17-35.

Rheaume, J., Miovic, M., & Esposito-Smythers, C. (2019). Muscle dysmorphia: a review of assessment strategies. *Adolescent Psychiatry*, 9(3), 191-202.

Quadro 4 - Técnicas de TCC para transtorno dismórfico corporal

Técnica	Descrição	Exemplo de aplicação na vigorexia
Psicoeducação	Educação do paciente sobre a sua condição e sintomas.	É um processo em que o terapeuta educa o paciente sobre a natureza da sua condição, como funciona o pensamento e o comportamento, e ensina habilidades para lidar com seus sintomas. Na vigorexia, a Psicoeducação pode ser usada para ensinar ao paciente as características do transtorno, fatores de risco e de proteção, crenças disfuncionais, perigo do uso de substâncias, potenciais riscos à saúde da prática exagerada de atividade física e da restrição alimentar e todas as informações importantes para desenvolver a conscìência do problema.
Restruturação cognitiva	Identificação e questionamento das crenças disfuncionais, seguido da construção e treinamento de novas crenças adaptativas.	Identificar e questionar a crença disfuncional: tenho que treinar todos os dias ou vou perder todo progresso que eu já fiz "por uma crença adaptativa "Posso permitir-me descansar e recuperar meu corpo para evitar lesões e melhorar meu desempenho a longo prazo".
Exposição e prevenção de resposta	Trabalhar estratégias de enfrentamento gradual dos medos e das ansiedades dos pacientes relacionados às crenças disfuncionais.	Por exemplo: o paciente pode ser incentivado a usar uma camiseta mais justa do que o normal em um ambiente familiar e, posteriormente, exposto a frequentar a academia com roupas mais confortáveis. Exercícios na frente do espelho. Outros tipos de enfrentamento são a exposição a alimentos que ele acredita que sejam incompatíveis com o desenvolvimento de músculos, exposição a outro tipo de atividades físicas menos intensas ou atividades socias.
Prevenção de recaída	Criação de um plano para evitar recaídas após o início do processo de tratamento.	Identificar gatilhos comuns, como o estresse ou a pressão social, e criar um plano para lidar com eles sem recorrer a comportamentos do padrão anterior à mudança.

Técnica	Descrição	Exemplo de aplicação na vigorexia
Treinamento de habilidades sociais	Desenvolvimento de habilidades sociais para a melhoria das relações interpessoais.	Aprender a lidar com situações de pressão social relacionadas à aparência física, como ir à academia com amigos sem se sentir obrigado a treinar além do limite. Além de situações sociais que envolvam exposição do corpo e eventos sociais com alimentos. Treinar fazer e receber críticas e elogios em relação à aparência também é uma estratégia importante, além de aceitar elogios por realizações fora do mundo do *fitness* e lidar com comentários que possam desencadear pensamentos obsessivos. Ou comportamentos de checagem.
Relaxamento	Ensino de técnicas de relaxamento.	Ensinar ao paciente técnicas de relaxamento, como a respiração diafragmática, para ajudar a controlar a ansiedade e o estresse associados aos gatilhos e às crenças.

Fonte: Adaptado pelos autores: Alvarenga, M. S., & Philippi, S. T. (2011). Estrutura padrão, consumo e atitude alimentar – conceitos e aplicações nos transtornos alimentares. In Alvarenga, M. S., Scagliusi, F. B., & Fhilippi, S. T. *Nutrição e transtornos alimentares: avaliação e tratamento*. Barueri: Manole, p.17-35.

Rheaume, J., Miovic, M., & Esposito-Smythers, C. (2019). Muscle dysmorphia: a review of assessment strategies. *Adolescent Psychiatry*, 9(3), 191-202.

Mindfulness

A aplicação de *Mindfulness*, técnica baseada em práticas de meditação e atenção plena, que ajudam a pessoa a estar presente no momento presente, sem julgamento ou preocupação com o passado ou futuro, podem auxiliar o paciente no manejo da ansiedade e do estresse, frequentemente presentes em quadros de TDM.

Vale ainda ressaltar que as Técnicas de não julgamento (ao invés de julgar ou criticar as experiências, aceitá-las e observá-las sem apegar-se a elas ou tentar mudá-las) e Aceitação: (aceitar as experiências presentes, incluindo pensamentos, emoções e sensações físicas, sem tentar mudá-las ou evitá-las) podem ser ferramentas importantes a serem utilizadas para que o paciente aprenda respeitar seu corpo, em vez de tentar forçá-lo a um padrão idealizado de perfeição.

Através do trabalho de atenção plena que treina o paciente a viver no momento presente, observando e aceitando suas sensações, pensamentos e emoções sem julgamento ou reação imediata em conjunto com a técnica de escaneamento corporal que ensina o indivíduo a observar conscientemente as sensações físicas do seu próprio corpo permitindo que o paciente vivencie sua autoimagem de uma maneira mais saudável e menos obsessiva. A prática de observação, bastante utilizada no mindfulness, também pode ser realizada durante o exercício tendo o potencial de evitar lesões e reduzir a pensamentos obsessivos sobre a forma.

Quadro 5 - Estratégias de mindfulness para vigorexia

Estratégia	Descrição	Exemplo de aplicação na vigorexia
Consciência plena	Estar vivendo o momento presente, observando e aceitando as sensações, pensamentos e emoções sem julgamento ou reação imediata.	Ajuda o paciente a reconhecer quando está se tornando obsessivo com seu corpo ou exercício físico, e a aceitar esses sentimentos sem reagir exageradamente ou se sentir envergonhado.
Não julgamento	Em vez de julgar ou criticar as experiências, é importante aceitá-las e observá-las sem apegar-se a elas ou tentar mudá-las.	Ajuda o paciente a evitar pensamentos negativos sobre seu corpo ou exercício físico, permitindo que ele aceite essas experiências sem se culpar ou se sentir envergonhado.
Aceitação	Aceitar as experiências presentes, incluindo pensamentos, emoções e sensações físicas, sem tentar mudá-las ou evitá-las.	Ajuda o paciente a aceitar seu corpo e seu nível atual de *fitness*, em vez de tentar alcançar um ideal inatingível e potencialmente prejudicial.
Meditação	Uma prática que ajuda a acalmar a mente e reduzir a ansiedade.	Pode ajudar o paciente a se concentrar em seu corpo e respiração, reduzindo a preocupação obsessiva com o exercício físico ou com o progresso do corpo.
Observação	Observar conscientemente o corpo durante o exercício para evitar lesões e reduzir a obsessão com o corpo.	Pode ajudar o paciente a se concentrar em sua técnica e evitar lesões, em vez de se preocupar excessivamente com o resultado ou com a aparência do corpo.

Estratégia	Descrição	Exemplo de aplicação na vigorexia
Respiração	A respiração consciente pode ajudar a aliviar a ansiedade e acalmar a mente durante momentos de estresse.	Pode ajudar o paciente a se acalmar e a se concentrar durante momentos de ansiedade ou estresse em relação ao exercício físico ou ao corpo.
Escaneamento corporal	Observação consciente das sensações físicas do corpo, permitindo que o paciente se conecte com seu corpo de uma maneira mais saudável e menos obsessiva.	Pode ajudar o paciente a se conectar com seu corpo de uma forma mais saudável e a perceber as sensações corporais sem julgamento ou crítica excessiva.
Aceitação e não julgamento	Técnicas que ajudam o paciente a aceitar e a respeitar o seu corpo, em vez de tentar forçá-lo a um padrão idealizado de perfeição.	Pode ajudar o paciente a aceitar seu corpo e a sua forma atual, em vez de se comparar com outras pessoas ou com um ideal inatingível de perfeição física.

Fonte: Adaptado pelos autores, Phillipou, A., et al. (2016).

Alvarenga, M. S., & Philippi, S. T. (2011). Estrutura padrão, consumo e atitude alimentar – conceitos e aplicações nos transtornos alimentares. In Alvarenga, M. S., Scagliusi, F. B., & Fhilippi, S. T. *Nutrição e transtornos alimentares: avaliação e tratamento*. Barueri: Manole, p.17-35.

Rheaume, J., Miovic, M., & Esposito-Smythers, C. (2019). Muscle dysmorphia: a review of assessment strategies. *Adolescent Psychiatry*, 9(3), 191-202.

Psicanálise

A abordagem psicanalítica pode ser uma opção terapêutica interessante para essa população, já que essa condição pode estar ligada a questões emocionais mais profundas. O terapeuta pode trabalhar com o paciente para identificar e resolver conflitos internos que contribuam para a vigorexia, ajudando-o a desenvolver uma relação mais saudável e equilibrada com a atividade física e com a imagem corporal, por meio da compreensão de suas emoções.

Entrevista motivacional

Infelizmente, a busca espontânea por tratamento de uma pessoa com TDC ainda é baixa, sendo os fatores que corroboram para esse cenário: a baixa consciência de que seu comportamento é problemático, o medo de perder seu "progresso" na busca do corpo ideal, sentimentos de vergonha em falar das preocupações com a aparência e a relutância em aceitar que o problema não é físico, e sim um transtorno mental

Diante desse cenário, a entrevista motivacional (EM) pode ser particularmente benéfica para aqueles que não se encontram motivados para uma pronta ação em prol da mudança. O terapeuta pode usar técnicas de entrevista motivacional para ajudar o paciente a explorar os motivos e benefícios de uma mudança de comportamento, trabalhando a autoeficácia, os valores pessoais e a superação de eventuais barreiras para a tomada de decisão de uma forma empática e participativa.

Um ponto a destacar é que, como muitas vezes, a pessoa com vigorexia não tem consciência de morbidade, não identificando seu funcionamento como um problema. O TDM pode gerar consequências graves para a saúde física e mental do paciente, como lesões musculares e articulares, problemas cardíacos, transtornos alimentares, ansiedade, depressão, dependência química e isolamento. É, portanto, fundamental que os profissionais de saúde estejam capacitados sobre vigorexia e que possam fornecer informações e suporte adequados aos pacientes, durante os seus atendimentos de rotina, incentivando a busca por ajuda e o tratamento especializado.

Outras abordagens

Além da vigorexia ser um transtorno complexo e multifacetado, cada indivíduo, em geral, apresenta necessidades diferentes durante o curso do tratamento, devendo este ser preferencialmente multidisciplinar, para que se elabore um plano de cuidado mais abrangente e integrado.

Em conjunto com o psiquiatra, nutricionista e psicólogo, o educador físico também pode ser um aliado importante no tratamento. Ele pode orientar o paciente a respeito da prática de exercícios físicos de forma segura e equilibrada, contribuindo para o melhor prognóstico de cada caso.

Envolver médicos de outras especialidades, como clínico geral, endocrinologista, especialista em medicina do exercício e do esporte e ortopedistas também pode ser interessante para uma abordagem mais ampla. Em casos de pacientes com maiores dificuldades na interação social, incluir o acompanhante terapêutico e/ou terapeuta ocupacional pode ser também relevante.

Em caso de atletas, o contato e a orientação ao técnico e toda a comissão técnica envolvida com o cuidado e dia a dia dele é fundamental.

Há situações em que a orientação familiar também pode ser necessária.

Como construir uma cultura que promova imagem corporal positiva

Desde que o mundo é mundo o ser humano busca beleza. À primeira vista, essa afirmação mostra-se estranha, mas, se observarmos as pinturas corporais, as tatuagens e os adornos utilizados pelos nossos antepassados, que viveram na pré-história, fica evidenciado que o ser humano já demonstrava preocupação com a aparência. Entretanto, ao longo do tempo, a concepção de beleza e padrões estéticos sofreram diversas alterações, sendo influenciados pela cultura de cada época. O que era valorizado em uma determinada época ou lugar pode não ser mais considerado belo em outro contexto.

Com a evolução das redes sociais, a vivência da imagem corporal se transformou drasticamente. As pessoas têm acesso constante a imagens de corpos considerados ideais e perfeitos nas mídias sociais, o que gera uma pressão maciça para se adaptarem a esses padrões. Os próprios aplicativos de paquera também perpetuam o conceito de que o outro se interessa ou não por você e toma a decisão de curtir ou não, apenas olhando rapidamente a sua imagem nas fotos de perfil, e a pessoa tem apenas alguns segundos para causar uma boa impressão.

Soma-se a isso, a cultura das redes sociais estimulando as pessoas ao compartilhamento de fotos e vídeos de si mesmas em tempo real, estimulando a comparação e a competição. Diariamente, inúmeras fotos de pessoas no espelho da academia ostentando seus músculos ou mesmo nos aparelhos fazendo exercícios circulam nos *feeds* das redes. Embora a ideia da rede seja mostrar a vida real das pessoas, a imagem tanto desejada por quem consome esse tipo de conteúdo está longe de ser real, quando o número de filtros utilizados ou o excesso de aplicativos de correção de fotos já mostra uma imagem da pessoa que, por vezes, é irreconhecível. Não é incomum que a pessoa desejada e invejada por quem vê a foto ou vídeos também idealize e construa uma nova imagem para si mesma.

Será que o uso excessivo de filtros não seria uma forma de atuar e até de incentivar o transtorno dismórfico corporal? Os filtros talvez prometam resolver a insatisfação com a imagem corporal em segundos, provavelmente aumentando ainda mais o desconforto com a imagem no espelho.

Embora o fenômeno das redes ainda seja recente, já existem estudos avaliando a sua influência na percepção de imagem corporal particularmente em mulheres, evidenciando um viés distorcido da nossa sociedade, sugerindo que homens estivessem imunes ao seu impacto. Uma revisão sistemática de 2018 encontrou que o uso de redes sociais pode estar relacionado a preocupações com a imagem corporal e a comportamentos alimentares restritivos tanto em homens quanto em mulheres.

Estudo de Vries et al. (2016) mostrou que o uso frequente das redes sociais está relacionado a um maior índice de insatisfação corporal entre sujeitos de ambos os sexos. O uso frequente das redes sociais, o maior tempo gasto na televisão e menores níveis de satisfação corporal foram fatores preditores para os homens desejarem realizar cirurgias estéticas (Abbas & Karadavut, 2017) indicando que eles também são influenciados pelo conteúdo das redes sociais.

Estudo publicado em 2018, no *Journal of Health Psychology*, analisou a relação entre o uso do Instagram e a insatisfação corporal em praticantes de musculação. Os resultados mostraram que o uso excessivo da rede social estava associado a um aumento da insatisfação corporal e da preocupação com a imagem corporal. Outro estudo, publicado em 2020, no *Journal of Adolescent Health*, investigou a relação entre o uso do Instagram e o uso de esteroides em jovens homens. Os resultados indicaram que aqueles que usavam o Instagram para buscar informações sobre musculação tinham maior probabilidade de fazer uso de esteroides anabolizantes e apresentavam uma maior insatisfação corporal.

É interessante ressaltar que, apesar de a maioria dos estudos demostrar o impacto negativo da influência da rede social na imagem corporal, um estudo de 2019 (Cohen et al., 2019) investigou, em ambos os sexos, se experiências positivas em redes sociais poderiam atenuar os efeitos negativos sobre a imagem corporal. Os achados mostraram que experiências positivas nas redes sociais podem ter um efeito protetor na imagem corporal.

Esses estudos destacam a importância de se compreender a formação da imagem corporal em tempos de redes sociais e a relação com a dismorfia muscular, especialmente entre os jovens, e apontam para a necessidade de políticas públicas e ações preventivas para lidar com essa questão.

Como construir a mudança

Regulamentação e fiscalização das publicações nas redes sociais

Restrição ao conteúdo prejudicial à saúde mental, como publicações que promovem transtornos alimentares, uso de substâncias psicoativas, distorções de imagem corporal, *bullying,* entre outros.

Responsabilização dos influenciadores pelo conteúdo postado

Conscientizar influenciadores de seu papel na formação de opinião e responsabilidade sobre o conteúdo que postam, principalmente quando se trata de saúde e imagem corporal. As empresas que trabalham com influenciadores digitais também têm responsabilidade sobre o conteúdo que é divulgado e medidas de responsabilidade social implementadas.

Restrições ao uso de esteroides e outras substâncias

Leis mais severas e aplicação rigorosa de penalidades para a comercialização ilegal de esteroides e outras substâncias, que buscam aumentar a massa muscular sem acompanhamento médico.

Monitoramento pelos órgãos de classe das prescrições de esteroides anabolizantes

Os órgãos de classe, como os Conselhos Regionais de Medicina (CRM), o Conselho Federal de Medicina (CFM), Conselho Federal de Farmácia (CFF) e Conselho Regional de Farmácia (CRF), no Brasil, têm a responsabilidade de regulamentar e garantir a segurança e a qualidade dos cuidados de saúde e assistência farmacêutica fornecidos aos pacientes. No que se refere às prescrições de esteroides anabolizantes, essas substâncias são consideradas medicamentos controlados e, portanto, a sua prescrição deve ser feita com cautela e em conformidade com as diretrizes estabelecidas pelos órgãos de regulamentação. A prescrição de esteroides anabolizantes deve ser feita apenas para fins médicos legítimos, como para tratar condições como a deficiência de testosterona em homens ou para ajudar a aumentar a massa muscular em pessoas com doenças crônicas, e não com finalidade estética.

Promoção de ambientes saudáveis em academias e ambientes esportivos

Academias e ambientes de prática esportiva devem ser espaços seguros e saudáveis, onde seja possível a busca pelo cuidado com a saúde e forma física sem pressões excessivas ou promoção de métodos prejudiciais, como esteroides anabolizantes. Medidas como exigência de avaliação médica periódica, conscientização e orientação dos frequentadores sobre o risco do uso de substâncias e incentivo à prática de exercícios de forma adequada são necessárias.

Promoção de mensagens positivas relacionadas à autoimagem e autoaceitação

Promover mensagens positivas relacionadas à autoimagem e à autoaceitação pode ajudar a combater esses padrões negativos e promover uma imagem corporal positiva e saudável. Isso pode ser feito por meio de campanhas de mídia, propagandas e publicidade que enfatizem a beleza da diversidade e da autenticidade, bem como a importância de amar a si mesmo e de cuidar da saúde física e mental.

Campanhas de conscientização

Programas de conscientização podem ajudar a educar o público em geral, jovens, famílias e profissionais de saúde sobre a dismorfia muscular, seus riscos e como lidar com ela, o que ajudaria a aumentar a busca por tratamento. Campanhas também em relação à formação da imagem corporal podem ser especialmente importantes, visto que a cultura influencia na construção dele.

Regulação da indústria de suplementos e anabolizantes

Regulamentações mais rigorosas na indústria de suplementos e anabolizantes podem ajudar a limitar o acesso a substâncias perigosas e potencialmente mortais, além de promover produtos saudáveis e legais

Políticas que aumentem o acesso a cuidados de saúde mental

Políticas podem ajudar a tratar pessoas com dismorfia muscular e a prevenir futuros casos com a identificação precoce de distorção de imagem corporal.

Educação escolar

A inclusão de tópicos relacionados à imagem corporal e à saúde mental na educação básica pode ajudar a conscientizar os jovens a respeito de questões de saúde mental e a prevenir o desenvolvimento de TDM.

Política pública de incentivo à promoção de saúde

Políticas que promovam programas de exercícios e alimentação saudáveis em escolas, academias e comunidades podem ajudar a prevenir a dismorfia muscular, incentivando um acesso à abordagem equilibrada.

Restrições à publicidade enganosa

Leis que restrinjam a publicidade enganosa de produtos que prometem resultados rápidos e irreais, incluindo dietas, suplementos e procedimentos estéticos podem ajudar a reduzir a pressão sobre as pessoas para alcançar um ideal de beleza irreal.

Inclusão do tema na grade curricular de graduação na área da saúde

Incluir o tema da dismorfia muscular na grade curricular de cursos de saúde, como medicina, educação física, psicologia, nutrição e fisioterapia podem ajudar a conscientizar futuros profissionais de saúde sobre a importância de tratar as questões relacionadas à imagem corporal.

Programas *antibullying* e *anticyberbullying*

Trata-se de importantes estratégias de prevenção da dismorfia corporal, uma vez que a violência verbal e psicológica pode afetar negativamente a autoestima e a imagem corporal das pessoas. Esses programas devem ser desenvolvidos e implementados em diferentes ambientes, como escolas, academias e espaços públicos, com o objetivo de sensibilizar as pessoas a respeito da importância do respeito às diferenças e da promoção de ambientes saudáveis e inclusivos.

Programas voltados para atletas

A vigorexia é particularmente prevalente na população de atletas, especialmente de levantamento de peso e fisiculturismo. Um trabalho focado na conscientização de técnico, dirigentes, comissão técnica e na detecção precoce de insatisfação corporal é especialmente importante. É necessário também o foco relacionado à prevenção do uso de esteroides anabolizantes e de outras substâncias com um trabalho mais amplo do que o que é feito no controle de *doping*.

Referências

Alvarenga, M. S., Philippi, S. T. Estrutura padrão, consume e atitude alimentar – conceitos e aplicações nos transtornos alimentares. In Alvarenga, M. S., Scagliusi, F. B., Fhilippi, S. T. *Nutrição e transtornos alimentares: avaliação e tratamento*. Barueri: Manole, 2011, p.17-35.

American Psychiatric Association. [APA]. *Diagnostic and statistical manual of mental disorders* (DSM-5). 5. ed. 2013.

Andri, S. B, et al. (2010). Body dysmorphic disorder, *Dialogues in Clinical Neuroscience*, 12:2, 221-232, DOI: 10.31887/ DCNS. 12.2/abjornsson.

Cash, T. F, Pruzindsky, T. (Ed.) (1990). *Body images: development, deviance, and change*. New York: Guilford Press.

Cash, T. F., Smolak, L. (2011). *Body image: A handbook of science, practice, and prevention*. 2. ed. New York: The Guilford Press.

Cohen, R., & Blaszczynski, A. (2016). Comparative Effects of Facebook and Conventional Media on Body Image Dissatisfaction. *Journal of Eating Disorders*, 2(1), 3-23. http:// doi.org/10.1186/s40337-015-0061-3.

Domingos, L. B. (2021). The impact of the COVID-19 pandemic on the quality of life of individuals with muscle dysmorphia symptoms. *Revista Brasileira de Psiquiatria*, 43(2), 125-129.

Hausenclas, H. A., Downs, D. S. (2002). How much is too much? The development and validation of the exercise dependence scale. *Psychology & Health*, v. 17, p. 387-404.

Kimberly, B, et al. (2021). The Course of Weight/Shape Concerns and Disordered Eating Symptoms Among Adolescent and Young Adult Males. *Journal of Adolescent Health*, v. 69, p. 615-621.

Neves, A. N., et al. (2015). Avaliação da imagem corporal: notas essenciais para uma boa prática de pesquisa. *Psicol Teoria Pesqui*, v. 31, p. 375-80.

Olivardia, R. (2001). Mirror, mirror on the wall, who's the largest of them all? The features and phenomenology of muscle dysmorphia. *Harvard Review of Psychiatry*, 9(6), 254-259.

Phillipou, A., et al. (2016). Randomised controlled trials of psychological & pharmacological treatments for body dysmorphic disorder: A systematic review. *Psychiatry Research*, v. 245, p.179-185.

Pope, H. G., Gruber, A. J., Choi, P., Olivardia, R., & Phillips, K. A. (1997). Muscle dysmorphia an underrecognized form of body dysmorphic disorder. Psychosomatics, 38(6), 548-557.

Rheaume, J., Miovic, M., & Esposito-Smythers, C. (2019). Muscle dysmorphia: a review of assessment strategies. *Adolescent Psychiatry*, 9(3), 191-202.

Teixeira, P. C. Exercício intuitive integrative. In Alvarenga M., Timerman F., Figueiredo, M., Antonaccio, C (Orgs.). *Nutrição comportamental*. 2. ed. Barueri: Manole, 2019, p. 479-98.

III.
Amor

CAPÍTULO 7

Amor patológico

Alessandra Diehl
Aline Coraça
André Almeida
Rogério Adriano Bosso

Emoções e sentimentos, entre eles o amor romântico, têm sido negligenciados durante séculos pelas ciências experimentais. Entende-se por amor romântico um processo biopsicossocial de apego pelo qual os laços afetivos são formados entre amantes adultos, assim como os laços afetivos são formados no início da vida entre bebês humanos e seus pais (Hazan, Shaver, 1987).

No entanto, nestas últimas décadas, o amor romântico tem se tornado um tema de extensa pesquisa neurocientífica (Boer et al., 2012). A esperança é que a neurociência lance mais luz sobre o amor, um dos mistérios mais intrigantes da natureza humana e uma das necessidades fundamentais da maioria dos humanos (Marazziti et al., 2021). De fato, o amor romântico é uma das experiências humanas mais gratificantes, sendo obviamente ligado à perpetuação das espécies e, portanto, tendo uma função biológica evolutiva de crucial importância (Zeki et al., 2007).

O amor, sentimento tipicamente humano, pode ser visto como o resultado de diferentes fases, cada uma regulada por substratos neurais integrados e bem conservados evolutivamente. O estágio inicial, geralmente chamado de amor romântico, é o resultado da ativação das estruturas límbicas cerebrais que regulam as reações de medo e ansiedade, levando a um aumento dos níveis gerais de monoaminas, mas diminuição das concentrações de serotonina. O segundo estágio do amor é sustentado principalmente pelas estruturas que regulam o sistema de apego e envolvem neuropeptídeos, neurotrofinas, oxitocina e vasopressina. Isso explicaria porque os efeitos positivos do amor podem ser extremamente benéficos tanto para a saúde mental quanto para a saúde física (Marazziti et al., 2021).

No entanto, este mesmo sentimento que é sinônimo de saúde mental, paradoxalmente, quando "em excesso", vivenciado de uma forma aditiva ou dependógena, ou ainda, por meio de um apego ambivalente pode contribuir para o adoecimento psíquico. A pesquisa sobre a relação entre o amor patológico ou a "dependência de amor" e as adições tem sido um tópico de intenso debate. Cabe mencionarmos que não há, até o presente momento, definições reconhecidas ou critérios diagnósticos para a "dependência de amor". No entanto, sua fenomenologia tem algumas semelhanças com a dependência de substâncias. Envolve euforia e o desejo desenfreado da presença do objeto de amor ou de estímulos a ele associados (intoxicação por drogas); humor negativo, anedonia e transtornos do sono quando da ausência do objeto amoroso (abstinência de drogas); atenção focada e pensamentos intrusivos sobre o objeto de amor; e padrões de comportamento mal adaptativos ou problemáticos (relação amorosa) levando a prejuízo ou sofrimento clinicamente significativo, com prosseguimento, apesar do conhecimento das consequências adversas (Reynaud et al., 2010).

Estudos ainda limitados, em animais e humanos, sugerem que regiões do cérebro (por exemplo, ínsula, cíngulo anterior e orbitofrontal) e neurotransmissores (dopamina) que medeiam a dependência de substâncias também podem estar envolvidos com a dependência de amor. A ocitocina, que está implicada no apego social e no comportamento de acasalamento, também pode estar envolvida na dependência de substâncias (Reynaud et al., 2010).

Embora não existam dados suficientes sobre a epidemiologia, a genética, as comorbidades e o tratamento da dependência de amor ou amor patológico, percebe-se que estas questões emergem em todos os contextos da prática clínica e, portanto, merecem ser revisitadas, dando mais subsídios aos profissionais da saúde para que possam melhor ajudar pessoas que estão sofrendo por amor patológico, sendo este o principal objetivo deste capítulo.

Definição

O amor patológico (AP) é um fenômeno comportamental caracterizado por um excessivo zelo e atenção dedicados à parceria afetiva. Engendra-se em um contexto de relacionamento amoroso que ocorre de forma prioritária para o indivíduo, em detrimento de outros interesses, antes valorizados e de forma possessiva, repetitiva e sem controle, causando sofrimento a todos os envolvidos. A baixa autoestima, sentimentos de raiva, privação afetiva e sofrimento emocional podem ser fatores psicológicos importantes na evolução clínica desta condição. Da mesma forma, alguns fatores familiares poderiam estar associados a ela, como abuso de substâncias e história de negligência física e/ou emocional na infância. Trata-se de uma condição pouco estudada, apesar de não ser rara e causar prejuízo significativo nos relacionamentos (Sophia et al., 2007). O AP se distingue da erotomania ou amor delirante, estes apresentados em maior profundidade no capítulo 9 desta obra.

Indivíduos com AP apresentam traços de personalidade e aspectos relacionais que devem ser levados em consideração na elaboração de estratégias avaliativas e terapêuticas para essa população, tais como: níveis mais elevados de impulsividade, maior autotranscendência, ou seja, são menos convencionais e possuem senso de comunhão com uma realidade mais ampla e mantêm relacionamentos amorosos insatisfatórios (Sophia et al., 2009).

Atualmente, existem dados insuficientes para colocar alguns casos de "paixão amorosa" dentro de um transtorno clínico propriamente dito, como "dependência amorosa", em uma nomenclatura diagnóstica oficial com categoria nos principais manuais diagnósticos que conhecemos, ou ainda, para classificá-lo firmemente como uma dependência comportamental ou transtorno do controle dos impulsos. Para isso, mais estudos clínicos e científicos são necessários para melhorar nossa compreensão e tratamento desta condição (Reynaud et al., 2010).

Prevalência

Embora os dados disponíveis sejam de séries de casos e não de estudos epidemiológicos, o AP parece não ser uma condição rara

(Sophia et al., 2007). O AP pode acometer homens e mulheres, mas é particularmente mais comum na população feminina. Em geral, as mulheres apresentam maior tendência a considerar o relacionamento amoroso como prioridade em suas vidas (Sophia, 2008).

Teoria do apego e o amor

John Bowlby, autor conhecido por propor a teoria do apego, sugeriu que as interações que os indivíduos desenvolvem com figuras de apego, durante o percurso da vida, em especial na infância, vão determinar como esses indivíduos vão perceber os outros próximos, os relacionamentos e a si mesmos (Bowlby, 1973; Bowlby, 1980; Bowlby, 1982).

Percepções e comportamentos, relativos a como nós devemos conduzir frente a um relacionamento, são gerados, durante a vida, com base nas interações que temos na infância (Campbell & Stanton, 2019). Ao longo da vida, orientações de apego relativamente estáveis se dão através de modelos funcionais de apego que predispõem os indivíduos a processar informações sociais de maneiras consistentes e de confirmação dos modelos (Campbell & Stanton, 2019).

As orientações que não vêm diretamente das pessoas estabelecidas como modelos para o indivíduo são passíveis de mudanças, mudanças essas que podem ser previstas pelas experiências de relacionamento atuais (Cassidy; Shaver, 2016; Arriaga; Kumashiro, 2019).

Pode-se perceber o apego por alguns fatores. A ansiedade vai refletir o quão apegado os indivíduos estão e trará consigo a preocupação em serem rejeitados ou abandonados por seus parceiros. A evitação do apego irá refletir o quão os indivíduos se sentem confortáveis contando com os outros, para experimentarem a sensação de conforto e segurança. Quando o apego é ativado por eventos estressores, sejam eles imaginários ou reais, o grau de ansiedade aumenta e, consequentemente, os indivíduos tendem a buscar proximidade e chamar a atenção de seus parceiros para não se sentirem abandonados, enquanto indivíduos com esquema de apego evitativo geralmente se envolvem na desativação de estratégias que irão impedir a busca de apoio de possíveis parceiros (Campbell & Stanton, 2019).

Características do amor patológico

Alguns autores sugerem que, clinicamente, o amor patológico se assemelha aos critérios diagnósticos utilizados para transtornos por uso de substâncias. O Manual Diagnóstico e Estatístico dos Transtornos Mentais (DSM-V-TR), escrito pela *American Psychiatric Association* (APA), indica onze critérios para avaliar a dependência de substâncias psicoativas, sendo que seis são comuns às duas condições clínicas. O que difere nesse caso é que os sinais e sintomas estão relacionados ao objeto de amor no relacionamento amoroso/romântico, por isso chamado de amor patológico. Os autores argumentam que não há ainda estudos suficientes para classificar o quadro como uma dependência comportamental ou um transtorno de impulso, podendo ser tanto um como outro (Ferreira et al., 2016; Sophia et al., 2007). O quadro 1 apresenta critérios diagnósticos estabelecidos sugeridos por Sophia (2008) para identificação de amor patológico.

Quadro 1 – Critérios diagnósticos para identificação de amor patológico

1. Sinais e sintomas de abstinência	Insônia, taquicardia, tensão muscular, alternando períodos de letargia e intensa atividade quando o parceiro está distante (física ou emocionalmente) ou perante ameaça de abandono.
2. Aumento da frequência de atenção e cuidados ao parceiro	Sensação de que está cuidando do parceiro em quantidade e intensidade maior do que pretendia inicialmente.
3. Atitudes para reduzir ou controlar o comportamento patológico são malsucedidas	Em geral, já ocorreram tentativas frustradas de reduzir ou interromper a atenção despendida ao parceiro.
4. É despendido muito tempo para controlar as atividades do parceiro	Gasto de energia excessivo: todas as atividades diárias do indivíduo giram em torno de atitudes e pensamentos para manter o parceiro sob controle.
5. Importantes atividades sociais, profissionais ou recreacionais antes valorizadas, são abandonadas ou reduzidas	Indivíduo passa a viver em função dos interesses do parceiro.
6. Apesar do fracasso em desempenhar papéis importantes no trabalho, na escola ou em casa o comportamento é mantido	Mesmo ciente dos danos advindos, o indivíduo persiste e não tem controle sobre o comportamento.

Fonte: Sophia, 2008

Assim como ocorre com o transtorno por uso de substâncias (TUS), nos estágios iniciais da doença, o indivíduo com amor patológico acredita que a parceria trará significado para sua vida, ilusão que inicialmente alivia a angústia de ter que dar conta de si mesmo. Em estudos com TUS, também foi encontrada correlação significativa com autotranscedência, o que confirma semelhança entre o AP e TUS em relação à personalidade (Sophia, 2008). Outras características que podem estar presentes ao se avaliar o amor patológico.

Quadro 2 – Outras características que podem estar presentes no amor patológico

1. O anseio de que é necessária a presença do outro com quem se vivencia um vínculo afetivo, por mais insatisfeito que se esteja com a relação.
2. Necessidade de aprovação alheia e excessiva necessidade de agradar a pessoa de quem dependem.
3. Revivência e recriação de sentimentos negativos.
4. Troca assimétrica de afeto associado a um vazio emocional persistente.
5. Fantasias excessivas no início do relacionamento, que leva a um estado de euforia ao iniciá-lo e uma idealização excessiva de seus parceiros.
6. Adoção de posições subordinadas nas relações, associadas à autoanulação, à autoestima negativa.
7. a manifestação de antecedentes pessoais indicativos de certas deficiências afetivas na infância, ou apego ansioso, junto com possibilidade de ter sofrido abusos emocionais e/ ou físicos.
8. sentimento de desamparo emocional e com a possibilidade de humor disfórico com oscilação, dependendo da evolução do relacionamento.

Fonte: Neves, 2021.

Por fim, como sugestão para diagnóstico, podemos também descrever critérios para que a relação seja saudável. No amor saudável, o cuidado e o controle à parceria são limitados, e o desenvolvimento e realização pessoal são preservados. Os interesses individuais podem mudar, mas em prol da realização individual (Sophia et al., 2007).

Amor romântico e amor patológico

A psiquiatra italiana Donatella Marazziti, explicou as duas etapas do amor romântico por meio da neurofisiologia: 1) atração, que pode dar início à paixão, e 2) apego, que seria a base do amor (Marazziti et al., 2021). Já Fisher assemelha o amor romântico, ou paixão, a todos os impulsos básicos do ser humano: dificuldade no controle e foco na recompensa específica – a parceria – assim como a fome é focalizada na comida (Fisher, 2016).

Marazziti et al. (2021) propuseram que o estágio inicial, geralmente chamado de amor romântico, é o resultado da ativação das estruturas límbicas cerebrais que regulam as reações de medo e ansiedade. O segundo estágio do amor é sustentado principalmente pelas estruturas que regulam o sistema de apego e envolvem neuropeptídeos e neurotrofinas de oxitocina e vasopressina. Isso explicaria porque os efeitos positivos do amor podem ser extremamente benéficos tanto para a saúde mental quanto para a saúde física (Marazziti et al., 2021). Contrariamente ao que ocorre no amor romântico, tal comportamento é vivenciado no amor patológico pela repetição e excesso de atenção e sem controle de prestar cuidados à parceria.

Em sua pesquisa, Sophia (2008) descreve a possibilidade do amor patológico se manifestar isoladamente em pessoas que estão vulneráveis, com baixa autoestima, com sentimento de rejeição, abandono e de raiva ou associação a quadros psiquiátricos, sobretudo depressão e ansiedade ou transtorno obsessivo-compulsivo. Nesse caso, a gravidade dos sintomas psiquiátricos contribuiria para a manutenção de relacionamentos patológicos (Sophia, 2008).

Como alguém se descobre doente de amor

Os relacionamentos amorosos saudáveis e satisfatórios são uma das fontes mais importantes de bem-estar, felicidade e enriquecimento pessoal (Marazziti et al., 2021). Em um relacionamento saudável, cuidar da parceria afetiva é algo natural e esperado. É comum observarmos que as atividades e os interesses individuais – existentes antes do relacionamento se estabelecer – como atenção aos filhos, cuidados pessoais, amigos, dentre outros exemplos são mantidos ou aprimorados, em função da realização ou desenvolvimento pessoal das parcerias (Sophia, 2008). Quando existe o rompimento numa relação amorosa, o sofrimento advindo deste término pode ser instrumento de aprendizagem e crescimento pessoal, os quais farão diferença em novos relacionamentos futuros. Em contrapartida, quando a maneira de amar é patológica e mesmo assim é mantida, ou seja, o indivíduo não se mostra apto nem para melhorar sua maneira de amar e nem para romper o relacionamento insatisfatório, o sofrimento passa a ser excessivo e a saúde mental do indivíduo pode estar comprometida, assinalando para o profissional da saúde a necessidade do entendimento e do tratamento psicoterápico e/ou medicamentoso (Sophia, 2008). Paradoxalmente, no amor patológico, o interesse e o desempenho nas atividades sociais, profissionais ou recreacionais são reduzidas ou abandonadas, ou seja, o cuidado com os filhos, o trabalho, o convívio com familiares e amigos, acaba sendo negligenciado em função da excessiva preocupação com o parceiro. É observado também que o indivíduo com amor patológico presta cuidado ao parceiro, entretanto, com o intuito de obter uma vantagem pessoal (afeto), sem respeitar as necessidades e interesse do outro, muitas vezes com atitude crítica quando não recebe o esperado, contrariamente ao conceito de cooperatividade, que inclui ajuda desinteressada, tolerância e empatia social (Sophia, 2008).

O cuidado para não patologizarmos

Os relacionamentos amorosos são considerados relevantes para o desenvolvimento humano e social do indivíduo. Algumas pesquisas, como dos autores Oliveira et al., (2017) demonstram que o amor vem se modificando diante de novos repertórios comportamentais apresentados pela sociedade ao longo dos séculos. Uma relação amorosa baseada em comportamentos saudáveis necessita de reforço para que estes venham a ocorrer com frequência. Na mesma pesquisa de Oliveira et al., (2017), os autores apresentaram que a diminuição do reforço perante os comportamentos que venham a trazer benefícios para a relação pode vir a ameaçar a mesma dando espaço para comportamentos desajustados que, consequentemente, venham a trazer sofrimento (Oliveira et al., 2017).

A paixão, a necessidade de aceitação e compreensão por parte de quem gostamos, a busca pela incondicionalidade amorosa, são situações que estão presentes em qualquer relação saudável, pois permitem acesso à confiança, segurança, prazer, satisfação e carinho. Porém, quando determinadas características de personalidades dos indivíduos se cristalizam em torno de traços obsessivos, compulsivos, impulsivos e agressivos, a vivência desta relação poderá favorecer o adoecimento psíquico (Oliveira et al., 2017).

Boscardin et al., (2011), numa perspectiva semelhante, apontam que, nesse fenômeno, a dependência do amor e da atenção da parceria, provocam muitos comportamentos para que o relacionamento não seja rompido, acompanhado de possessividade e manifestações intensas de necessidade de carinho e afeto, associado com sentimentos de vazio e abandono (Boscardin et al., 2011).

Geralmente, as mulheres com amor patológico assumem papéis durante o seu desenvolvimento, que negam suas próprias necessidades e desejos ao tentarem satisfazer outras pessoas. Aprendem a cuidar de si mesmas em detrimento das suas próprias necessidades e, ao negar seus desejos por tanto tempo, crescem reatualizando o que aprenderam, sem conseguir escapar, cuidando dos outros. Por trás desses atos, há implicitamente a expectativa de suprir suas próprias carências de reconhecimento e afeto, o que nem sempre ocorre, revivendo suas experiências iniciais e com desdobramentos para a relação (Boscardin et al., 2011).

Convém lançar o olhar para a autoestima e as crenças sobre o amor, quando deparamos com a abnegação nos relacionamentos. Abnegação, embora possa ter uma faceta aparentemente de doação, no amor patológico, está associada aos sentimentos de menos valia, sendo, portanto, uma compensação (Neves, 2021). Ademais, como mencionado ao longo desse capítulo, existem dados epidemiológicos insuficientes para agrupar esses sintomas dentro de um transtorno clínico, ainda que tal condição seja empiricamente frequente em consultórios e cursa com sofrimento.

E não menos importante que melhorar nossa compreensão para o tratamento, é pensarmos no olhar e em práticas humanizadas, para que profissionais de saúde, seja no nível primário, secundário ou terciário, ofereçam escuta qualificada; uma escuta que vai muito além do que as palavras são capazes de dizer: é necessário ouvir o que os gestos dizem, o que a expressão grita, o que as marcas comunicam, é necessário escutar despindo-se de preconceitos e enxergando a pessoa assistida como um sujeito de direitos, e dentro das suas limitações, também, protagonista da sua história, corresponsável e autônomo, como preconizam as Diretrizes da Política Nacional de Humanização (PNH) (Santos, 2019).

Os motivos do desencadeamento de fatores negativos estão relacionados com o abandono, a rejeição e conflitos constantes, que levam ao sofrimento psicológico e à dor emocional. Sintomas psicopatológicos existentes, como ansiedade, depressão e abuso de substâncias podem ser exacerbados durante um relacionamento amoroso (Stravogiannis et al., 2018).

Mesmo com todo o potencial para gerar prejuízos significativos e sofrimento, o amor patológico tem sido, historicamente, negligenciado pela psicologia clínica e psiquiatria (Stravogiannis et al., 2018).

Uma possível justificativa para essa negligência é a falta de precisão clínica. No entanto, recentemente, dois grupos de relacionamentos românticos e amor patológico foram identificados:

1) o ciúme patológico, o qual envolve o sentimento de posse sobre o parceiro e o medo da traição, levando à agressividade e a comportamentos que tentam confirmar a infidelidade dos parceiros.
2) o amor patológico, envolvendo paixão e dedicação altruísta, caracterizada por proporcionar, de forma descontrolada, atividades repetitivas de atenção e cuidado ao parceiro romântico (Stravogiannis et al., 2018).

Ainda não se sabe se o amor patológico e o ciúme patológico representam dois transtornos psiquiátricos distintos.

Em uma pesquisa recente, os autores Stravogiannis et al., (2018) examinaram as diferenças e semelhanças entre amor patológico e o ciúme patológico no romance, na demografia, fatores interpessoais, como estilos de amor, características psicológicas, como personalidade, impulsividade e comorbidades psiquiátricas. Alguns indivíduos têm a sensação de que a sua maneira de amar suas parcerias é o principal fator para causar sofrimento, devido ao excesso de devoção e cuidado para com o parceiro, o qual é considerado como uma prioridade, deixando de lado atividades e interesses que antes eram valorizados (Stravogiannis et al., 2018).

As características que diferenciam o amor patológico do ciúme patológico são as tentativas desesperadas de sustentar o relacionamento mesmo que ele seja permeado por um forte sentimento interior de impropriedade e insatisfação com o relacionamento (Stravogiannis et al., 2018). Mesmo que oneroso, para evitar o abandono, o indivíduo continua em um relacionamento patológico. Fatores como a combinação de traços dependentes de personalidade, ansiedade e super suscetibilidade à punição estão ligados ao comportamento de manutenção do relacionamento (Stravogiannis; et al, 2018).

Como tratar?

A pesquisa de Stravogiannis et al., (2018) mostra que existem semelhanças e diferenças entre o ciúme patológico e o amor patológico que implicam em uma dificuldade de estabelecer estratégias específicas para o tratamento do amor patológico (Stravogiannis et al., 2018).

Quando o pensamento em dependência emocional, os autores Bution & Wechsler (2016), apontam que a psicoterapia de abordagem cognitivo comportamental é indicada para que o paciente desenvolva habilidades funcionais e saudáveis na maneira de expressar o amor, ao mesmo tempo em que se trabalha os sentimentos negativos de raiva, tristeza e dependência. Os autores apontam ainda que, a terapia individual, terapia grupal, grupos de apoio e livros de autoajuda podem trazer resultados positivos no tratamento da dependência emocional (Bution & Wechsler, 2016).

Stravogiannis et al., (2018) que apontam que são necessárias mais pesquisas neste domínio, a fim de desenvolver estratégias de tratamento que ajudam os indivíduos a amar de forma saudável e plena (Stravogiannis et al, 2018).

Recuperação em pares

A recuperação em pares (*Peer Recovery* no idioma inglês) é uma abordagem de suporte mútuo, na qual pessoas, em recuperação de adições e dependências comportamentais, ajudam umas às outras a manter a sobriedade e a melhorar sua qualidade de vida. William L. White é um sociólogo, ativista, escritor e pesquisador americano, que escreve sobre política e recuperação de adições, e é conhecido por popularizar o conceito de recuperação em pares em suas obras. Ele cunhou o termo "ajuda mútua" ou "ajuda em pares" para descrever a prática de pessoas que compartilham experiências semelhantes se apoiando mutuamente para superar desafios e pensamos não ser diferente para quem está experimentando ou vivenciando o amor de forma patológica.

A recuperação em pares é «um movimento social de pessoas em recuperação que se unem para fornecer suporte mútuo e serviços de recuperação para outras pessoas em recuperação». O livro *Slaying the Dragon: The History of Addiction Treatment and Recovery in America* (1998) destaca ainda que "não é uma nova intervenção clínica, mas um modelo de suporte social e engajamento cívico que complementa e expande o alcance e o impacto das intervenções clínicas" (White, 1998).

> [..] a Recuperação em Pares é uma abordagem de suporte mútuo na qual pessoas em recuperação de vícios e dependências ajudam umas às outras a manter a sobriedade e a melhorar sua qualidade de vida[..] (White, 1998. p. 23).

A ajuda em pares envolve a cooperação e a reciprocidade entre as pessoas que estão enfrentando desafios semelhantes, com a intenção de ajudar umas às outras a superar esses desafios e a se recuperar. Isso pode ser feito em grupos informais, por meio de conversas individuais ou em organizações formais como grupos de autoajuda ou grupos de apoio mútuo.

White (White, 1998) enfatiza que a ajuda em pares é baseada na ideia de que as pessoas que passaram por uma determinada experiência podem fornecer informações e suporte valiosos para aqueles que estão passando por desafios semelhantes. Além disso, a ajuda mútua também pode oferecer um senso de pertencimento, alívio do estigma e uma sensação de controle sobre a situação e não é diferente para pessoas com amor patológico.

Grupos de mútua ajuda para pessoas com amor patológico

Os grupos de mútua ajuda são organizações em que as pessoas se reúnem para ajudar umas às outras a lidar com problemas em comum.

Esses grupos são especialmente importantes para pessoas que sofrem de transtornos do amor patológico, uma vez que essas condições podem ser extremamente isolantes e difíceis de lidar sozinhas. Segundo Pereira e Teixeira (2020), os grupos de mútua ajuda podem oferecer uma rede de suporte emocional e social para indivíduos que enfrentam problemas de amor patológico, além de oferecer um espaço seguro para compartilhar experiências, ideias e estratégias de enfrentamento.

O grupo de mulheres que amam demais anônimas (MADA) é uma irmandade de mulheres baseada no livro *Mulheres que amam demais* (Norwood, 1985) e adaptada do programa de recuperação de 12 passos e 12 tradições de alcoólicos anônimos (A.A.). O MADA foi fundado em 1985 pela autora e terapeuta Robin Norwood, em Los Angeles, nos Estados Unidos. Norwood, que já havia escrito o best-seller *Mulheres que amam demais* (1985), percebeu que muitas leitoras entravam em contato com ela em busca de ajuda para superar seus problemas de dependência em amor. Com base nessa demanda, Norwood fundou o MADA como um grupo de ajuda mútua para mulheres que sofrem com a adição em amor.

Desde então, o MADA espalhou-se pelo mundo todo, com grupos em diversos países. No Brasil, o grupo chegou em 1992 e tem uma atuação significativa, ajudando mulheres a superar seus problemas de dependência em amor a encontrar o equilíbrio emocional necessário para viver de maneira plena e saudável (MADA Brasil, s.d.). As reuniões são realizadas semanalmente e são abertas a todas as mulheres que desejam participar. O *site* oficial do MADA Brasil oferece informações sobre os grupos existentes, além de textos e depoimentos de mulheres que superaram a dependência em amor com a ajuda do grupo (MADA Brasil, s.d.).

Os grupos oferecem um ambiente acolhedor e seguro, em que as mulheres podem compartilhar suas histórias e receber apoio e orientação de outras mulheres que passaram pelos mesmos problemas. Além disso, o MADA tem sido uma ferramenta importante para promover a conscientização sobre o amor patológico e seus efeitos nocivos na vida das pessoas. O grupo tem desenvolvido campanhas de conscientização e participado de eventos e conferências para discutir o tema e disseminar informações sobre como lidar com a adição em amor (https://grupomadabrasil.com.br).

O *Sex and Love Addicts Anonymous* (SLAA) é um programa de recuperação para pessoas que lutam contra a dependência sexual e amorosa. O programa de 12 passos do SLAA é baseado nos princípios dos alcoólicos anônimos (A.A) e busca ajudar as pessoas a superar a dependência emocional e sexual, para que possam viver uma vida mais equilibrada e saudável. O SLAA foi fundado em 1976, em Boston, nos Estados Unidos, por um grupo de pessoas que perceberam a necessidade de um programa de recuperação para aqueles que lutavam contra a dependência sexual e amorosa. Desde então, o SLAA cresceu e se tornou uma organização internacional, com grupos de apoio em diversos países ao redor do mundo, incluindo o Brasil. No Brasil, o SLAA é conhecido através da sigla DASA e está presente desde os anos 1990 e atualmente existem vários grupos de apoio em diversas cidades do país (https://www.dasa-sp.org).

O SLAA se concentra em fornecer um ambiente de apoio, em que os membros possam compartilhar suas experiências, forças e esperanças, e ajudar uns aos outros na jornada de recuperação. Os membros são incentivados a compartilhar suas experiências e a se apoiarem uns aos outros na jornada de recuperação. Os membros do SLAA são encorajados a participar de reuniões regulares, onde podem compartilhar suas experiências, forças e esperanças com outros membros. Além dos grupos de apoio presenciais, o SLAA também oferece recursos *on-line*, como fóruns de discussão e reuniões virtuais, para aqueles que não podem participar de reuniões presenciais ou que preferem manter o anonimato (SLAA, s.d).

O *site* oficial do SLAA (https://slaafws.org/) oferece informações detalhadas sobre o grupo, bem como recursos *on-line*, como fóruns de discussão e reuniões virtuais, para aqueles que não podem participar de reuniões presenciais ou que preferem manter o anonimato (SLAA, s.d).

Minerva e Barreto (2018) destacam que os grupos de autoajuda, como o SLAA têm contribuído para a rede de cuidados em saúde mental ao oferecer suporte emocional e compartilhamento de experiências entre seus membros. Os autores ressaltam, no entanto, que esses grupos também apresentam limitações e devem ser utilizados como um complemento aos tratamentos profissionais.

Aplicativos para ajudar na jornada de recuperação

Além dos grupos de mútua ajuda, os aplicativos também podem ser uma ferramenta útil para ajudar na jornada de recuperação. De acordo com Prada et al., (2020), os aplicativos para transtornos mentais têm ganhado popularidade nos últimos anos, e podem oferecer uma forma prática e acessível de acesso à informação e suporte para aqueles que sofrem de transtornos do amor patológico.

Os aplicativos podem oferecer uma variedade de recursos, incluindo informações sobre o transtorno, técnicas de terapia cognitivo-comportamental, ferramentas para monitoramento de comportamentos e emoções, e conexão com outros indivíduos que enfrentam situações semelhantes. Além disso, os aplicativos podem ser usados em conjunto com outros tratamentos, como terapia individual ou em grupo. O *Love Language*, por exemplo, é um aplicativo que ajuda as pessoas a descobrir e entender as linguagens de amor de seu parceiro ou parceira, para que possam se comunicar e se conectar melhor em um relacionamento. Embora este aplicativo possa ser útil para melhorar a comunicação e o entendimento em um relacionamento, ele não é especificamente voltado para ajudar pessoas com amor patológico. Disponível em inglês para as plataformas IOS e Android.

Os grupos de mútua ajuda e aplicativos de suporte podem ser ferramentas valiosas no processo de recuperação de pessoas com amor patológico. Esses recursos oferecem um espaço seguro para compartilhar experiências e obter suporte emocional, além de fornecer ferramentas úteis para rastrear o progresso e aprender estratégias de autocuidado. Entretanto, é importante lembrar que esses recursos não substituem a orientação profissional. Combinar os recursos oferecidos pelos grupos de mútua ajuda e aplicativos de suporte com a orientação profissional pode ser uma abordagem eficaz para enfrentar o amor patológico e conquistar uma vida mais saudável e equilibrada emocionalmente.

Vinheta clínica

Nota: o caso a seguir é fictício.

Roberto terminou seu noivado há três semanas e não consegue deixar a ex-parceira em paz. Roberto faz promessas a si mesmo de que não irá mais procurar por Juliete, mas não consegue êxito em suas promessas e acaba perdendo muito tempo de seu dia com pensamentos obsessivos sobre Juliete.

Ele persiste em se perguntar com quem ela possa estar, o que ela pode estar fazendo e até mesmo, sentindo forte angústia ao pensar na possibilidade de vê-la com outra pessoa. Roberto, por vezes, pensa que possa estar vivendo um amor doentio, mas logo, certifica-se de que não, apesar de Juliete sempre se queixar de seu ciúme excessivo. Juliete se afastou de Roberto depois do mesmo a ver conversando com uma amiga no WhatsApp, durante uma festa de família, onde retirou o celular de sua mão e o atirou na parede, espedaçando o aparelho. A família de Juliete ficou muito assustada e ao tentar intervir, recebeu várias ameaças descabidas de Roberto que se apresentava bastante irritado e eufórico. Tal ação acarretou problemas familiares e pessoais para Roberto. Após o afastamento, Roberto começou a se sentir muito desprezado, o que o fazia apegar-se ainda mais a ela. Queria de todas as formas reatar o noivado e fazia tudo para agradá-la. Roberto chegou a buscar ajuda profissional, mas desistiu do acompanhamento. Atualmente, Roberto tem sofrido, continua "amando", implorando e o ciúme cresce a cada dia mais. Com toda essa situação, Roberto já pensou em tirar a vida de Juliete, e ela tem sentido muito medo, mas ao mesmo tempo, tem se apresentado confusa e com culpa, pensando se ela realmente está certa em se afastar ou, se está exagerando e isso tem contribuído para esses comportamentos de Roberto.

Hipótese Diagnóstica: Transtorno de personalidade dependente.

Comentários

Recomenda-se, no caso de transtorno de personalidade dependente, o tratamento de terapias combinadas, incluindo psicoterapia e farmacoterapia. A relação entre paciente e terapeuta é de difícil manejo, uma vez que nessa relação, o paciente não deseja ouvir que possa ter que seguir a vida sem a parceria, pois não consegue se perceber vivendo sem ela. Alguns exemplos de terapia são: a intervenção cognitivo-comportamental, que apresenta um impacto positivo no tratamento do transtorno de personalidade dependente, bem como nos sintomas de depressão e ansiedade, transtornos que podem ser comórbidos ao transtorno de personalidade dependente, ajudando Roberto a perceber seu funcionamento psicológico, possibilitando, assim, o desenvolvimento de novos repertórios que levem a uma modificação das crenças centrais. Além das intervenções citadas, duas ações devem estar no radar do profissional que acompanha o caso: 1) a possibilidade de internação para Roberto, uma vez que ele está colocando em risco a integridade de Juliete e, 2) uma medida protetiva para Juliete, para que essa intervenção possa conter atos impulsivos vindos do ex-noivo, Roberto.

Referências

American Psychiatry Association. (2023). *Diagnostic and Statistical Manual of Mental Disorders* (DSM–5-TR).

Arriaga XB, Kumashiro M. (2019). Walking a security tightrope: Relationship-induced changes in attachment security. *Curr Opin Psychol*, 25:121-126,10.1016/j.copsyc.2018.04.016.

Boer A, van Buel EM, Ter Horst GJ. (2012). Love is more than just a kiss: a neurobiological perspective on love and affection. *Neuroscience*. 10;201:114-24. doi: 10.1016/j.neuroscience.2011.11.017. Epub 2011 Nov 15.

Boscardin, M. K., Kristensen, C. H. (2011). Esquemas iniciais desadaptativos em mulheres com amor patológico. *Revista de Psicologia da IMED*, v. 3, n.1, pp. 517-526.

Bowlby J. (1982). *Attachment and Loss: Vol. 1.* Attachment (2nd ed). Basic Books.

Bowlby J. (1973). *Attachment and Loss: Vol. 2.* Separation. Basic Books.

Bowlby J. (1980). *Attachment and Loss: Vol. 3.* Loss. Basic Books.

Bution, Denise Catricala, & Wechsler, Amanda Muglia. (2016). Dependência emocional: uma revisão sistemática da literatura. Estudos Interdisciplinares em Psicologia, 7(1), 77-101. Recuperado em 2 de abril de 2023, de http://pepsic.bvsalud.org/scielo.php?script=sci arttext&pid=S2236-64072016000100006&lng=pt&tlng=pt.

Campbell, L., & Stanton, S. C. (2019). Adult attachment and trust in romantic relationships. *Current opinion in psychology*, 25, 148-151. https://doi.org/10.1016/j.copsyc.2018.08.004

Cassidy J, Shaver PR. (2016). Handbook of Attachment: Theory, Research, and Clinical Applications (3rd ed). *Guilford Press.*

Costa, A. L., Sophia, E. C., Sanches, C., Tavares, H., Zilberman, M. L. (2015). Pathological jealousy: romantic relationship characteristics, emotional and personality aspects, and social adjustment. *J. Affect. Disord.* 174, 38-44. http://dx.doi.org/10.1016/j.jad.2014.11.017.

Ferreira, T. S., Moreira, T., Mendes, M., Ferreira, S. (2016). A paixão do jovem Alberto: um caso clínico de amor patológico. *Revista Brasileira de Neurologia e Psiquiatria.* Maio/Ago;20(2):175-184. http://www.revneuropsiq.com.br.

Fisher, H. E., Xu, X., Aron, A., Brown, L. L. (2016). Intense, passionate, romantic love: a natural addiction? How the fields that investigate romance and substance abuse can inform each other. Front. *Psychol.* http://dx.doi.org/10.3389/fpsyg.2016.00687.

Hazan C, Shaver P. Romantic love conceptualized as an attachment process. J Pers Soc Psychol. 1987;52(3):511-24. doi: 10.1037//0022-3514.52.3.511.

Jimenez, M. V. M., & Ruiz, C. S. (2008). Dependencias sentimentales o afectivas: Etiología clasificación y evaluación. *Revista Española de Drogodependencias,* 33 (2), pp. 151-167.

Kawamichi, H., Sugawara, S. K., Hamano, Y. H., Makita, K., Matsunaga, M., Tanabe, H. C., Ogino, Y., Saito, S., Sadato, N. (2016). Being in a romantic relationship is associated with reduced gray matter density in striatum and increased subjective happiness. Front. *Psychol.* 7, 1763. http://dx.doi.org/10.3389/fpsyg.2016.01763.

Kelley, N. J., Eastwick, P. W., Harmon-Jones, E., Schmeichel, B. J. (2015). Jealousy increased by induced relative left frontal cortical activity. *Emotion* 15, 550-555. http://dx.doi.org/10.1037/emo0000068

Kiecolt-Glaser, J. K., Wilson, S. J., 2017. Lovesick: How couples' relationships influence health. Annu, *Rev. Clin. Psychol.* 13 (1), 421-433.

Love, A. B., Holder, M. D. (2016). Can romantic relationship quality mediate the relation between psychopathy and subjective well-being? *J. Happiness Stud.* 17, 2407-2429. http://dx.doi.org/10.1007/s10902-015-9700-2.

MADA Brasil. (s.d.). Mulheres que Amam Demais Anônimas. Recuperado em 18 mar. 2023, de https://www.madabrasil.org.br/.

Marazziti D., Palermo S., Mucci F. (2021). · · *The Science of Love: State of the Art Adv Exp Med Biol.* 1331:249-254. doi: 10.1007/978-3-030-74046-7_16.

Minerva, A. M.; Barreto, S. M. (2018). Grupos de autoajuda na perspectiva de usuários: contribuições e limitações na rede de cuidados em saúde mental. *Ciência & Saúde Coletiva*, v. 23, n. 2, p. 419-430.

Neves, R. V. (2021). *Amor patológico: uma investigação em relação ao gênero, crenças sobre o amor, apego e autoestima [manuscrito].* / Rodolfo Vilela Neves. – 1371.

Norwood, R. (1985). *Women who love too much.* New York: Pocket Books.

Oliveira, I. J. S. O., Paranaguá, M. P. N. (2017). Amor e ciúme psicopatológico: uma visão fundamentada na perspectiva analítico-comportamental. *Fragmentos de Cultura*, v. 27, p. 555-569.

Prada, P., Scholten, H., & Eysenbach, G. (2020). A cognitive behavioral therapy–based mobile app for obsessive-compulsive disorder: randomized controlled trial. *Journal of Medical Internet Research*, 22(3), e15608.

Pereira, C., & Teixeira, J. (2020). Amor Patológico: Uma revisão da literatura. *Revista de Psicologia da Criança e do Adolescente*, 11(2), 21-32.

Reynaud M, Karila L, Blecha L, Benyamina A. (2010). Is love passion an addictive disorder? *Review Am J Drug Alcohol Abuse.* 36(5):261-7.doi: 10.3109/00952990.2010.495183.

Santos, A. B. (2019). Escuta qualificada como ferramenta de humanização do cuidado em saúde mental na Atenção Básica. *APS em revista, 1*(2), 170-179. https://doi.org/10.14295/aps.v1i2.23.

Sex and Love Addicts Anonymous (SLAA). Recuperado em 16 jan. 2024, de https://slaafws.org/.

Sophia EC, Tavares H, Berti MP, Pereira AP, Lorena A, Mello C, Gorenstein C, Zilberman ML. (2009). Pathological love: impulsivity, personality, and romantic relationship. *Comparative Study CNS Spectr.* 14(5):268-74.

Sophia EC, Tavares H, Zilberman ML. (2007). [Pathological love: is it a new psychiatric disorder?] *Review Braz J Psychiatry.* 29(1):55-62. doi: 10.1590/s1516-44462007000100016.

Sophia, E. C. (2008). *Amor patológico: aspectos clínicos e de personalidade.* Dissertação apresentada à Faculdade de Medicina da Universidade de São Paulo para obtenção do título de Mestre em Ciências. São Paulo, https://www.teses.usp.br/teses/disponiveis/5/5142/tde-11022009-162136/publico/Eglacycsophia.pdf

Stravogiannis, A. L. D. C., Kim, H. S., Sophia, E. C., Sanches, C., Zilberman, M. L., & Tavares, H. (2018). Pathological jealousy and pathological love: Apples to apples or apples to oranges? *Psychiatry research*, 259, 562-570. https://doi.org/10.1016/j.psychres.2017.11.029

White, W. L. (1998). Slaying the dragon: The history of addiction treatment and recovery in America. *Chestnut Health Systems.*

Zeki S. (2007). The neurobiology of love. FEBS Lett.; 12;581(14):2575-9. doi: 10.1016/j.febslet.2007.03.094. Epub 2007 8.

Zou, Z., Song, H., Zhang, Y., Zhang, X., (2016). Romantic love vs. drug addiction may inspire a new treatment for addiction. Front. *Psychol.* 7, 1-12. http://dx.doi.org/10.3389/fpsyg.2016.01436.

CAPÍTULO 8

Mulheres que amam demais anônimas (MADA) e os relacionamentos destrutivos

Carolina Costa

O padrão destrutivo de se relacionar pode ser transmitido por meio de gerações de familiares. Esta disseminação transgeracional e suas consequências para a saúde física e mental fazem deste tema um problema de saúde pública, prejudicando o desenvolvimento sustentável proposto pela Agenda 2030, da Organização das Nações Unidas. Trata-se de uma questão complexa a ser compreendida por toda sociedade civil para que "ninguém seja deixado para trás" e possamos promover uma real equidade de gênero.

Assim, um dos objetivos deste capítulo é demonstrar a importância do desenvolvimento emocional saudável para a escolha de relacionamentos não adoecedores. Outro objetivo é resumir conceitos chaves trazidos pela autora do livro *Mulheres que amam demais*, além de comparar estes com o que há na literatura científica atual.

A importância de relacionamentos saudáveis

Do ponto de vista da evolução da espécie, ter relacionamentos saudáveis foi determinante para a nossa sobrevivência (Lewis; Amini; Lannon, 2001). A qualidade do suporte social é tão fundamental que pode influenciar nossa saúde física e mental, com efeitos inclusive na longevidade (World Health Organization and Calouste Gulbenkian Foundation, 2014) (Umberson; Karas Montez, 2010). Tal influência varia de acordo com a fase de vida. Assim, na infância, o relacionamento mais influente se dá com as figuras principais de cuidado (geralmente, os pais), na adolescência, com os pares e, na fase adulta, com as parcerias íntimas (Umberson; Karas Montez, 2010). Para corroborar, alguns estudos sobre felicidade indicam que o fator mais importante é ter relacionamentos satisfatórios (Diener; Biswas-Diener, 2008).

Apesar de tamanha relevância, a conjugalidade saudável não é simples de ser construída e precisa ser cultivada ativamente. Ou seja, apesar do amor ser um elemento importante, outras habilidades e qualidades precisam coexistir como habilidades de comunicação, resolução de problemas, assertividade sexual, validação emocional entre outras (Sardinha, 2020; Beck, 1989). Assim, um relacionamento saudável envolve a satisfação conjugal e as parcerias afetivas sentirem-se íntimas e seguras, havendo necessidade de ir além do amor (Sardinha, 2020).

Os relacionamentos também sofrem influência da cultura e das normas sociais de uma época. Com isso, músicas, poemas, filmes e histórias infantis podem tornar o "sofrer por amor", o "lutar pelo amor" e o "felizes para sempre" objetivos aceitáveis e desejáveis, especialmente, para o gênero feminino. Se o amor é grande o suficiente, ele transformará o próximo. Por outro lado, problemas de comunicação, disputa de poder, expectativas irreais, dificuldades no sexo e falta de habilidade de resolução de problemas são as questões mais frequentes que levam casais para terapia (Snyder; Whisman, 2003). Ou seja, não é necessariamente por falta de amor que casais buscam ajuda.

Um relacionamento destrutivo pode envolver um alto nível de emoção expressa, como hostilidade, invalidação, críticas e hiperdemanda ou, ao contrário, indiferença e negligência (Snyder; Whisman, 2003). Em ambos os casos, o desajuste conjugal pode ser fonte de grande sofrimento emocional para um ou ambos parceiros.

Visando ajudar mulheres com padrões destrutivos de relacionamento amoroso, Robin Norwood escreveu o livro *Mulheres que amam demais: quando você continua a desejar e esperar que ele mude* (Norwood, 2011), a partir de sua experiência prática como terapeuta. Como um reflexo da época, o livro, que teve sua 1ª edição lançada em 1985, faz referência a relacionamentos heteronormativos de mulheres cisgêneros, porém traz informações e orientações valiosas para qualquer pessoa que esteja envolvida em ciclos de relacionamentos destrutivos. Recheado de exemplos clínicos, ela descreve as características pessoais que mais observou, os estilos de relacionamentos e como podemos ajudar a si mesmo no caminho da recuperação em direção a uma vida com mais significado e valorização (Norwood, 2011).

Necessidades emocionais básicas e desenvolvimento emocional: as raízes dos relacionamentos satisfatórios na vida adulta

Para nos tornarmos adultos emocionalmente maduros, nossas principais figuras de cuidado precisam ser sensíveis às nossas necessidades emocionais. Ao longo dos estudos de Jeffrey Young (Young, Klosko & Weishaar, 2008), as necessidades emocionais básicas foram elencadas como tarefas que as figuras de cuidado precisariam suprir para o desenvolvimento emocional saudável, sendo elas: oferecer afeto, segurança, senso de autonomia, limites realistas, aceitação incondicional.

Caso as figuras de cuidado não atendam cronicamente a estas necessidades, criamos estratégias para nos proteger e para não sermos abandonados, visando a nossa sobrevivência dentro deste ambiente disfuncional. Tais estratégias acabam por perpetuar o não atendimento das necessidades em outros contextos ao longo da vida, mantendo de forma rígida nossos padrões de crenças e emoções sobre nós mesmos, sobre o outro e sobre o mundo (Wainer et al., 2015).

Dentro desta dinâmica autoperpetuadora do que nos é familiar, a nossa escolha de parcerias afetivas, até a manutenção do relacionamento passa a ser governado por nossa necessidade de não abandono para podermos sobreviver, independentemente de como esta sobrevivência se dará.

Há pouco na literatura científica sobre o que Norwood (Norwood, 2011) traz de características das mulheres que amam demais e sobre o processo de recuperação. Porém, quando menciona a necessidade de autocompaixão, aceitação radical, vida com valor e significado e experiências adversas da infância influenciando padrões repetitivos de relacionamentos, traz muita similaridade com terapias empiricamente validadas e estruturadas muitos anos depois de seu livro como terapia focada na compaixão (Gilbert, 2019), terapia de aceitação e compromisso (Hayes et al., 2021), terapia dialética comportamental (Dimeff; Linehan, 2001) e terapia focada em esquemas (Young; Klosko; Weishaar, 2008).

Relacionamentos destrutivos que são mantidos ou se repetem: por que pode ser tão difícil sair deste padrão?

Apesar de o amor não ser o único ingrediente para um relacionamento saudável, determinadas formas de amar podem ser um ingrediente decisivo para um relacionamento destrutivo (Norwood, 2011). Mesmo sofrendo, as pessoas envolvidas podem se recusar terminantemente a abrir mão do parceiro. Por outro lado, se conseguem mudar de parceria, escolhem, sem perceber, outra semelhante em que o mesmo padrão de adoecimento se repete. Tendemos a repetir o padrão que já conhecemos mesmo que gere terríveis consequências à nossa saúde física e mental.

Este padrão pode ser parecido com o que testemunharam no relacionamento das principais figuras de cuidado (ex. pais) ou, também, parecido com a forma em que foram tratados na infância. Não conseguir romper este padrão por conta própria é comum porque não aprenderam como poderia ser diferente, repetindo o que é familiar e já conhecido (Wainer et al., 2015). Por conta disso, muitas mulheres podem considerar o parceiro que promove uma relação saudável como enfadonho e tedioso (Norwood, 2011) (Wainer et al., 2015).

Na literatura científica, há evidência de efeito significativo de traumas na infância, tanto para a perpetração quanto para a vitimização de violência psicológica de mulheres na relação amorosa. Tal associação pode ser mediada, por exemplo, por impulsividade e padrões de comunicação do casal (Dugal et al., 2020). Em um estudo envolvendo 1001 mulheres no Canadá, mulheres que sofreram um tipo de maltrato na infância foram 2 vezes mais propensas a relatar violência doméstica ao longo da vida (AOR = 2.39, CI = [1.04, 5.46] $p < .05$), enquanto as que tiveram 5 tipos de maus tratos na infância foram 45 vezes mais propensas a relatarem violência doméstica durante a vida (AOR = 45.32, CI = [10.90, 176.59] $p < .001$) (Brassard et al., 2020). Tal estudo indica como a parentalidade consciente e não violenta tem potencial de minimizar a transmissão do ciclo de violência para gerações futuras (World Health Organization and Calouste Gulbenkian Foundation, 2014).

Outro importante fator para a repetição de relações que causam adoecimento é o padrão intermitente de alívio e tensão. No meio do caos e do estresse de uma relação destrutiva, qualquer demonstração de afeto do outro traz um alívio grande da tensão causada pelo iminente abandono, alívio este que é extremamente reforçador, como uma droga. Continuar no relacionamento destrutivo passa a ser sobre o alívio do medo, e não mais sobre amar. E como em um ciclo destrutivo, padrões de interação invalidantes, hostis, hiperdemandantes e estressantes são perpetuados (Norwood, 2011).

Além disso, dentre os mecanismos psicológicos que surgem para lidar com as situações adversas, estão a negação e a necessidade de controle, ambos inconscientes e disfarçados de auto abnegação e proteção extrema de quem se ama (Norwood, 2011).

A negação se dá tanto sobre o que acontece como sobre o que se sente, sendo uma tentativa de autoproteção para eliminar informações insuportáveis demais. Dentre as formas de negação, podem entrar estratégias desadaptativas de evitação dos próprios sentimentos como comer compulsivamente ou usar álcool e outras substâncias (Norwood, 2011) (Young, Klosko, & Weishaar, 2008) (Wainer et al., 2015).

Sobre a estratégia de controle, a pessoa se torna altamente prestativa, responsabilizando-se e resolvendo grande parte ou todos os problemas da parceria. Com isso, uma das esperanças é que, controlando o outro, possa controlar os próprios sentimentos, tornando a situação mais tolerável (Norwood, 2011). E quanto mais tenta controlar, menos consegue, o que gera novamente a necessidade de negar o quanto está sendo ruim o relacionamento (Norwood, 2011).

O paradoxo é que, em nosso vazio de não ter um relacionamento de amor conosco, ninguém poderá nos amar o suficiente para nos satisfazer. Quando não conseguimos nos amar, ficamos reféns de que outra pessoa nos convença de que somos dignos de ser amados. No fundo, todo esse processo reflete nossas crenças sobre nosso próprio valor, nosso direito à felicidade e nosso merecimento. Quando conseguimos nos aceitar radicalmente, focar em preencher nossas vidas com o que faz sentido para nós e entender do que gostamos e necessitamos, nossas crenças mudam. Consequentemente, nossas escolhas de vida mudam também (Norwood, 2011).

Com isso, o objetivo da recuperação passa a ser aprender a questionar e se expressar, tornando suas necessidades conhecidas, sendo mais honesta consigo mesma e com os outros. A missão de vida não deve mais ser consertar a vida da parceria, mas melhorar a da própria pessoa. Tentar mudar a vida de outro pode ser extremamente frustrante, porque não está ao nosso alcance, nem é nosso direito ou dever. Por outro lado, reconhecer nosso poder de mudar nossa própria vida é extremamente recompensador (Norwood, 2011).

Por que incluir este padrão de relacionamento como uma dependência comportamental?

Se considerarmos os atuais sistemas classificatórios, tanto o Manual Diagnóstico e Estatístico de Transtornos Mentais (DSM-5) quanto a Classificação Internacional das Doenças (CID-11), a repetição de relacionamentos destrutivos não é classificada como transtorno aditivo ("ICD-11 for Mortality and Morbidity Statistics", 2019) (American Psychiatric Association, 2014).

No entanto, Norwood (Norwood, 2011), em seu livro, tem como objetivo fazer entender como o desejo por amor e o amar em si pode se tornar uma obsessão, como uma "dependência", ou seja, algo que se repete em um ciclo no qual a pessoa sofre, perde o controle, tem prejuízos variados e não consegue atender às suas necessidades emocionais legítimas. A "dependência" não é apenas por relacionamentos, mas por maus relacionamentos. Acostumam-se com a dor, com o medo e, por vezes, bloqueiam seus sentimentos mais profundos com outras compulsões como comida, álcool e outras substâncias, cleptomania etc. Todos com a mesma função de se desconectarem da realidade e mascarar o grande vazio emocional interior. Assim, as "soluções" passam a ser os problemas mais sérios de sua vida (Norwood, 2011).

A recuperação de outras adições anda junto com a recuperação de padrões de relacionamentos destrutivos e deve ser trabalhada primeiro. Isto porque quanto mais dependemos de álcool, drogas ou comida, mais sentimos culpa, vergonha e raiva de nós mesmas, adicionando mais segredos para guardar (Norwood, 2011).

Além disso, a dependência de substâncias aumenta o estresse do relacionamento e a dependência ao relacionamento é intensificada pelo turbilhão de sentimentos produzido pela compulsão de uso de substâncias. Desenvolve-se um novo círculo vicioso em que o fato de o relacionamento estar ruim ou estar sem relacionamento justifica o uso de substâncias e este atenua a dor emocional, reduzindo a probabilidade de a mudança necessária ocorrer. Enquanto tentamos fugir de nós mesmos, busca-se desesperadamente qualquer alívio e não se encontra nenhum (Norwood, 2011).

Mulheres que amam demais: quem são?

No livro, Norwood (Norwood, 2011) elenca características baseadas em observações clínicas, e não em levantamentos estatísticos. No único estudo sobre características de 52 mulheres que frequentavam grupos mulheres que amam demais anônimas (MADA), nos Estados Unidos, identificou-se que havia prevalência de mulheres divorciadas, com baixa autoestima e com histórico de pouco apoio emocional dos pais (Petrie; Giordano; Roberts, 1992). Cerca de metade das mulheres foram casadas com pessoas com problemas com álcool (Petrie, Giordano, & Roberts, 1992). Apesar de os autores criticarem as características propostas por Norwood (Norwood, 2011), como compulsão por doces, envolvimento com álcool e drogas ou escolha de parcerias com estes problemas, a limitação principal do levantamento seria o número pequeno de participantes, impedindo conclusões que possam ser generalizadas.

Passos na estrada da recuperação

No quadro 1, Norwood (Norwood, 2011) sugere certos passos que são essenciais nas histórias de recuperação e que, geralmente, são naturalmente consecutivos um ao outro. São eles:

Quadro 1 – Passos para recuperação

1. Procurar ajuda.
2. Colocar sua recuperação como principal prioridade na vida.
3. Encontrar um grupo de apoio de semelhantes que a compreendam.
4. Desenvolver sua espiritualidade em prática diária.

5. Parar de dirigir e controlar outras pessoas.
6. Aprender a não entrar em papéis de salvador, perseguidor ou mártir na relação.
7. Enfrentar com coragem seus próprios problemas e defeitos.
8. Cultivar o que precisa ser desenvolvido em si mesma.
9. Tornar-se egoísta.
10. Partilhar o que você experimentou e aprendeu com os outros.

Fonte: Norwood (Norwood, 2011).

Grupos de mútua-ajuda como parte essencial para a recuperação

A autora Norwood (Norwood, 2011), em seu livro já mencionado anteriormente, propõe as bases para a criação de uma irmandade de mulheres por meio de um grupo autodenominado mulheres que amam demais anônimas (MADA), inspirada no programa dos alcoólicos anônimos (Norwood, 2011). No Brasil, o primeiro grupo MADA foi iniciado em 1994 em São Paulo e, atualmente, já está presente em 14 estados (Grupo MADA Brasil – mulheres que amam demais anônimas, [s.d.]).

Segundo Norwood (Norwood, 2011), a terapia individual sozinha pode não dar o apoio necessário, porque a recuperação exige que se pare de fazer aquilo que aprendeu ao longo da vida: sacrificar-se para ajudar ou controlar o outro. Com isso, a pessoa se depara com um vácuo enorme na sua existência que dificilmente será preenchido por uma ou duas horas de terapia por semana (Norwood, 2011).

O acesso ao apoio, à compreensão e à tranquilização nos momentos de ansiedade deve, idealmente, estar constantemente disponível, o que é conseguido melhor com semelhantes que passaram pela mesma dor no resgate de si mesmo. Isso porque toda tentativa de mudar, culpar, ajudar ou controlar a parceria são manifestações do processo de adoecimento e devem ser deixados de lado. Assim, haverá energia para que outras áreas da vida melhorem, já que o único trabalho legítimo nesse momento é com a própria pessoa. Caso tenha uma parceria com problemas relacionados ao uso de álcool, vale frequentar outros grupos apropriados também, como Al-Anon (Norwood, 2011).

Com o conhecimento promovido nos grupos MADA, vem a oportunidade de mudança. Ou seja, quanto mais a pessoa souber sobre a literatura MADA, maior a liberdade de escolha. Além disso, assim como aprender outro idioma, é importante a exposição repetida a novos sons e padrões de linguagem contrários aos modos arraigados de pensar, sentir e se relacionar até então (Norwood, 2011). A autora sugere que a pessoa frequente pelo menos 6 reuniões até decidir continuar ou não (Norwood, 2011).

Com a exposição regular nos grupos de mútua-ajuda, quando outros membros contarem suas histórias, não só haverá identificação com sua experiência como elas a ajudarão a se lembrar do que está bloqueado, sendo estes fatos ou sentimentos. Dessa forma, será possível ficar mais em contato consigo mesma (Norwood, 2011).

Após a própria identificação e a aceitação dos outros membros assim como são, com defeitos e segredos, começamos a aceitar esses mesmos traços e sentimentos em nós. Com a aceitação do inaceitável, a autoaceitação passará a ser mais possível e aumentará (Norwood, 2011).

Os recursos usados por outros membros que deram certo poderão ser experimentados e os recursos usados e que deram errado para os outros serão um aprendizado. Ainda haverá as demonstrações de afeto (sorrisos, aplausos e risadas), construção de relacionamentos com mais honestidade, além da escolha de uma madrinha (pessoa com certo nível de recuperação e que pode orientar as recém-chegadas, seguindo os princípios que a beneficiaram) (Norwood, 2011). Quem começa a frequentar o grupo, passa a se sentir em seu próprio lugar e aumenta o senso de pertencimento. Estar com pessoas que partilham e compreendem sua experiência gera uma sensação de segurança e bem-estar, que possibilita sair do doloroso isolamento. Crescer em uma família disfuncional pode produzir sentimentos profundos de solidão, o que torna difícil a recuperação. Os grupos de mútua-ajuda apropriados, associados à terapia individual com um profissional familiarizado com os princípios destes grupos, farão a mudança ser mais fácil, já que empatia sozinha não é suficiente (Norwood, 2011).

Apesar de não haver estudos especificamente sobre resultados de grupos MADA, há evidências de que grupos de 12 passos são eficazes, com desfechos extremamente favoráveis aos participantes (Kelly, Humphreys,

& Marica, 2020). Em uma pesquisa qualitativa, o suporte emocional de pessoas que passam o mesmo que você e o uso do humor (não necessariamente durante os encontros do grupo) também apareceram como elementos importantes para os membros (Brown, Tang, & Hollman, 2014), em consonância com as observações do livro (Norwood, 2011).

Considerações finais

Com linguagem amigável e didática, o livro *Mulheres que amam demais* (Norwood, 2011) traz conceitos consolidados muito tempo depois em várias linhas de terapia reconhecidamente eficazes. Ao escrever sobre um tema pouco reconhecido, em 1985, e inserida em uma cultura patriarcal que pouco valorizava a autoestima, as necessidades emocionais e os direitos das mulheres, a autora torna sua obra visionária e à frente de seu tempo. Os grupos MADA se estendem até hoje pelo mundo e sua obra continua atual para qualquer gênero e forma de relacionamento.

Independentemente da controvérsia sobre ser ou não uma dependência, há implicações para a sociedade tanto na saúde como para a segurança pública pela relação com transtornos mentais, condições médicas, homicídios, agressões, entre outros. Em relacionamentos destrutivos, pode ser difícil que as parcerias reconheçam ou saibam como obter ajuda e, assim, o padrão de adoecimento se repete transgeracionalmente, trazendo complexidade e cronicidade ao ciclo de violência e suas consequências.

Por isso, passa a ser uma questão tão importante que a redução de disparidades e empoderamento da mulher se encontram dentro dos objetivos de desenvolvimento sustentável, estimulando um movimento global de visibilidade e ação sobre o problema, "sem deixar ninguém para trás" (United Nations Entity for Gender Equality and the Empowerment of Women, 2022).

Referências

American Psychiatric Association (ED.) (2014). Transtornos relacionados a substâncias e transtornos aditivos. In *Manual Diagnóstico e Estatístico de Transtornos Mentais: DSM-5*. 5a ed. Porto Alegre: Artmed, p. 481-592.

Beck, A. T. (1989). *Love Is Never Enough: How Couples Can Overcome Misunderstandings, Resolve Conflicts, and Solve.* New York, N.Y: Harper Perennial.

Brassard, A. et al. (2020). Child Maltreatment and Polyvictimization as Predictors of Intimate Partner Violence in Women From the General Population of Quebec. *Violence Against Women*, v. 26, n. 11, p. 1305-1323, set.

Brown, L. D., Tang, X., & Hollman, R. L. (2014). The Structure of Social Exchange in Self-Help Support Groups: Development of a Measure. *American journal of community psychology*, v. 53, n. 0, p. 83-95, mar.

Diener, E., Biswas-DieneR, R. (2008). *Happiness: unlocking the mysteries of psychological wealth.* 1st. ed. [s.l.] Wiley-Blackwell.

Dimeff, L., & Linehan, M. (2001). Dialectical Behavior Therapy in a Nutshell. *The California Psychologist*, v. 34, 1 jan.

Dugal, C. et al. (2020). A Dyadic Analysis of the Associations Between Cumulative Childhood Trauma and Psychological Intimate Partner Violence: The Mediating Roles of Negative Urgency and Communication Patterns. *Journal of Marital and Family Therapy*, v. 46, n. 2, p. 337-351, abr.

Gilbert, P. (2020). Compassion: From Its Evolution to a Psychotherapy. *Frontiers in Psychology*, v. 11, p. 586161.

Grupo MADA Brasil – *Mulheres que Amam Demais Anônimas.* (2023). Recuperado em 8 jan. 2023, de https://grupomadabrasil.com.br/.

Hayes, S. C. et al. (2021). *Terapia de Aceitação e Compromisso: O Processo e a Prática da Mudança Consciente.* 2 ed. Porto Alegre: Artmed.

ICD-11 for Mortality and Morbidity Statistics. (2022). Recuperado em: 21 mar. 2022., de https://icd.who.int/browse11/l-m/en#/http%3a%2f%2fid.who.int%2ficd%2fentity%2f590211325

Kelly, J. F., Humphreys, K., & Marica, F. (2020). Alcoholics Anonymous (AA) and other 12-step programs for alcohol use disorder. *Cochrane Database of Systematic Reviews*, n. 3.

Lewis, T., Amini, F., & Lannon, R. (2001). *A General Theory of Love.* 1a ed. New York: Vintage Books USA.

Norwood, R. (2011). *Mulheres que amam demais.* 1a ed. [s.l.]. Rocco.

Petrie, J., Giordano, J. A., Roberts, C. S. (1992). Characteristics of Women Who Love Too Much. *Affilia*, v. 7, n. 1, p. 7-20, abr.

Sardinha, A. (2020). *Terapia Cognitiva Sexual: teoria e prática*. 2a. ed. Campo Grande: Episteme.

Snyder, D. K., Whisman, M. A. (Eds.). (2003). *Treating Difficult Couples: Helping Clients with Coexisting Mental and Relationship Disorders*. New York: Guilford Publications.

Umberson, D., Karas Montez, J. (2010). Social Relationships and Health: A Flashpoint for Health Policy. *Journal of Health and Social Behavior*, v. 51, n. 1_suppl, p. S54–S66, 1 mar.

United Nations Entity for Gender EqualitY and the Empowerment of Women. (2023). *Progress on the Sustainable Development Goals: The gender snapshot 2022*. [s.l: s.n.]. Recuperado em: 25 jan. 2023., de https://www.unwomen.org/en/digital-library/publications/2022/09/progress-on-the--sustainable-development-goals-the-gender-snapshot-2022.

Wainer, R. et al. (2015). *Terapia Cognitiva Focada em Esquemas: Integração em Psicoterapia*. 1 ed. Porto Alegre: Artmed,.

World Health Organization and Calouste Gulbenkian Foundation. *Social determinants of mental health*. [s.d.].

Young, J., Klosko, J. S., Weishaar, M. E. (2008). *Terapia do Esquema: Guia de Técnicas Cognitivo-Comportamentais Inovadoras*. 1. ed. Porto Alegre: Artmed, 2008.

CAPÍTULO 9

Por que o ciúme alcoólico poderia estar dentro do espectro dos transtornos do exagero?

Rogério Adriano Bosso
Kátia Isicawa de Sousa Barreto
Amilton dos Santos Júnior

O ciúme, é um dos sentimentos que, talvez, muitas pessoas já experimentaram, consistindo em um estado mental complexo, causado pela mudança real ou imaginária na percepção de uma ameaça do término do relacionamento, em virtude de um rival que pode ser real ou imaginário. O ciúme pode ser um sentimento genuíno ou adquirir uma natureza delirante, transformando-se em um transtorno mental (Cynkier, 2018).

Na verdade, o ciúme não é um tema novo, pelo contrário, é antigo e recorrente nas escritas relacionadas aos relacionamentos humanos. A arte já citava o ciúme, há tempos atrás, como podemos verificar nos mitos, nos dramas, bem como em obras literárias, nas pinturas e até mesmo na dança. Na literatura brasileira, no final do século XIX, em uma das obras mais conhecidas do famoso escritor, Machado de Assis, o ciúme aparece no romance *Dom Casmurro*. Do ponto de vista biológico ou evolutivo, pode-se encontrar um potencial papel adaptativo do ciúme na proteção de relacionamentos que melhoram o condicionamento físico, diante de intrusos sociais, o que indica uma emoção que provavelmente evoluiu em várias sociedades animais (Webb et al., 2020).

Já a neurobiologia vai demostrar como o ciúme traz alterações ao nível cerebral, ressaltando momentos em que o ciúme é exagerado. O ciúme estimula com mais intensidade o córtex anterior cingulado e o córtex pré-frontal ventromedial, região responsável pela regulação das emoções. Existem também alterações em alguns neurotransmissores, como a serotonina, a dopamina e a noradrenalina no cérebro de pessoas ciumentas. A autora italiana Donatella Marazziti (Marazziti et al., 2013; Marazziti, 2018) encontrou relações entre ciúmes e distúrbios neurológicos e psiquiátricos, como a esquizofrenia, o Alzheimer e a dependência química.

Examinando o tema do ciúme por outro paradigma, de acordo com as ideias freudianas, há três níveis de ciúme: o competitivo ou normal, o projetado e o delirante, diferindo em graus de intensidade e mecanismos emocionais, culminando em um transtorno grave (Mallmann, 2015). Para Freud:

> É fácil perceber que essencialmente se compõe de pesar, de sofrimento causado pelo pensamento de perder o objeto amado, e da ferida narcísica [...] de sentimentos de inimizade contra o rival bem-sucedido e de maior ou menor quantidade de autocrítica, que procura responsabilizar por sua perda o próprio ego do sujeito (Freud, [1922] 1976, p. 271).

Há diversos entendimentos de ciúme, de acordo com os vários campos de estudo, no entanto, este pode ser considerado um estado afetivo normal até certa medida, porém, nas manifestações extremas é que se pode perceber preocupações que geram sofrimento ao indivíduo. Deve-se dar atenção aos extremos desse sentimento cuja falta por um lado, sugere um problema, e, por outro, a intensidade exagerada sugere a condição clínica. Conforme conceituado pelas ideias freudianas, a ausência de manifestação de ciúme sugere a indicação de bloqueio ou dificuldade de expressar emoções, consequentes a grandes repressões nas fases iniciais da vida do indivíduo, e isso causa dor e sofrimento (Freedman & Pettengill, 2020).

A linha que separa o ciúme normal do patológico é frágil e tênue. Um único sentimento pode acender alguma fagulha de desconfiança para que se inicie a obsessão. O ciúme normal é baseado em situações temporárias e reais, e o patológico baseado em razões irreais e infundadas, havendo uma inconsciente ideia de ameaça a um rival (Gouveia et al., 2015).

Dentro deste contexto, os objetivos deste capítulo são abordar o conceito de ciúme por diferentes perspectivas teóricas, como a psicanálise, a arte, a linha evolutiva humana e a neurobiologia; apresentar suas manifestações na dinâmica mental humana e sua relação com o uso de álcool; como sua manifestação pode estar relacionada ao exagero e suas formas de tratamento.

Ciúme normal

O ciúme é um sentimento comum e experienciado por praticamente todos os seres humanos. O ciúme ocorre quando uma relação é colocada em xeque, perante a entrada de um rival. É possível observar distintas emoções neste processo, dentre elas: dor do luto pela perda do objeto amado; dor narcísica pela ideia de que a pessoa não é tão indispensável para a pessoa amada como se pensava; perda da disputa com o rival potente e desejável (Mallmann, 2015).

Mesmo que o ciúme seja considerado desagradável, acredita-se que ele também tenha benefícios. O ciúme pode fazer com que a pessoa, objeto desse sentimento, sinta-se prestigiada, além de ter a autoestima elevada. Pode-se considerar também que o ciúme pode trazer efeitos positivos como a reciprocidade, a proximidade entre o casal. Entende-se, desse modo, que uma dose moderada de ciúme pode temperar os relacionamentos (Gouveia et al., 2015).

Ciúme projetado

O ciúme projetado ocorre tanto nos homens quanto nas mulheres, caracterizando-se pela infidelidade concreta na vida real. Para Freud, a fidelidade tem um preço que é a tentação à infidelidade (Freud, 1922 apud Mallmann, 2015). Os sentimentos que permeiam o ciúme projetado são: a dor resultante da fantasia de ser traído; a obsessão na procura de provas de infidelidade e a raiva pela impotência de conseguir o objeto do ciúme (Mallmann, 2015).

Ciúme delirante

Para Freud, o ciúme delirante tem origem nos impulsos reprimidos também da infidelidade, mas o objeto, neste tipo de ciúme, é o mesmo sexo do sujeito (Freud, 1922 apud Mallmann, 2015). Neste ciúme, sobressai-se a homossexualidade que cumpriu o curso e toma posição entre as fórmulas da paranoia (Mallmann, 2015). Vale ressaltar que essa colocação se baseia na literatura clássica de Freud e pode não ser unanimidade entre todos os psicanalistas.

No âmbito da psiquiatria, o ciúme entrará como temática de discussão, quando for caracterizado como condição clínica, não tratando como patológico aquilo que é próprio da relação afetiva. A psiquiatria só irá debater o ciúme quando estiver dentro do contexto de um transtorno obsessivo-compulsivo (TOC) grave, um delírio, manifestação de esquizofrenia ou de uma condição orgânica que pode evoluir para um ciúme, bem como dos casos de dependentes de álcool graves, que podem evoluir para ciúme patológico.

Ciúme patológico

O ciúme patológico ou mórbido é compreendido como o exagero de vários sentimentos, fundamentados na ideia de um rival imaginário ou real, promovendo prejuízos nas relações interpessoais, em virtude do desejo obsessivo de controle sobre sentimentos e comportamentos do outro (Gouveita et al., 2015).

Em linhas gerais, para Stravofiannis (Stravogiannis, 2018), o ciúme patológico pode ser dividido em dois tipos:

1. Obsessivo (não psicótico)

Não está restrito a um gênero específico, mais comum em jovens adultos e associado ao Transtorno obsessivo-compulsivo. Sabe-se que o ciúme obsessivo é um transtorno que causa alto nível de perturbação, porém, por vezes, passa despercebido, pois grande parte da atenção é dada ao ciúme delirante. É importante distinguir o ciúme obsessivo do delirante. O ciúme obsessivo delirante é caracterizado pela intensa presença de crenças falsas relacionadas à infidelidade da parceria. No ciúme obsessivo, existe a presença de sofrimento pelas ruminações ciumentas irracionais e desagradáveis de que o parceiro pode estar praticando comportamentos relacionados à infidelidade. Esse sofrimento pode ser acompanhado de verificação compulsiva do comportamento do parceiro, comportamentos que podem ser percebidos como egodistônico pelo indivíduo. O ciúme obsessivo se assemelha à fenomenologia do transtorno obsessivo-compulsivo. Vale ressaltar que, independente da forma de ciúme, ambos resultam em sofrimento significativo para os indivíduos, podendo estar relacionados ao risco de abuso, suicídio ou homicídio (Batinic et al., 2013).

2. Delirante (psicótico)

Também conhecido como síndrome de Otelo, está mais associado ao sexo masculino, ao uso crônico ou severo de álcool, demência, violência doméstica, homicídio e suicídio. O termo *síndrome de Otelo* foi criado em 1955 pelos neuropsiquiatras John Todd & Kenneth Dewhurst e tem origem na tragédia Otelo, de Shakespeare. Nesta tragédia, Otelo, o protagonista, é controlado pelo ciúme patológico, baseado em suposições, e mata sua esposa Desdêmona e depois comete suicídio. Essa síndrome está fundamentada no grau de ciúme ou crença na infidelidade da esposa, o qual alcança uma intensidade delirante (Menegás & Geribone, 2019).

Neste tipo de ciúme, o indivíduo percebe-se traído pelo parceiro de forma cruel e vil, baseando-se em eventos aleatórios, partes de conversas, além de afirmar que o parceiro pode possuir mais de um amante. Em linhas gerais, o indivíduo que sofre de delírio de ciúme é dependente emocionalmente do ser amado (Dalgalarrondo, 2019).

O delírio de ciúme pode estar associado a psicoses funcionais, esquizofrenia, transtorno de humor com características psicóticas, transtorno delirante persistente, transtornos de personalidade e alcoolismo. Indivíduos com intenso delírio de ciúme podem cometer violência física ou mesmo homicídio contra o suposto parceiro traidor, assemelhando-se, assim, à peça de Shakespeare, Otelo (Dalgalarrondo, 2019; Menegás & Geribone, 2019).

O ciúme delirante foi mais frequentemente associado a psicoses orgânicas, transtornos paranoides e psicose alcoólica, com prevalência de aproximadamente 7% em cada um desses transtornos), bem como a prevalência de 2,5% em esquizofrenia. Na população que sofre de transtornos delirantes, observou-se que o ciúme foi o mais prevalente, presente em 75% dos casos (Seeman, 2016).

A associação entre alcoolismo e ciúme delirante foi descrita a partir do século XIX, entre os anos 1840 e 1890, quando estudiosos enfatizaram a importante presença de delírios de ciúme em indivíduos alcoolistas do sexo masculino. Em estudos realizados entre as décadas de 1960 e 1980, encontrou-se prevalência de ciúme em indivíduos alcoolistas, variando de 20% a 40% (Jiménez-Arriero et al., 2007).

Alcoolismo e alterações que podem levar ao ciúme

O alcoolismo leva os indivíduos a terem várias alterações neurobiológicas como deficiência de vitamina B1 e B6, por exemplo, que podem causar alterações de comportamento, inclusive delírio de ciúme. Além das deficiências de vitaminas, o alcoolismo pode levar à perda neuronal na região frontal do cérebro, área ligada ao controle de impulso. Pode, então, configurarem-se casos em que a pessoa mantinha segredo do ciúme, mas passa a ficar desinibida e a ter comportamentos violentos. O alcoolismo também se associa a várias doenças físicas, como impotência sexual, diabetes, hipertensão, diminuição da testosterona, que, por sua vez, também levam à impotência sexual (Banerjee, 2014).

Critérios diagnósticos para transtorno delirante DSM-5-TR

Conforme apresentado, o ciúme delirante está classificado como um subtipo do transtorno delirante, que faz parte do espectro dos transtornos psicóticos (APA, 2022; Goodwin et al., 2020).

O transtorno delirante é relativamente raro, com prevalência de 1,8 por 1.000 na população. Estima-se que a prevalência é maior dentro da população prisional, de acordo com um estudo conduzido nos Estados Unidos da América, apontando 2,4 por 1.000 (Goodwin et al., 2020).

O ciúme causa prejuízo em dois polos, em sua falta ou em seu exagero. A forma exagerada desse sentimento pode vir acompanhada de sintomas delirantes. Para isso, iremos conceituar, ou seja, apresentar os critérios diagnósticos para o transtorno delirante, segundo o manual que recentemente passou por uma revisão, o Manual Diagnóstico e Estatístico dos Transtornos Mentais (DSM-5-TR; APA, 2022).

Embora a característica essencial desse transtorno seja simplesmente a existência de um ou mais delírios que ocorrem por pelo menos 1 mês, todos os itens a seguir são usados para fazer um diagnóstico correto do transtorno delirante, conforme ilustra o quadro 1 a seguir.

Quadro 1 – Critérios diagnósticos – transtorno delirante segundo o DSM-5

Critérios diagnósticos – Transtorno Delirante
A) O indivíduo tem um ou mais delírios que persistem por pelo menos um mês ou mais. B) O critério A para esquizofrenia não é e nunca foi atendido. C) Além dos efeitos diretos do(s) delírio(s), o funcionamento não é obviamente prejudicado e o comportamento não é visivelmente estranho. D) Quaisquer episódios maníacos ou depressivos maiores foram breves, comparados com a duração do período delirante. E) A perturbação não pode ser atribuída aos efeitos fisiológicos de uma substância, outra condição médica ou outro transtorno mental. F) A gravidade dos delírios deve ser anotada e também deve ser especificada se os delírios envolvem conteúdo bizarro ou são claramente implausíveis.

Fonte: APA (2022).

O transtorno delirante apresenta diversos subtipos, e o subtipo ciumento se aplica quando o tema central da ilusão é que cônjuge ou a ideia de que o parceiro é infiel.

Vale lembrar que o transtorno delirante persistente (TDP) é um subtipo de ciúme que aqui foi apresentado para conhecimento do leitor, porém, deve-se ter o cuidado de não associar diretamente o transtorno delirante persistente, ao ciúme que aparece na vigência do alcoolismo de longa, uma vez que o TDP, que apresenta critérios bem definido no DSM-5-TR, especifica que se deve excluir condições orgânicas nesse possível diagnóstico e o alcoolismo, por sua vez, encaixa-se em uma condição orgânica.

Tratamento

Geralmente, o ciúme patológico não é identificado até que os sintomas tenham piorado a um nível de baixa funcional do indivíduo, promovendo, assim, a busca por serviços de saúde da atenção primária, de saúde mental ou mesmo serviços de policiamento. Neste estágio, as perdas psicossociais, a angústia, a convicção nas crenças construídas, bem como os danos à reputação, podem representar desafios importantes para o envolvimento e sucesso do tratamento. O indivíduo que sofre de ciúme patológico pode apresentar resistência em procurar ajuda, uma vez que a percepção de suas necessidades e do impacto do transtorno em sua vida são limitadas (Goodwin et al., 2020).

O tratamento do ciúme patológico deve ser individualizado, podendo, em indivíduos com quadros mais complexos, envolver a necessidade de ser combinado, envolvendo uso de psicofármacos, principalmente antipsicóticos, além de também estar associado às terapias psicológicas que incorporam estratégias de autorregulação e estratégias da terapia cognitivo comportamental (Goodwin et al., 2020).

O objetivo principal do tratamento psicológico está no processo de que o indivíduo possa estabelecer o equilíbrio dos sentimentos e a administração dos excessos emocionais, conduzindo o indivíduo a lidar com as emoções e sentimentos proporcionais à circunstância (Orso et al., 2022).

Os resultados para o tratamento do ciúme patológico consistem em promover a construção de uma relação terapêutica positiva, reestabelecer rede de suporte social além de restaurar relacionamentos de apoio, construir e treinar habilidades sociais e de enfrentamento, bem como resiliência, a capacidade de autocuidado e auxiliar o indivíduo a ter *insight* sobre suas distorções cognitivas (Goodwin et al., 2020).

Considerações finais

Consideramos que as ideias propostas neste capítulo podem trazer implicações positivas na prática clínica de indivíduos com ciúme possivelmente patológico. Como exemplo, podemos pensar em um homem que está com a autoestima baixa por conta dessas questões, que bebe e que apresenta disfunção erétil. Esse indivíduo pode ter uma chance maior de, caso apresente sintomas delirantes, serem eles do tipo de ciúmes, uma vez que entra no contexto psicológico de que ele não está mais dando conta e que a parceira vai buscar por outra parceria.

É importante que os profissionais possam perceber essas manifestações e saibam como manejar adequadamente o caso, com base em evidências. Outra consideração importante é a necessidade de pesquisas que aprofundem o tema e apresentem as manifestações de sua relação com o uso de álcool e outras drogas.

Referências

American Psychiatric Association (APA) (2022). *Diagnostic and Statistical Manual of Mental Disorders, Fifth Edition, Text Revision*. Washington, DC, American Psychiatric Association.

Banerjee, N. (2014). Neurotransmitters in alcoholism: A review of neurobiological and genetic studies. *Indian J Hum Genet.* Jan;20(1):20-31.

Batinic, B., Duisin, D., & Barisic, J. (2013). Obsessive versus delusional jealousy. *Psychiatria Danubina*, 25(3), 334-339.

Batista da Silva Orso, S. S., Nunez Pumariega, Y. (2022). Ciúme patológico: contribuições da terapia cognitivo-comportamental no tratamento da dependência emocional. *Revista Científica da Faculdade de Educação e Meio Ambiente*, 13(edespmulti). Recuperado em 17 mar. 2022., de https://revista.faema.edu.br/index.php/Revista-FAEMA/article/view/1022.

Cynkier P. (2018). Pathological jealousy from forensic psychiatric perspective. *Psychiatr Pol.* Oct 27;52(5):903-914.

Dalgalarrondo, P. (2019). *Psicopatologia e semiologia dos transtornos mentais.* 3a ed. Porto Alegre: Artmed.

Freedman, P; Pettengill, E. C. F. C. (2020). O ciúme patológico, uma discussão psicanalítica. UNIGRAN Capital, Campo Grande (MS).

Freud, S. (1922). *Alguns mecanismos neuróticos no ciúme, na paranoia e no homossexualismo.* Rio de Janeiro: Imago.

Oodwin, T., Lowry, T. J., Meurk, C., & Neillie, D. (2020). Treating the untreatable? The biopsychosocial treatment of delusional disorder: a case study. *Australasian Psychiatry*, 28(4), 433-437. doi:10.1177/1039856220901463.

Gouveia, V. V. et al. (2015). Escala de Ciúme Romântico (ECR): Evidências Psicométricas de uma Versão Reduzida. *Psicologia: Ciência e Profissão,* v. 35, n. Psicol. cienc. prof., 2015 35(2), abr.

Mallmann, C. J. (2015). Ciúmes: do normal ao patológico. *Estud. psicanal.*, Belo Horizonte, n. 43, p. 43-49, jul. Recuperado em 17 abr. 2022., de http://pepsic.bvsalud.org/scielo.php?script=sci_arttext&pid=S010034372015000100004&lng=pt&nrm=iso.

Marazziti, D. (2018). Only the human brain has the cognitive capacity for jealousy. *Animal Sentience* 22(19). DOI: 10.51291/2377-7478.1357.

Marazziti D, Poletti M, Dell'osso L, Baroni S, Bonuccelli U. (2013). Prefrontal cortex, dopamine, and jealousy endophenotype. *CNS Spectr.* Feb;18(1):6-14. doi: 10.1017/S1092852912000740.

Menegás, L. B, Geribone, V. V. (2019). *Dom Casmurro: da síndrome de Otelo à persuasão do narrador.* Mosaico, São José do Rio Preto, v. 17, n. 1, p. 232-250.

Seeman, M. V. (2016). Pathological Jealousy: An Interactive Condition. Psychiatry, 79(4), 379-388. doi:10.1080/00332747.2016.1175838.

Stravogiannis, A. L. D. C., Kim, H. S., Sophia, E. C., Sanches, C., Zilberman, M. L., & Tavares, H. (2017). Pathological jealousy and pathological love: Apples to apples or apples to oranges? *Psychiatry research*, 259, 562-570, 2018. https://doi.org/10.1016/j.psychres.11.029.

Webb Ce, Kolff k, Du X, De waal F. Jealous (2020). Behavior in Chimpanzees Elicited by Social Intruders. *Affec Sci* 1, 199-207, https://doi.org/10.1007/s42761-020-00019-5.

IV.
Impulsos

CAPÍTULO 10

Tricotilomania e *skin picking*: excesso, exagero ou compulsividade?

Rogério Adriano Bosso
Leandro Xavier de Camargo Schlittler

Desde a quinta edição do Manual Diagnóstico e Estatístico dos Transtorno Mentais (DSM-5), e mantida na sua mais recente atualização (DSM-5-TR), a tricotilomania (ato de puxar o cabelo e arrancá-lo) e o comportamento conhecido como *skin picking* (cutucar a pele até causar escoriações) foram retirados do grupo de transtornos relacionados ao controle dos impulsos e agrupados entre os "transtornos obsessivo-compulsivos e transtornos relacionados" (APA, 2022). Essa classificação foi proposta pelas novas evidências da associação entre esses transtornos, seu valor na formulação diagnóstica e na utilidade clínica de assim agrupá-los. Como o Transtorno obsessivo-compulsivo (TOC), a tricotilomania e o *skin picking* compartilham comportamentos repetitivos recorrentes e tentativas repetidas de reduzi-los ou pará-los.

O termo transtornos do exagero, adições comportamentais ou behavioral addictions, em inglês, refere-se a diversos comportamentos cujas características de sensação de gratificação, persistência (a despeito de consequências negativas) e consequente perda do controle, assemelham-se à adição de substâncias psicoativas (Grant et al., 2021). Alguns desses comportamentos são tradicionalmente entendidos dentro de um espectro impulsivo-compulsivo ou de controle dos impulsos, como jogo patológico, uso excessivo de internet, de videogames/jogos de computador, compulsão por compras, compulsão sexual, bronzeamento excessivo, exercícios excessivos (Petry et al., 2018) e *skin picking* (Grant et al., 2010).

A tricotilomania carateriza-se pelo ato de puxar o cabelo e arrancá-lo. Seu primeiro relato se deu na Grécia antiga, embora seu nome atual apenas foi cunhado no final do século XVIII, pelo dermatologista francês Francois Hallopeau, em 1889 (Sadock, Sadock, & Ruiz, 2017; Pereyra, & Saadabadi, 2022). Na tricotilomania, os indivíduos arrancam o cabelo ou os pelos de qualquer região do corpo de forma recorrente e esse comportamento causa significativo sofrimento e prejuízos funcionais em várias áreas da vida (Baczynski, & Sharma, 2020; Melo et al., 2022).

Outro transtorno que compartilha esse caráter compulsivo focado no corpo é o transtorno de *skin picking* ou transtorno de escoriação. O *skin picking* é um transtorno psicodermatológico comum que tem como característica principal impulsos irresistíveis de cutucar a pele até causar escoriações. As partes do corpo que são cutucadas são as acessíveis à mão dominante (Jafferany et al., 2020).

Ao decorrer da história, o transtorno de *skin picking* recebeu diversos nomes, como: escoriação emocional, epidermotilomania, síndrome de arranhão da pele, artefato nervoso de arranhação e escoriação para-artificial (Sadock, Sadock, & Ruiz, 2017). Os sintomas provocam importantes limitações nas áreas social, profissional e outras áreas importantes da vida do indivíduo, a despeito das tentativas de reduzir ou interromper o comportamento. A classificação internacional de doenças, em sua décima primeira revisão, propõe classificar o transtorno de *skin picking* como cutucar a pele recorrentemente, levando a lesões cutâneas e sofrimento significativo ou comprometimento funcional (Lochner, Roos, & Stein, 2017).

Os diagnósticos de tricotilomania e *skin picking* não podem ser realizados se o comportamento lesivo for explicado por uma doença inflamatória preexistente na pele, ou como consequência de pensamentos delirantes ou alucinações (Sadock, Sadock, & Ruiz, 2017).

O objetivo desse capítulo é identificar as principais características clínicas da tricotilomania e do *skin picking*, descrever sua prevalência e comorbidades, assim como introduzir uma discussão sobre as atuais opções de tratamento.

Prevalência

O início da tricotilomania geralmente ocorre no final da infância ou começo da adolescência. Inexistem grandes estudos populacionais sobre o transtorno, embora estime-se uma prevalência de 0,5-2% na população geral. Esses dados podem estar subestimados, devido ao sentimento de vergonha e tentativa de segredo frequentemente associados. Essa dificuldade em assumir os sintomas pode atrasar o início do tratamento adequado. A tricotilomania ocorre em uma proporção maior entre as mulheres (3:1) tanto nos adolescentes, quanto nos adultos (Melo et al., 2022).

O transtorno de *skin picking* tem uma prevalência que pode chegar a 5% na população em geral, e até a 12% na população psiquiátrica adolescente. Uma prevalência de 2% foi constatada entre as pessoas com doenças dermatológicas (Sadock, Sadock, & Ruiz, 2017).

A tricotilomania e o *skin picking* estão frequentemente associados entre si, e são mais comuns em pessoas com TOC e seus parentes de primeiro grau (APA, 2014).

Características clínicas

Na tricotilomania, estima-se que 35 a 45% dos indivíduos mastiguem ou engulam o cabelo que arrancam. Desse mesmo grupo, aproximadamente 1/3 desenvolve tricobezoares (bolas de cabelo que se acumulam no trato alimentar) potencialmente perigosos (com risco de desnutrição e obstrução intestinal) (Sadock, Sadock, & Ruiz, 2017). O ato de puxar e arrancar o cabelo pode ser observado em bebês, porém, esse comportamento tende a se resolver ainda durante o início do desenvolvimento. O início patológico do comportamento de arrancar o cabelo coincide com a puberdade ou após seu início (APA, 2023).

Os indivíduos com tricotilomania podem experimentar sensações de forte tensão, seguidas de gratificação, ao arrancar o cabelo. Algumas áreas envolvidas no arrancar cabelo e/ou pelos são os cílios, as sobrancelhas e a barba. As axilas, as áreas púbicas e o tronco costumam ser menos envolvidas. Não existe um relato relacionado à dor no ato de arrancar o cabelo, apesar de ser comum a ocorrência de prurido ou formigamento na área envolvida. Os indivíduos tendem a negar o comportamento e frequentemente tentam esconder a alopecia resultante (Sadock, Sadock, & Ruiz, 2017). Indivíduos com tricotilomania apresentam importante comprometimento psicossocial e redução da qualidade de vida (Bohn, Thomsen, & Nissen, 2022).

Para o diagnóstico do transtorno de *skin picking*, é necessário a presença de arranhões recorrentes, que resultam em lesões na pele, além de repetidas tentativas do indivíduo em reduzir ou tentar parar com os arranhões, os quais causam altos níveis de sofrimento ou prejuízo funcional (Sadock, Sadock, & Ruiz, 2017). As escoriações são mais comuns nos braços, no tronco, nas pernas, nas mãos, nos dedos, nas cutículas e no escalpo, porém, o principal alvo das escoriações é o rosto. Desfiguração física pode ocorrer em casos graves, além de consequências médicas que requerem intervenções clínicas ou cirúrgicas (Sadock, Sadock, & Ruiz, 2017).

Principais comorbidades

A maioria dos indivíduos que apresentam o transtorno de tricotilomania também apresentam outros transtornos psiquiátricos comórbidos (Baczynski, & Sharma, 2020). Entre esses transtornos estão o TOC, transtornos depressivos, transtornos alimentares, transtorno de Tourette, transtornos de ansiedade e transtornos da personalidade (principalmente o transtorno da personalidade obsessiva-compulsiva e o transtorno da personalidade narcisista). O transtorno por abuso de substância não está presente com a mesma frequência que se observa cleptomania, jogo patológico e outros transtornos de impulsos (Sadock, Sadock, & Ruiz, 2017).

Indivíduos que apresentam *skin picking* também apresentam comorbidades como o TOC, a dependência de substâncias (38%), a tricotilomania (38%), transtorno depressivo maior (32 a 58%), transtorno de ansiedade (23 a 56%), transtorno dismórfico corporal (27 a 45%), transtorno de personalidade *borderline* e transtorno de personalidade obsessiva-compulsiva (71%) (Sadock, Sadock, & Ruiz, 2017)

Tratamento

O tratamento da tricotilomania e do *skin picking* são pautados por intervenções abrangentes e uma abordagem multidisciplinar. É indicado o acompanhamento conjunto de psicoterapia, psiquiatria e dermatologia, principalmente no tratamento das crianças, além de serviços de apoio aos familiares e ao indivíduo (Melo et al., 2022).

A psicoterapia para a tricotilomania é baseada na terapia cognitivo-comportamental (TCC) e técnicas de treinamento de reversão de hábitos (Farhat et al., 2020). A terapia de reversão de hábito tem três componentes: conscientização, resposta concorrente e apoio social. Os pacientes são treinados para estar alertas ao ato compulsivo, assim como identificar as emoções que desencadeiam esse comportamento. O treino envolve percepção do ato de arrancar os cabelos e dos instantes de disposição que o antecedem.

Em um segundo momento, eles aprendem uma resposta concorrente, uma ação que substitui o ato lesivo. O apoio social é fundamental para o treinamento de reversão de hábitos. Familiares e pessoas próximas são orientados a lembrar e estimular os pacientes a fazerem uso da resposta concorrente (Pereyra, & Saadabadi, 2022).

Diferentes sistemas de neurotransmissores estão envolvidos na fisiopatologia da tricotilomania, como a dopamina, noradrenalina, peptídeos opioides, serotonina e glutamato. Por essa razão, as pesquisas sobre seu tratamento se concentram em drogas capazes de atuar nesses transmissores (Sani et al., 2019). Embora não exista um consenso para o tratamento da tricotilomania, a clomipramina e os SSRIs são os principais agentes considerados. Outros fármacos utilizados no tratamento da tricotilomania são N-acetilcisteína, inositol, lamotrigina, olanzapina e naltrexona (Sani et. al., 2019). Evidências preliminares têm apresentado resultados positivos com o uso de olanzapina, clomipramina e N-acetilcisteína, porém, estudos controlados com amostras significativas ainda são escassos. Cada caso deve ser avaliado individualmente, considerando as possíveis comorbidades e a gravidade da tricotilomania na escolha da melhor estratégia farmacológica (Baczynski, & Sharma, 2020).

A TCC para o tratamento do transtorno de escoriação inclui psicoeducação, reestruturação cognitiva e ênfase na prevenção de recaídas por meio do aprimoramento da autoeficácia (Lochner, Roos, & Stein, 2017). A terapia de reversão de hábito tem apresentado sucesso no tratamento desse transtorno, com evidências de remissão clínica em mais de 50% dos participantes após 4 sessões de terapia individual

(Eskeland et al., 2021). Sugere-se realizar a revisão do procedimento ao final de quatro sessões, e manter sessões de *follow up* no máximo a cada dois meses. (Coginotti & Reis, 2016). Técnicas de autorregistro, inclusive com anotação da frequência e fotografias das lesões, também podem ser utilizadas (Coginotti & Reis, 2016).

Não existe tratamento específico disponível para o tratamento do transtorno de *skin picking*. O tratamento farmacológico com inibidores seletivos da recaptação de serotonina, lamotrigina, agentes glutamatérgicos e naltrexona foram testados em poucos estudos e com sucesso variável na literatura (Lochner, Roos, & Stein, 2017; Eskeland et al., 2021).

O acompanhamento conjunto, psiquiátrico e dermatológico, também é indicado. O dermatologista utiliza as formas tradicionais de avaliação e tratamento das lesões de escoriação da pele usando cremes, pomadas e loções (Jafferany et al., 2020). As lesões resultantes podem afetar gravemente a aparência do paciente, possivelmente aumentando o estigma social e sua subnotificação. São comuns as tentativas de esconder a origem do transtorno e com frequência o indivíduo afetado procura o tratamento dermatológico antes de buscar ajuda na saúde mental (Lochner, Roos, & Stein, 2017).

Considerações finais

Pacientes apresentando um padrão repetitivo de arrancar cabelos e/ou pelos corporais e/ou machucar a própria pele devem ser rotineiramente avaliados para o risco de tricotilomania e *skin picking*. Esses transtornos apresentam graus variáveis de intensidade e podem ser potencialmente danosos em relação ao bem-estar, autoestima, estigma social e dificuldades profissionais.

O profissional deve estar atento para a forte associação com transtornos comórbidos, como quadros ansiosos, depressivos, TOC, uso de substâncias e transtornos de personalidade. Profissionais de saúde mental e dermatologistas devem considerar que indivíduos com esses comportamentos frequentemente tentam minimizar ou esconder a verdadeira origem das lesões.

A avaliação psiquiátrica é importante no diagnóstico diferencial de lesões semelhantes: outros transtornos obsessivos-compulsivos, síndromes psicóticas, transtornos do neurodesenvolvimento, uso de substâncias e síndromes dermatológicas. O tratamento dos transtornos comórbidos é tão ou mais importante que os tratamentos específicos disponíveis.

Embora os ISRS e tricíclicos sejam classicamente usados no tratamento da tricotilomania, a clomipramina, a olanzapina e N-acetilcisteína têm apresentado resultados promissores. Para os pacientes mais reticentes em iniciar um "tratamento psicofarmacológico" a N-acetilcisteína pode ser uma alternativa mais atraente por ser uma medicação de venda não controlada. A tricotilomania "episódica", piorada em momentos de estresse ou falta de sono, tem um prognóstico melhor que as formas mais crônicas. Nesses casos, o uso de benzodiazepínicos e hipnóticos, por curtos períodos de tempo, pode ser benéfico.

Para o tratamento do *skin picking*, além dos ISRS, potencialização com antipsicóticos atípicos, uso de N-acetilcisteína, lamotrigina e naltrexona são relatados na literatura, porém, sem estudos robustos que corroborem seu uso. Psicoeducação sobre os sintomas, tratamento das comorbidades, acompanhamento dermatológico, psicoterapia comportamental e hábitos saudáveis de vida são essenciais na implementação do tratamento.

Por fim, os transtornos da tricotilomania e do *skin picking* se assemelham ao TOC, e configuram transtornos a ele relacionados, pois ambos apresentam características egodistônicas, caráter repetitivo e dificuldade em cessar o comportamento a despeito das lesões e prejuízos estéticos e funcionais. No entanto, entre os pacientes que percebem alívio e satisfação em realizar os comportamentos de puxar o cabelo e arrancá-lo, ou cutucar a pele até causar escoriações, a sensação de gratificação decorrente se assemelha àquela dos *behavioral addictions* ou transtornos do exagero. As características de exagero e compulsividade não são mutuamente excludentes, e podem ocorrer concomitantemente em uma parte desses pacientes.

Referências

American Psychiatric Association (APA) (2023). *Diagnóstico e Estatístico de Transtornos Mentais* – DSM-5-TR. Porto Alegre: Artmed.

Baczynski, C., & Sharma, V. (2020). Pharmacotherapy for trichotillomania in adults. *Expert opinion on pharmacotherapy, 21*(12), 1455-1466. https://doi.org/10.1080/14656566.2020.1761324.

Bohn, M., Thomsen, P. H., & Nissen, J. B. (2022). Trichotillomania. *Ugeskrift for laeger, 184*(19), V11210829.

Coginotti, Izabel Nilsa Brocco, & Reis, Aline Henriques (2016). Transtorno de escoriação (Skin Picking): revisão de literatura. *Revista Brasileira de Terapias Cognitivas, 12*(2), 64-72. https://dx.doi.org/10.5935/1808-5687.20160012.

Eskeland, S. O., Moen, E., Meland, K. J., Andersen, A., & Hummelen, B. (2021). Skin picking disorder. Hudplukkingslidelse. *Tidsskrift for den Norske laegeforening: tidsskrift for praktisk medicin, ny raekke, 141*(18), 10.4045/tidsskr.21.0128. https://doi.org/10.4045/tidsskr.21.0128.

Farhat, L. C., Olfson, E., Nasir, M., Levine, J. L. S., Li, F., Miguel, E. C., & Bloch, M. H. (2020). Pharmacological and behavioral treatment for trichotillomania: An updated systematic review with meta-analysis. *Depression and anxiety, 37*(8), 715-727. https://doi.org/10.1002/da.23028.

Grant, J. E., Potenza, M. N., Weinstein, A., & Gorelick, D. A. (2010). Introduction to behavioral addictions. *The American journal of drug and alcohol abuse, 36*(5), 233-241. https://doi.org/10.3109/00952990.2010.491884.

Jafferany, M., Mkhoyan, R., Arora, G., Sadoughifar, R., Jorgaqi, E., & Goldust, M. (2020). Treatment of skin picking disorder: Interdisciplinary role of dermatologist and psychiatrist. *Dermatologic therapy, 33*(6), e13837. https://doi.org/10.1111/dth.13837.

Lochner, C., Roos, A., & Stein, D. J. (2017). Excoriation (skin-picking) disorder: a systematic review of treatment options. *Neuropsychiatric disease and treatment, 13*, 1867-1872. https://doi.org/10.2147/NDT.S121138.

Melo, D. F., Lima, C. D. S., Piraccini, B. M., & Tosti, A. (2022). Trichotillomania: What Do We Know So Far? *Skin appendage disorders, 8*(1), 1-7. https://doi.org/10.1159/000518191.

Pereyra, A. D., & Saadabadi, A. (2022). Trichotillomania. In *StatPearls*. StatPearls Publishing.

Petry, N. M., Zajac, K., & Ginley, M. K. (2018). Behavioral Addictions as Mental Disorders: To Be or Not To Be? *Annual review of clinical psychology, 14*, 399-423. https://doi.org/10.1146/annurev-clinpsy-032816-045120.

Sadock, B. J., Sadock, V. A., Ruiz, P. (2017). *Compêndio de psiquiatria: ciências do comportamento e psiquiatria clínica*. 11. ed. Porto Alegre: Artmed.

Sani, G., Gualtieri, I., Paolini, M., Bonanni, L., Spinazzola, E., Maggiora, M., Pinzone, V., Brugnoli, R., Angeletti, G., Girardi, P., Rapinesi, C., & Kotzalidis, G. D. (2019). Drug Treatment of Trichotillomania (Hair--Pulling Disorder), Excoriation (Skin-picking) Disorder, and Nail-biting (Onychophagia). *Current neuropharmacology*, *17*(8), 775-786. https://doi.org/10.2174/1570159X17666190320164223.

CAPÍTULO 11

Compras compulsivas ou oniomania: uma visão geral

Nathália Janovik
Alexandre Kieslich

O Transtorno de Compra Compulsiva (CC), também conhecido como transtorno de compra patológica, oniomania ou adição por compras, é uma condição complexa, com sintomas correlacionados aos transtornos por uso de substâncias, transtorno do controle de impulso e transtorno obsessivo-compulsivo (Black, 2022). Além, disso, a versão do transtorno de compra compulsiva na internet também está contido no arcabouço clínico do transtorno por uso problemático de internet (Müller, 2022).

Embora seja considerado um diagnóstico "moderno", esta condição clínica foi descrita pela primeira vez em 1899, por Kraepelin e Bleuler, como uma propensão a comprar, juntamente com a cleptomania e a "aquisição". Caracterizava-se por compras e gastos descontrolados, atraso incessante nos pagamentos, acúmulo de dívidas e incapacidade de se desvencilhar cognitivamente ou de apreender as consequências negativas dos excessos de compra (Kraepelin, 1899). Mais atualmente, o CC é mencionado, na Classificação Internacional das Doenças na sua décima primeira versão (CID-11), como exemplo para "outros transtornos de controle de impulsos especificados" referindo-se tanto à aquisição desordenada de bens de consumo, pagando por eles, quanto à atividade de procurar coisas para comprar, sem necessariamente comprá-las (por exemplo, "olhar vitrines", navegar em *sites* de compras na internet ou deixar de comprar devido a dificuldades financeiras) (World Health Organization, 2022). De forma análoga, a 4ª edição do

Manual Diagnóstico e Estatístico de Transtornos Mentais (DSM-IV) também já classificava o comprar compulsivo como uma condição da categoria diagnóstica residual na seção de transtorno do controle dos impulsos sem outra especificação.

Apesar disso, ressalta-se que o CC não está incluído nem no DSM-5-TR (APA, 2022), nem na CID-11 (World Health Organization, 2022), como um transtorno mental independente, muito embora um artigo publicado tenha indicado boa validade para os critérios diagnósticos recentemente propostos, com base em um estudo de consenso Delphi incluindo 138 especialistas de 35 países (Laskowshi et al., 2023) .

Epidemiologia

Uma metanálise de 49 publicações, com estimativas de prevalência de 16 países, apresentou uma prevalência do CC, em adultos, de 4,9% (3,4-6,9%), com taxas mais altas em estudantes universitários, correspondendo a 8,3% (5,9-11,5%), e em amostras específicas de compradores de 16,2% (8,8-27,8%) (Maraz, Griffiths, & Demetrovics, 2016).

Não há evidências de que o CC tenha aumentado em prevalência nas últimas décadas. No entanto, um estudo recente concluiu que o transtorno tenha sofrido um incremento nos Estados Unidos da América (EUA), nos primeiros 6 meses da pandemia de Covid-19, resultado do estresse aumentado e crônico e da disponibilidade restrita de outras estratégias de enfrentamento mais saudáveis. Identificou-se que a compra compulsiva *on-line* e *offline* aumentou durante o período, sendo que indivíduos com alta posição econômica autodeclarada relataram a maior tendência para compra compulsiva, embora o aumento das tendências de compra compulsiva ao longo do tempo tenha sido mais pronunciado também entre os menos favorecidos economicamente (Maraz, 2022).

Pesquisas clínicas e baseadas na comunidade sugerem que 80% a 95% das pessoas com CC são mulheres (Mattos et al., 2016). Segundo a literatura, elas tendem a comprar roupas, bolsas, sapatos, perfumes, maquiagens e joias; por outro lado, os homens preferem eletrônicos, ternos, relógios e carros. Além disso, mulheres apresentam maior gravidade da doença e buscam tratamento mais frequentemente do que homens. No entanto, tem-se argumentado que tais diferenças de gênero podem não refletir as verdadeiras diferenças de prevalência, sendo apenas um artefato de as mulheres serem mais propensas a reconhecer que têm um problema com seu comportamento de compra, enquanto os homens tendem a ver sua compra compulsiva como "colecionar" (Black, 2022).

A idade de início da doença parece ser no final da adolescência, podendo corresponder à emancipação do lar e à idade em que as pessoas estabelecem contas de crédito pela primeira vez.

Fatores de risco

Possivelmente, os determinantes familiares, sociais e contextuais desempenham um papel fundamental na gênese e manutenção do CC. No entanto, têm sido as variáveis pessoais que, em maior medida, têm atraído o interesse dos investigadores. Neste sentido, o CC parece representar uma busca pelo verdadeiro *self* em pessoas cuja identidade não é definida com clareza, representado pela maneira como as compras podem fornecer um papel de reafirmação social ou pessoal (Black, 2022).

De forma já bem descrita na literatura, o CC pode ser encontrado entre pessoas com Doença de Parkinson (DP) ou demência frontotemporal. Estudos recentes revelam que a prevalência de transtornos do impulso (TI), entre eles o CC, são superiores a 25% entre os pacientes com DP. As vias dopaminérgicas nigroestriatal, mesocortical e mesolímbica desempenham um papel crucial na patogênese dos TI em pacientes com DP (Bhattacharjee, 2018).

Mecanismos culturais também foram descritos para buscar explicar o fato de que o CC ocorre principalmente em países desenvolvidos. Os elementos que parecem necessários para o desenvolvimento deste transtorno incluem a presença de uma economia de mercado, a disponibilidade de uma ampla variedade de bens, renda disponível e tempo de lazer significativo. Por esses motivos, é improvável que o CC ocorra em países pouco desenvolvidos, exceto entre a elite rica (Black, 2022).

Avaliação e quadro clínico

Enquanto o CC é considerado um exemplo na categoria residual da CID-11 "outros transtornos de controle de impulsos especificados", alguns pesquisadores sugerem que ele seja melhor classificado como um "outro transtorno especificado devido a comportamentos aditivos" (Mattos et al., 2016). A compra excessiva também é mencionada como uma característica central do transtorno de acumulação na CID-11 (World Health Organization, 2022) e como uma forma de aquisição excessiva dentro do especificador de transtorno de acumulação "com aquisição excessiva" no DSM-5-TR. Ainda neste mesmo manual, "envolver-se em compras desenfreadas" é considerado um sintoma de transtorno de personalidade limítrofe e episódios maníacos/hipomaníacos.

Devido à falta de definição quanto ao diagnóstico, McElroy et al. (1994) desenvolveram critérios diagnósticos operacionais para a compulsão por compras, derivados dos critérios do DSM-III-R para transtornos obsessivos compulsivos, uso de substâncias e jogos de azar:

A) Uma preocupação mal adaptativa com comprar ou impulsos mal adaptativos de comprar, indicados por pelo menos um dos seguintes:
   1. Preocupação frequente com comprar ou impulsos para comprar que são vivenciados como irresistíveis, intrusivos e/ou sem sentido.
   2. Compra frequentemente mais do que pode pagar, itens desnecessários ou compra por períodos de tempo mais longos que o pretendido.

B) As preocupações, impulsos ou comportamentos de comprar causam notável sofrimento, consomem muito tempo, interferem significativamente no funcionamento social ou ocupacional ou resultam em problemas financeiro (como endividamento ou falência).

C) O comportamento de comprar compulsivamente não ocorre exclusivamente em períodos de mania ou hipomania.

Muito embora os tais critérios tenham sido levantados há mais de 25 anos, sua utilidade clínica, confiabilidade e validade nunca foram especificadas ou avaliadas sistematicamente. Recentemente, critérios diagnósticos para CC foram propostos com base em um estudo de consenso Delphi (Müller et al., 2021), originalmente desenvolvido como uma ferramenta de prognóstico ou previsão. O referido estudo incluiu 138 especialistas de 35 países, divididos em subgrupos de médicos e pesquisadores, para responderem separadamente a 2 questionários distintos com possíveis critérios diagnósticos para CC. Observou-se que as respostas dos 2 subgrupos apresentaram pequenas diferenças e, mesmo para essas, o limiar de consenso estabelecido pelo estudo (pelo menos 75% de concordância com o critério proposto) foi atingido, o que pode indicar boa validade para os critérios diagnósticos propostos.

Comorbidades psiquiátricas

Pessoas com CC frequentemente preenchem critérios para transtornos do humor, transtornos de ansiedade, transtornos por uso de substâncias (TUS) e transtornos alimentares. Ainda, os transtornos de personalidades mais comumente identificados são obsessivo-compulsivo, evitativo e borderline. Paralelamente, a CC foi diagnosticada como uma comorbidade em pacientes que têm TUS, transtornos de humor, transtornos de personalidade ou transtornos do espectro obsessivo-compulsivo.

Características como perfeccionismo, impulsividade e compulsão em geral, desonestidade, insegurança e a necessidade de obter controle também foram associados ao distúrbio. De acordo com o modelo big-five de personalidade, o CC está associado a elevados escores de abertura à experiência e neuroticismo, e baixos escores de conscienciosidade e agradabilidade.

Esse transtorno tem sido associado a uma alta prevalência de ideação suicida, chegando a 18,4% em um estudo que incluiu 4.404 pacientes com diferentes vícios comportamentais (Valenciano-Mendoza et al., 2021). As altas taxas de comorbidade em compradores compulsivos também se explicam, em parte, pelo fato de o comprar compulsivo representar um mecanismo de enfrentamento desadaptativo para o alívio do sofrimento emocional, perpetuando um ciclo de adoecimento mental bidirecional.

Tratamento

Psicofarmacologia

Supõe-se que as dimensões neurobiológicas envolvam a neurotransmissão alterada nos sistemas serotoninérgico, dopaminérgico e opioide, semelhantemente ao que ocorre em transtornos aditivos químicos e comportamentais, em que a dopamina desempenha um papel importante nos mecanismos de recompensa (Tavares et al., 2008).

Com base nesses mecanismos presumidos, são inferidos os benefícios potenciais dos agentes psicofarmacológicos, a saber: inibidores seletivos da recaptação de serotonina (ISRSs), inibidores da recaptação de serotonina e norepinefrina (IRSNs), antagonistas dos receptores opioides (naltrexona), antagonistas N-methyl-D-aspartato (memantina) e outros agentes, como antipsicóticos atípicos e estabilizadores de humor.

Nenhuma recomendação específica para agentes farmacológicos pode ser feita, embora existam resultados positivos com antidepressivos serotoninérgicos e topiramato. Em pacientes com transtornos de humor associados, estabilizadores de humor (topiramato, lamotrigina, divalproato) e antipsicóticos atípicos (aripiprazol, quetiapina) foram correlacionados com resultados positivos em estudos de caso (Hague, Hall, & Kellett, 2016).

O tratamento de transtornos psiquiátricos comórbidos, além da compra compulsiva, provavelmente levará a melhores resultados de tratamento em comparação com o tratamento da compra compulsiva isoladamente. Aplicadas ao tratamento de compradores compulsivos, as intervenções podem visar a processos psicológicos subjacentes e a transtornos comórbidos ou processos transdiagnósticos (por exemplo, impulsividade), em vez de direcionar para os sintomas de distúrbios específicos, como a redução do número de itens comprados (Lozano et al., 2016).

Psicoterapia

Tanto a psicoterapia individual, quanto em grupo, que adote uma abordagem cognitivo-comportamental (TCC), parece ser útil e tem um efeito duradouro na redução do sofrimento associado ao CC e ao comportamento de compra desadaptativo. Evidências experimentais recentes sugerem ainda que o treinamento de controle de impulso deve ser um componente central do tratamento psicoterápico do CC (Hague, Hall, & Kellett, 2016).

Mais recentemente, Benson et al. (2014) desenvolveram o "programa de parar o excesso de compras". Esse programa integrava TCC, terapia de aceitação e compromisso (ACT), estratégias de regulação emocional e princípios psicodinâmicos. As evidências sugerem que os ganhos do tratamento após a intervenção em grupo são duráveis. Quando os resultados da psicoterapia de grupo foram comparados a uma intervenção de baixa intensidade (autoajuda guiada individual por telefone para CC), os efeitos parecem comparáveis.

Embora a TCC seja a abordagem psicoterápica mais comumente usada, uma variedade de outras intervenções psicológicas provou ser igualmente eficaz para reduzir comportamentos problemáticos, independentemente do modo de tratamento e do contexto cultural. Dentre elas, destacam-se a terapia familiar, programas baseados em *mindfulness* aplicados para melhorar os sintomas do CC, terapia de aceitação e compromisso (Winkler et al., 2013) e treinamento de habilidades da terapia comportamental dialética (DBT) (Cavicchioli et al., 2020). Em especial sobre a DBT, as melhorias na regulação emocional e evitação experiencial foram mecanismos terapêuticos relevantes envolvidos no tratamento dessa condição.

Outras abordagens: grupos de ajuda mútua e consultoria financeira

O Devedores Anônimos (DA), inspirado no alcoólicos anônimos (AA), é um grupo voluntário e leigo que oferece uma atmosfera de apoio mútuo e encorajamento para aqueles com dívidas substanciais (www.devedoresanonimosonline.com.br). Essas entidades voluntárias incentivam as pessoas a adotar um estilo de vida simples, além de seguir e implementar o *programa 12 passos* (Benson, & Eisenach, 2013).

Muitos indivíduos com CC desenvolvem problemas financeiros expressivos e podem se beneficiar de um programa de aconselhamento financeiro. Alguns autores (Black, 2022; Benson, & Eisenach, 2013) identificaram que a nomeação de uma pessoa independente como conselheiro financeiro, com o objetivo de controlar as finanças do paciente, parece ter ajudado. Embora um conselheiro seja o responsável pela administração financeira do indivíduo, essa abordagem não reverte sua preocupação com compras e gastos.

Referências

A. Müller, M. Josh, & T. A. Thomas (2022). Excessive shopping on the internet: recent trends in compulsive buying-shopping disorder," *Curr. Opin. Behav. Sci.*, vol. 44, pp. 101-116.

American Psychiatric Association (2022). *Diagnostic and statistical manual of mental disorders (fifth ed.).* Text Revision. DSM-5-TR. American Psychiatric Association Publishing.

Benson A., Eisenach D., Abrams L., van Stolk-Cooke K. (2014). Stopping overshopping: A preliminary randomized controlled trial of group therapy for compulsive buying disorder. *Journal of Groups in Addiction & Recovery,* 9, 97-125. doi:10.1080/1556035X.2014.868725.

Benson, A. L., & Eisenach, D. A. (2013). Stopping Overshopping: An Approach to the Treatment of Compulsive-Buying Disorder. *Journal of Groups in Addiction & Recovery*, 8(1), 3-24.

Bhattacharjee S (2018). Impulse control disorders in Parkinson's disease: Review of pathophysiology, epidemiology, clinical features, management, and future challenges. *Neurology India.* 66 (4): 967-975.

Black D.W. (2022). Compulsive Shopping: A Review and Update. Curr. Opin. *Psychol.* 46:101321. doi: 10.1016/j.copsyc.2022.101321.

Brand, M., Rumpf, HJ, Demetrovics, Z., Müller, A., Stark, R., King, DL & Potenza, MN. (2020). Which conditions should be considered as disorders in the ICD-11 designation of "Other specified disorders due to addictive behaviors"? *J Behav Addict.* 10.1556/2006.2020.00035.

Cavicchioli M, Ramella P, Vassena G, Simone G, Prudenziati F, Sirtori F, Movalli M, Maffei C. (2020). Dialectical behaviour therapy skills training for the treatment of addictive behaviours among individuals with alcohol use disorder: the effect of emotion regulation and experiential avoidance. *Am J Drug Alcohol Abuse*. 46(3):368-84. doi:https://doi.org/10.1080/00952990.2020.1712411.

C. N. De Mattos et al. (2016). *Gender differences in compulsive buying disorder: Assessment of demographic and psychiatric co-morbidities*, *PLoS One*, vol. 11, no. 12, pp. 1-11.

Hague B, Hall J, Kellett S. (2016). Treatments for compulsive buying: a systematic review of the quality, effectiveness and progression of the outcome evidence. *J Behav Addict*, 5:379-394.

Kraepelin, E. (1899). *Psychiatrie: Ein Lehrbuch für Studierende und Ärzte*. [A textbook for students and physicians] (6th ed). Leipzig: Verlag Johann Ambrosius Barth.

Laskowski NM, Trotzke P, Ali K, Fassnacht DB, Kyrios M, Häder M, et al. (2023). *Comparison of clinicians' and researchers' ratings of proposed diagnostic criteria for compulsive buying-shopping disorder within a Delphi study*. PLoS ONE 18(4): e0283978.https://doi.org/10.1371/journal.pone.0283978.

Lozano ÓM, Rojas AJ, Fernández Calderón F. (2016). Psychiatric comorbidity and severity of dependence on substance users: how it impacts on their health-related quality of life? *J Ment Health*. April, 29:1-8.

Maraz A, Griffiths MD, Demetrovics Z. (2016). *The prevalence of compulsive buying: a meta-analysis*. Addiction. Mar; 111(3):408+19.

Maraz A, Yi S. (2022). Compulsive buying gradually increased during the first six months of the Covid-19 outbreak. *J Behav Addict*. 11:88–101. doi: 10.1556/2006.2022.00002.

McElroy, S. L., Keckc, P. E. Jr., Pope, H. G. Jr., Smith, J. M., & Strakowski, S. M. (1994). Compulsive buying: a report of 20 cases. *J Clin Psychiatry*. 55(6), 242-248.

Müller A, Laskowski NM, Trotzke P, Ali K, Fassnacht DB, de Zwaan M, et al. (2021). Proposed diagnostic criteria for compulsive buying-shopping disorder: A Delphi expert consensus study. *J Behav Addict*. 10(2): 208-22. pmid:33852420.

Otero-Lopez JM, Pol EV (2013). Compulsive buying and the Five-Factor model of personality: a facet analysis. *Pers Indiv Differ*. 55:585–590.

Otero-López JM. (2022). What Do We Know When We Know a Compulsive Buying Person? Looking at Now and Ahead. *Int J Environ Res Public Health.* Sep 7;19(18):11232. doi: 10.3390/ijerph191811232. PMID: 36141505; PMCID: PMC9517249.

Tavares H, Lobo DSS, Fuentes D, Black DW. (2008). Compulsive buying disorder: a review and a case vignette. *Rev Bras Psiquiatr.* 30(Suppl.1):S16–23. 10.1590/S1516-44462008005000002.

Valenciano-Mendoza E, Fernandez-Aranda F, Granero R, Gomez-Peña M, Moragas L, Mora-Maltas B, et al. (2021). Prevalence of suicidal behavior and associated clinical correlates in patients with behavioral addictions. Int *J Environ Res Public Health.* 18:11085. 10.3390/ijerph182111085.

Vasiliu O. (2022). Therapeutic management of buying/shopping disorder: A systematic literature review and evidence-based recommendations. *Front Psychiatry.* Nov 3;13:1047280. doi: 10.3389/fpsyt.2022.1047280. PMID: 36405896; PMCID: PMC9669662.

Winkler, A., Doersing, B., Rief, W., Shen, Y., & Glombiewski, J. A. (2013). Treatment of Internet addiction: A meta-analysis. *Clinical Psychology Review,* 33, 317-329. 10.1016/j.cpr.2012.12.005.

World Health Organization. (2022). *International Classification of Diseases for Mortality and Morbidity Statistics-Eleventh Revision.*

V.
Trabalho

CAPÍTULO 12

Síndrome de Karoshi, Workaholism e Burnout: **o que existe em comum?**

Marcos Mendanha

Karoshi

Conceito

Os japoneses parecem ser talentosos para inventar palavras, principalmente as que se referem ao ambiente corporativo. *Arigata-meiwaku*, por exemplo, significa um favor que alguém fez sem ser demandado e que, por isso, deve ser agradecido mesmo assim; ou *majime*, um trabalhador honesto e de confiança que cumpre as tarefas sem fazer qualquer tipo de drama, "cara feia" ou murmuração.

Por sua vez, o termo *karoshi* define "morte por excesso de trabalho" (*karo* = excesso de trabalho + *shi* = morte). O *karoshi* é descrito na literatura sociomédica como um quadro clínico extremo (ligado ao estresse ocupacional) com morte súbita por condição coronária isquêmica ou cérebro vascular (Carreiro, 2007).

Histórico

O *karoshi* foi inicialmente identificado em 1987, quando o Ministério da Saúde japonês começou a registrar os dados depois da morte repentina de uma série de executivos em altos cargos. Já em 2017, o governo japonês reconheceu a ocorrência de 236 casos de *karoshi* (Uchoa, 2018).

Dada a sua alta prevalência em solo japonês, o governo local foi obrigado a legislar sobre o tema, caracterizando-o para fins indenizatórios.

Para se enquadrar no *karoshi*, a vítima precisa ter trabalhado mais de 100 horas extras no mês anterior à sua morte (ou 80 horas extras por dois meses consecutivos ou mais nos seis meses anteriores). Se uma morte for considerada *karoshi*, a família da vítima recebe uma compensação do governo da ordem de US$ 20 mil por ano, além de uma indenização da empresa, que pode chegar a US$ 1,6 milhões (Gorvett, 2016).

No início da vigência da lei, as autoridades contabilizavam cerca de 200 casos de *karoshi* por ano. Já em 2015, os pedidos de indenização chegaram ao número de 2.310, segundo relatório do governo japonês. Mas para o Conselho Nacional de Defesa para Vítimas de *Karoshi*, os números reais podem chegar a 10 mil por ano (aproximadamente a mesma quantidade de pessoas mortas no trânsito anualmente no país) (Gorvett, 2016).

Pela importância do tema, estabeleceu-se no Japão que o mês de novembro é o "mês da consciência sobre o *karoshi*" (Oit, 2015).

O karoshi no mundo

O *karoshi* não é um problema relatado apenas no Japão. Há relatos que indicam que a China perde cerca de 600 mil pessoas para o *guolaosi* (versão local do *karoshi*) a cada ano (Gorvett, 2016).

A problemática *karoshi* está mais perto de nós do que imaginamos. No Brasil, por exemplo, em especial no setor rural, a exaustão decorrente do trabalho é tão comum que os trabalhadores já possuem uma nomenclatura designativa da sua ocorrência: *birôla*. Trata-se do equivalente brasileiro do termo *karoshi* (Silva et al., 2016).

Casos emblemáticos

1) **1969:** o *karoshi* fez sua primeira vítima reconhecida no fim da década de 60, quando um homem saudável, de 29 anos, sofreu um acidente vascular cerebral depois de fazer turnos consecutivos no departamento de distribuição do maior jornal do Japão (Gorvett, 2016).
2) **2013:** uma repórter de uma grande TV japonesa morreu em decorrência de um infarto, considerado um caso de *karoshi*. A

jornalista tinha 31 anos e havia feito 150 horas extras (horas extras!) em um único mês (Gorvett, 2016).

3) **2009:** um funcionário de uma empresa de segurança em Tóquio tinha uma jovem esposa dedicada e um histórico profissional excelente. Para ele, era normal trabalhar 15 horas por dia e encarar 4 horas diárias no transporte público. Até que alguém o viu debruçado sobre sua mesa no escritório. Foi vítima de um infarto aos 42 anos de idade (Gorvett, 2016).

Karojikoshi e *karojisatsu*

Apenas como nota, vale ressaltar que outros fenômenos relacionados ao trabalho também tiveram seus termos cunhados em solo japonês. Entre eles:

a) ***karojikoshi***: morte por acidente resultante do excesso de trabalho;
b) ***karojisatsu***: **suicídio** do trabalhador por excesso de trabalho ou problemas mentais relacionados a experiências no ambiente profissional.

Workaholism (Workaholic)

> *"O workaholismo é o problema mais bem-vestido do século XXI."*
>
> **Bry,an Robinson**

Conceito

Atualmente, os termos *workaholism* e *workaholic* são frequentemente usados na linguagem leiga para designar uma pessoa que trabalha longos períodos de tempo (Maslach, Schaufeli, & Leiter, 2001). No entanto, na literatura técnica predominante, o *workaholism* é definido como uma compulsão incontrolável de trabalhar incessantemente (levando a trabalhar em excesso), não sendo, mesmo assim, um mero sinônimo de trabalho árduo ou intenso (Melo, 2020).

O *workaholism* também é descrito como um padrão continuado de alto investimento no trabalho, com longas jornadas, excedendo as expectativas da organização, como uma obsessão incontrolável pelo trabalho. Essa descrição envolve dois elementos centrais: trabalhar excessivamente e a existência de um impulso interno forte e irresistível (Mcmillan, O'driscoll, & Burke, 2003).

O primeiro aponta para o fato de que os *workaholics* tendem a alocar uma quantidade excessiva e desproporcional de tempo para o trabalho, desenvolvendo suas atividades laborais para além do que é razoavelmente esperado para atender aos requisitos organizacionais ou econômicos. O último elemento reconhece que os *workaholics* frequente e persistentemente pensam sobre o trabalho, mesmo quando não estão trabalhando. Isso sugere que são verdadeiramente "obcecados" pelo o trabalho.

Esses dois elementos – que representam o comportamento e o componente cognitivo do *workaholism*, respectivamente – fazem referência à própria origem do termo *workaholism*, que é uma alusão ao alcoolismo (Oates, 1986), conforme veremos adiante.

Conquanto o comportamento dos *workaholics* ainda seja visto por muitos como positivo, a maioria dos estudiosos atualmente considera o *workaholism* como um fenômeno negativo, pois se associa a problemas de saúde, baixa satisfação no trabalho e na vida, conflitos entre trabalho e família, problemas de sono, bem como a prejuízo no desempenho laboral (Andreassen, et al., 2017).

Os níveis de distanciamento conjugal são relativamente altos entre *workaholics* (Robinson, Flowers, & Carroll, 2001). *Workaholics* experimentam pior satisfação relacional do que não *workaholics* (Burke, & Koksal, 2002), e relatam pior funcionamento social (Mcmillan, & O'driscoll, 2004).

Um estilo de vida pautado no *workaholism* pode causar transtornos de ansiedade e depressão, repercutindo negativamente na qualidade de vida do indivíduo (Griffiths, Demetrovics, & Atroszko, 2018).

Histórico

O termo *workaholism* foi cunhado logo no início dos anos 70, definido naquele momento como uma "compulsão, ou necessidade incontrolável de trabalhar incessantemente" (Oates, 1971). Posteriormente, nasceram várias outras formas de abordar este tema. Para alguns autores, o fenômeno se aplicava apenas àqueles que trabalhavam mais de 50 horas por semana (Mosier, 1983) ou a pessoas que dedicavam mais tempo e energia às suas atividades laborais do que era efetivamente necessário (Machlowitz, 1980).

O termo *workaholism* foi idealizado como referência ao termo *alcoholism*, quando a junção da palavra trabalho *(work)* com o prefixo *aholism* foi usada para caracterizar um indivíduo com compulsão em trabalhar, que o faz de forma excessiva, por vezes irracional, e mesmo reconhecendo o excesso ele não consegue ter controle sobre sua carga de trabalho (Carlotto, 2011).

Nesta perspectiva, Stefaniczen (Stefaniczen, 2010) mostrou que o *workaholic* tende a ter um comportamento na sua vida fora do trabalho disfuncional, muitas vezes com altos graus de irritabilidade no ambiente familiar ou no lazer, podendo até mesmo desenvolver manifestações depressivas. Sem conseguir equilibrar de forma coerente vida familiar, lazer e trabalho, o *workaholic* acaba por se dedicar exclusivamente ao trabalho, mas fora dele não consegue vislumbrar um sentido para a sua vida (Dantas, 2011).

No Brasil, os termos adição ao trabalho, vício de trabalho e trabalho aditivo também são utilizados como sinônimos de *workaholism* ou *workaholics* (Carlotto, 2011).

O *workaholism* foi também analisado dentro de uma perspectiva obsessivo-compulsiva, baseada em traços da personalidade (Schaufeli, Bakker, Van der Heidjen, & Prins, 2009).

Workaholism x *work engagement*

Atualmente, já há uma forte evidência relacionada aos aspetos negativos (e não prazerosos) do envolvimento excessivo no trabalho, o que fez com que o termo *workaholic* deixasse de ser utilizado para se referir a pessoas cujo envolvimento no trabalho estivesse associado ao prazer. Nesses casos, usa-se o termo "engajado" ou "envolvido" *(work engagement)* (Mudrack, 2006).

Os trabalhadores engajados decidem voluntariamente dedicar mais tempo ao seu trabalho, tendo prazer e vocação nessa atividade. Já os *workaholics* não controlam sua compulsão de trabalhar e geralmente não desfrutam do processo (Snir, & Harpaz, 2012).

Van Beek, Taris e Schaufeli (Van Beek, Taris, & Schaufeli, 2011) concluíram que os *workaholics* são mais motivados por fatores externos (desaprovação de outros, recompensas sociais, apreciação dos pares, etc.), tendo no trabalho uma motivação controlada, isto é, o trabalho como definidores desses indivíduos. Eles se sentem culpados quando não estão trabalhando. Por outro lado, os trabalhadores engajados *(work engaged)* têm uma motivação própria, ou seja, para eles o trabalho é divertido, sendo realizado de forma intensa, apenas pelo prazer que causa, e não por um impulso interior forte e irresistível que os orienta de forma permanente e incessante ao exercício laboral.

Um estudo sugeriu que funcionários engajados não negligenciam suas vidas fora do trabalho (Schaufeli, 2001). Ao contrário, eles gastam tempo em socialização, *hobbies* e trabalho como voluntários. Essa tese se alinha com as descobertas que sugerem um efeito positivo do trabalho para a vida do indivíduo: ter um trabalho gratificante e prazeroso tem um impacto positivo na vida familiar (Grzywacz & Marks, 2000). Na mesma linha, outro estudo (Montgomery, Peeters, Schaufeli, & Den Ouden, 2003) mostrou que os trabalhadores que levavam os sentimentos positivos do trabalho para casa – ou vice-versa – tinham níveis mais altos de engajamento em comparação com aqueles não o faziam.

Algumas pesquisas atestam que a mais marcante diferença entre *workaholics* e não *workaholics* envolve apenas a dimensão do controle e das tendências compulsivas (Flowers & Robinson, 2002). Dessa forma, há a predominância da tese que rejeita a noção de que trabalhar durante longos períodos seja necessariamente uma componente central do *workaholism*. Sim, o envolvimento excessivo do indivíduo num determinado comportamento está positivamente relacionado com a dependência, mas não necessariamente já assevera esse diagnóstico (Griffiths, 2011). Isso porque podem existir outros motivos para trabalhar durante um elevado número de horas, como a motivação financeira. Simplificando, os *workaholics* têm tendência a trabalhar longos períodos, no entanto, trabalhar longos períodos não implica necessariamente que um trabalhador seja *workaholic* (Burke, Matthiesen, & Pallesen, 2006)

O que se verifica em algumas pessoas é que esta dedicação excessiva ao trabalho ocorre de forma compulsiva, repetitiva e durante longos períodos. Trata-se de um padrão bastante diferente de um envolvimento saudável com o labor, e que resulta em consequências negativas e danos para o indivíduo ao longo do tempo (Atroszko, & Griffiths, 2017).

Prevalência do *workaholism*

Estudos sugerem haver uma prevalência importante de *workaholism*, indicando sua presença, por exemplo, em 8,3% de uma amostra representativa de trabalhadores noruegueses adultos (Andreassen, Griffiths, Hetland, Kravina, Jensen, & Pallesen, 2014) e em 10% da população adulta americana (Sussman, Lisha, & Griffiths, 2011).

Os números, no entanto, podem estar aumentando. Isso porque, sugere-se que a ampliação das novas tecnologias, como *smartphones* e *tablets,* na vida cotidiana e no contexto de trabalho faz com que a jornada de trabalho se prolongue para além do ambiente físico laboral. Hoje, há um grande volume de informações e grupos de trabalho que se operacionalizam por meio de *e-mails* e *chats* de conversas. A alta velocidade do ambiente digital faz aumentar a pressão social para que sejam dadas respostas imediatas, dando o caráter de urgência a todas as demandas existentes, o que pode se relacionar com o aumento da prevalência do *workaholism* (Carlotto, & Miralles, 2010).

Workaholism como um diagnóstico

Apesar da importância crescente do tema, o *workaholism* ainda não é considerado um diagnóstico na última edição do Manual de Diagnóstico e Estatística das Perturbações Mentais – DSM-5-TR (APA, 2022) ou na Classificação Estatística Internacional de Doenças e Problemas Relacionados com a Saúde – CID-11 (Who, 2018). Tal ausência pode ser explicada pela falta de uma definição consensual do termo *workaholism* e de critérios para ele. Além disso, três entre as mais importantes escalas utilizadas para medir o *workaholism* [o Work Addiction Risk Test (WART), a Dutch Work Addiction Scale

(DUWAS) e a Workaholism Battery (WorkBat)] não apresentam uma validação convergente (Andreassen, Griffiths, Hetland, Kravina, Jensen, & Pallesen, 2014), o que evoca a necessidade de mais estudos sobre o tema.

Para Porter (Porter, 1996), o estudo do *workaholism* deve se voltar à origem do termo como ponto de partida. Ela defende que a dependência do trabalho deve ser interpretada como patológica, ou seja, como um comportamento excessivo e persistente com consequências prejudiciais ao indivíduo, excluindo, assim, visões romantizadas e positivas sobre o assunto.

O *workaholism* como uma dependência

O *workaholism* se assemelha a outras dependências em vários aspectos, mas com algumas peculiaridades. Entre elas, o fato de ser um comportamento que, além de necessário, é extremamente recompensado e valorizado pela sociedade. O significado do trabalho perpetua o sentimento heroico de quem trabalha de forma excessiva para o sustento da família ou para proporcionar o padrão de vida desejável na sociedade do consumo. Nesse prisma, o *workaholism* aproxima-se da dependência do exercício físico, também bastante valorizada socialmente (Brown, 1993).

Outra semelhança entre o *workaholism* e a dependência do exercício físico reside no fato de que os dois fenômenos se correlacionam com traços de personalidade diferentes de outras dependências, notadamente uma elevada conscienciosidade (Andreassen, Griffiths, Gjertsen, Krossbakken, Kvam, & Pallesen, 2013).

A conscienciosidade é um traço da nossa personalidade que está associado a uma maior rigidez e inflexibilidade. Pessoas com uma alta conscienciosidade são normalmente autodisciplinadas e focadas nos seus deveres, objetivos e ambições.

Oportuno destacar também que, no que se refere às variáveis de personalidade, a maior estabilidade emocional (baixo grau de neuroticismo) se relaciona inversamente com o *workaholism* (Scheen, 2013).

Alguns autores também qualificam o *workaholism* como uma dependência do "tipo cultivo", ou seja, um comportamento que, associado ao ganho de recursos financeiros, acaba por se adaptar às expectativas da sociedade (Sussman, Arpawong, Sun, Tsai, Rohrbach, & Spruijt-Metz, 2014). Essa característica o difere, por exemplo, de uma dependência química ou até mesmo de uma dependência comportamental como o jogo patológico, que trazem uma percepção mais negativa por parte da sociedade no geral.

Burnout

Conquanto haja diversos conceitos existentes para a síndrome de *burnout* (ou apenas *burnout*), utilizaremos o conceito vigente expresso na CID-11 (Classificação Internacional de Doenças, 11ª Revisão), em que o fenômeno é colocado como sinônimo de "esgotamento" e está definido da seguinte forma:

> *Burnout* é uma síndrome conceituada como resultante do estresse crônico no local de trabalho que não foi gerenciado com sucesso. Caracteriza-se por três dimensões: 1) sentimentos de esgotamento ou exaustão de energia; 2) aumento da distância mental do trabalho, ou sentimentos de negativismo ou cinismo em relação ao trabalho; e 3) uma sensação de ineficácia e falta de realização. *Burnout* refere-se especificamente a fenômenos no contexto ocupacional e não deve ser aplicado para descrever experiências em outras áreas da vida.
>
> Exclusões:
>
> • Transtorno de ajustamento.
>
> • Transtornos especificamente associados ao estresse.
>
> • Transtornos relacionados à ansiedade ou ao medo.
>
> • Transtornos do humor.
>
> (Who, 2018)

O workaholism e o burnout

O *workaholism*, via de regra, gera um estresse crônico mau gerenciado do ponto de vista individual, o que pode atuar como uma causa do *burnout*. Os *workaholics* mantêm "queimando" seus recursos energéticos em prol do trabalho, o que os aproxima do esgotamento e da exaustão (Maslach, 1986; Porter, 2001), palavras usadas na própria definição do *burnout*.

Oportuno lembrar que, nem a CID-11, nem o DSM-5-TR (APA, 2022) colocam o *burnout* nos respectivos capítulos dos transtornos ou doenças mentais, nos quais estão, por exemplo, transtorno depressivo e esquizofrenia. Sendo assim, ao contrário do que muito se propaga na grande mídia, do ponto de vista nosográfico, *burnout* não é doença.

De forma simplificada, o *burnout* se aproxima do conceito de fadiga, também definida na CID-11 com o uso dos termos esgotamento e exaustão. Assim como o *burnout*, fadiga também não é uma doença. A diferença entre um e outro reside no fato de que, na fadiga, o estresse que lhe deu causa pode ser agudo ou crônico, e de qualquer origem (ex.: casamento conturbado, problemas socioeconômicos etc.). Já no *burnout*, pelo próprio conceito, esse estresse deve ser necessariamente crônico e de origem ocupacional.

Oportuno observar que a CID-11 coloca o *burnout* como um "diagnóstico de exclusão" (também chamado de *diagnóstico residual*). Por *diagnóstico de exclusão* entende-se aquele que é realizado somente após a exclusão de outras hipóteses diagnósticas. É o diagnóstico residual, o diagnóstico "que sobra". Isso significa que o *burnout*, nos termos da CID-11, nunca será a primeira hipótese diagnóstica a ser proposta para um paciente (Mendanha, 2022).

Em termos genéricos, e de acordo com o próprio conceito de *burnout* colocado na CID-11, estes são os transtornos ou doenças mentais que devem ser excluídos antes de registrar o diagnóstico de *burnout*:

I) Transtornos relacionados à ansiedade ou ao medo

Exemplos:

- Transtorno de ansiedade generalizada.
- Transtorno de pânico.
- Agorafobia.
- Fobia específica.
- Transtorno de ansiedade social.
- Transtorno de ansiedade de separação.

II) Transtornos do humor

Exemplos:

- Transtorno depressivo de episódio único.
- Transtorno depressivo recorrente.
- Transtorno distímico (distimia).
- Transtorno misto depressivo e de ansiedade.
- Transtorno ciclotímico (ciclotimia).
- Transtorno bipolar tipo I.
- Transtorno bipolar tipo II.

III) Transtornos especificamente associados ao estresse

Exemplos:

- Transtorno de estresse pós-traumático.
- Transtorno de estresse pós-traumático complexo.
- Transtorno de luto prolongado.
- Transtorno de ajustamento (ou de adaptação).

Observamos, então, que, apesar de a síndrome de *burnout* não estar elencada no grupo das doenças ou transtornos mentais, a CID-11 estabelece que antes de seu diagnóstico é necessário excluir possíveis transtornos ou doenças mentais (ex.: transtorno depressivo, transtorno de pânico etc.). É como se o *burnout* "fosse a última estação" antes de um adoecimento mental verdadeiro.

Nesse sentido, Shimazu, Schaufeli e Taris (2010) identificaram um ponto intermediário do *burnout*, situado entre o *workaholism* e a depressão. Isso implica que a passagem do *workaholism* para a de pressão ocorre frequentemente com o aparecimento de um quadro de *burnout*.

Hakanen et al. (64) sugerem que se pode utilizar o *workaholism* de forma a prever quadros de *burnout* futuros, ou seja, perante um trabalhador com episódios recorrentes de *burnout*, o profissional examinador deve procurar um quadro subjacente de *workaholism*.

Afinal, o que existe de comum entre karoshi, workaholism e burnout?

De forma bastante simplificada, podemos reconhecer algo em comum entre *karoshi e o workaholism:* o excesso.

Conceitualmente, o *karoshi* é resultante do excesso quantitativo de horas trabalhadas num curto intervalo de tempo. No caso do *workaholism*, também nos deparamos com o excesso de entrega pessoal ao trabalho, agora mais detalhado e definido como fruto de uma obsessão incontrolável pelas atividades laborais.

O *burnout*, como sinônimo de esgotamento e exaustão, aparece como consequência do estresse crônico advindo do trabalho, isto é, os "*karoshis* não consumados" (trabalhadores que excedem no quantitativo de horas trabalhadas num curto intervalo de tempo, mas não sucumbem à morte) e os *workaholics* são potenciais candidatos ao diagnóstico de *burnout* e de adoecimentos mentais verdadeiros (ex.: transtorno depressivo, transtorno de pânico etc.).

Referências

American Psychiatric Association. (APA) (2022). *Diagnostic and statistical manual of mental disorders.* Fifth edition, text revision: DSM-5-TR. Washington, DC.

Andreassen C. S., Bakker A. B., Bjorvatn B., Moen B. E., Mageroy N., & Shimazu A., et al. (2017). *Working conditions and individual differences are weakly associated with workaholism: a 2-3-year prospective study of shift-working nurses.* Front Psychol. 8:2045.

Andreassen, C. S., Griffiths, M. D., Gjertsen, S. R., Krossbakken, E., Kvam, S., & Pallesen, S. (2013). The relationships between behavioral addictions and the five-factor model of personality. *J Behav Addict.* 2(2):90-9.

Andreassen, C. S., Griffiths, M. D., Hetland, J., Kravina, L., Jensen, F., & Pallesen, S. (2014). *The prevalence of workaholism: A survey study in a nationally representative sample of Norwegian employees.* PloS one. 9(8):e102446.

Atroszko, P. A., & Griffiths, M. D. (2017). Work addiction is not new to the psychological literature and has evolved over time. *Global Journal of Addiction & Rehabilitation Medicine.*3(3).

Brown, R. (1993). *Some contributions of the study of gambling to the study of other addictions*. Gambling behavior and problem gambling.1:241-72.

Burke, R. J., & Koksal, H. (2002). Workaholism among a sample of Turkish managers and professionals: An exploratory study. *Psychological Reports*, 91, 60-68.

Burke, R. J., Matthiesen, & S. B., Pallesen, S. (2006). *Personality correlates of workaholism. Personality and individual differences*. 40(6):1223-33.

Carlotto, M. S. (2011). *Adiçao ao trabalho e relação com fatores de risco sociodemográficos, laborais e psicossociais*. Psico-USF (Impr.) vol.16 n.1 Itatiba Jan./Apr.

Carlotto, M. S., & Miralles, M. D. (2010). Tradução, adaptação e exploração de propriedades psicométricas da Escala de Adição ao Trabalho Dutch Work Addiction Scale (DUWAS). *Contextos Clínic* vol. 3 n. 2. São Leopoldo.

Carreiro, L. M. (2007). Morte por excesso de trabalho (Karoshi). *Rev. Trib. Reg. Trab*. 3. Reg., Belo Horizonte, v. 46, n. 76, p.131-141, jul./dez.

Dantas, P. R. S. (2011). *Reflexões logoteóricas acerca do sentido do trabalho*. Campina Grande.

Flowers, C. P., & Robinson, B. (2002). A structural and discriminant analysis of the Work Addiction Risk Test. *Educational and Psychological Measurement*.62(3):517-26.

Gomes, T. S. (2016). *Workaholism, alienação e fatores de risco laborais e psicossociais: uma revisão sistemática na literatura brasileira*. Trabalho de Conclusão de Curso (TCC) – Graduação em Psicologia. Departamento de Psicologia. Centro de Ciências Biológicas e da Saúde. Universidade Estadual da Paraíba. Recuperado em 12 fev. 2023, de 2023.http://dspace.bc.uepb.edu.br/jspui/bitstream/123456789/11965/1/PDF%20-%20Tha%C3%ADla%20Santiago%20Gomes.pdf.

Gorvett, Z. (2016). 'Morrer de tanto trabalhar' gera debate e onda de indenizações no Japão. *BBC News*, 1 out. Recuperado em 12 fev. 2023, de https://www.bbc.com/portuguese/vert-cap-37463801.

Griffiths M. (2011). *Workaholism – A 21st-century addiction*. The Psychologist.

Griffiths, M. D., Demetrovics Z., & Atroszko P. A. (2018). *Ten myths about work addiction*. J Behav Addict. 7(4):845-57.

Grzywacz, J. G., & Marks, N. F. (2000). Reconceptualizing the work–family interface: An ecological perspective on the correlates of positive and negative spillover between work and family. *Journal of Occupational Health Psychology*, 5, 111-126.

Hakanen, J. J., Peeters, M. C., & Schaufeli, W. B. (2018). Different types of employee well-being across time and their relationships with job crafting. *Journal of occupational health psychology.* 23(2):289.

Inoue K., & Matsumoto M. (2000). Karo jisatsu (suicide from overwork): a spreading occupational threat. *Occupational and Environmental Medicine*; 57:284-285.

Machlowitz, M. (1980). *Workaholics, living with them, working with them.* Addison Wesley Publishing Company.

Maslach, C. (1986). Stress, burnout and workaholism. In R. R. Killberg, P. E. Nathan, & R. W. Thoreson (Eds.). *Professionals in distress: Issues, syndromes and solutions in psychology* (pp. 53-73). Washington, DC: American Psychological Association.

Maslach C., Schaufeli W. B., & Leiter M. P. (2001). *Job burnout.* Annual review of psychology. 52(1):397-422.

Mcmillan, L. H. W., & O'driscoll, M. P. (2004). Workaholism and health: Implications for organizations. *Journal of Organizational Change Management*, 17, 509-519.

Mcmillan, L. H. W., O'driscoll, M. P., & Burke, R. J. (2003). Workaholism: A review of theory, research, and future directions. In C. L. Cooper & I.T. Robertson (Eds.). *International review of industrial and organizational psychology*, Vol. 18 (pp. 167-189). New York: Wiley.

Melo, A. C. (2020). Work*aholism e Burnout: Quando devemos procurar um quadro subjacente de Workaholism?* Programa de Mestrado Integrado em Medicina – Universidade de Lisboa, Faculdade de Medicina de Lisboa. Recuperado em 4 fev. 2023, de https://repositorio.ul.pt/bitstream/10451/46494/1/AntonioJMelo.pdf.

Mendanha, M. (2022). *O que ninguém te contou sobre Burnout – Aspectos práticos e polêmicos.* Leme: Editora Mizuno.

Montgomery, A. J., Peeters, M. C. W., Schaufeli, W. B., & Den Ouden, M. (2003). *Work-home interference among newspaper managers: Its relationship with burnout and engagement.* Anxiety, Stress and Coping, 16, 195-211.

Mosier, S. K. (1983). *Workaholics: An analysis of their stress, success and priorities.* University of Texas at Austin.

Mudrack, P. E. (2006). *Understanding workaholism: the case of behavioral tendencies*. Research companion to working time and work addiction.:108-28.

Oates, W. E. (1986). On being a "workaholic" (A serious jest). *Pastoral Psychology*, 19, 16-20.

Oates, W. E. (1971). *Confessions of a workaholic: The facts about work addiction*. World Publishing Company.

Organização Internacional do Trabalho. (OIT) (2015). *Proteção dos trabalhadores num mundo do trabalho em transformação*. Relatório IV. Conferência Internacional do Trabalho. 104ª Sessão.

Porter, G. (1996). Organizational impact of workaholism: Suggestions for researching the negative outcomes of excessive work. *Journal of Occupational Health Psychology*, 1, 70-84.

Porter, G. (2001). Workaholic tendencies and the high potential for stress among co-workers. *International Journal of Stress Management*, 8, 147-164.

Robinson, B. E. (2014). *Chained to the Desk: A Guidebook for Workaholics, Their Partners and Children, and the Clinicians Who Treat Them*. 3. ed. New York: New York University Press.

Robinson, B. E., Flowers, C., & Carroll, J. (2001). Work stress and marriage: A theoretical model examining the relationship between workaholism and marital cohesion. *International Journal of Stress Management*, 8, 165-175.

Schaufeli, W. B., Bakker A. B., Van Der Heijden F. M., & Prins J. T. (2009). Workaholism among medical residents: It is the combination of working excessively and compulsively that counts. *International Journal of Stress Management*.;16(4):249.

Schaufeli, W. B., Taris, T., Le Blanc, P., Peeters, M., Bakker, A., & De Jonge, J. (2001). *Maakt arbeid gezond? Op zoek naar de bevlogen werknemer [Can work produce health? The quest for the engaged worker]*. De Psycholoog, 36, 422-428.

Schaufeli, W. B., Taris, T. W., & Rhenen, W. (2008). Workaholism, Burnout, and Engagement: Three of a Kind or Three Different Kinds of Employee Well-being? *Applied Psychology: An International Review*, 57 (2), 173-203.

Scheen, A. J. (2013). Workaholism: la dépendance au travail, une autre forme d'addiction. *Rev Med Liège* [Internet]. Recuperado em 12 fev. 2023, de https://orbi.uliege.be/bitstream/2268/157735/1/28.%20SCHEEN%20NS13%20Work%20%286%29.pdf.

Shimazu, A., Schaufeli, W. B, & Taris, T. W. (2010). How does workaholism affect worker health and performance? The mediating role of coping. *International journal of behavioral medicine.* 17(2):154-60.

Silva, M. A. M., et al. (2006). Do karoshi no Japão, à birôla no Brasil: as faces do trabalho no capitalismo mundializado. *Revista Nera*, v. 8, n. 9, p. 74-108.

Snir, R., Harpaz, I. (2012). *Beyond workaholism: Towards a general model of heavy work investment.* Human resource management review. 22(3):232-43.

Sussman, S., Arpawong, T. E, Sun, P., TSAI, J, Rohrbach, L. A., & Spruijt-Metz, D. (2014). Prevalence and cooccurrence of addictive behaviors among former alternative high school youth. *J Behav Addict.* 3(1):33-40.

Sussman, S., Lisha, N., & Griffiths, M. (2011). Prevalence of the addictions: a problem of the majority or the minority? *Evaluation & the health professions.* 34(1):3-56.

Uchoa, P. (2018). Por que o Japão está pedindo que os trabalhadores tirem uma manhã de segunda-feira de folga? *BBC News*, 21 ago. Recuperado em 12 fev. 2023, de https://www.bbc.com/portuguese/internacional-45253773.

Van Beek I., Taris T. W., & Schaufeli W. B. (2011). Workaholic and work engaged employees: Dead ringers or worlds apart? *Journal of occupational health psychology.*16(4):468.

Vedoato, T., Garcia, I. M., Galdino, M. J. Q., Aroni, P., & Haddad, M. C. F. L. (2021). Workaholism and quality of life: an integrative literature review. *Rev Bras Med Trab.*;19(4):503-510. http://dx.doi.org/10.47626/1679-4435-2021-640.

World Health Organization (WHO) (2018). *International Classification of Diseases: 11th revision [ICD-11/CID-11].* Recuperado em 12 fev. 2023, de https://icd.who.int/browse11/l-m/en.

VI.
Sexo

CAPÍTULO 13

Transtorno do comportamento sexual compulsivo: para além do labirinto moral, rumo a uma visão biopsicossocial para o fenômeno

Pedro Coser
Alessandra Diehl

A dependência de sexo, transtorno do comportamento sexual compulsivo, impulso sexual excessivo ou transtorno hipersexual é um tema de crescente interesse na literatura e na prática clínica. Além disso, carrega já na nomenclatura as divergências e controvérsias teóricas acerca de sua nosologia, fenomenologia e etiologia, com os termos mencionados anteriormente sendo usados de forma intercambiável em textos acadêmicos (Kafka, 2010).

O termo dependência em sexo foi cunhado pela primeira vez no início dos anos 80 e desde então tem sido alvo de imensas contendas. Alguns dizem que o rótulo de dependência ou de adição é uma desculpa usada por aqueles que perderam sua "bússola moral" ou se recusam a aceitar a responsabilidade por suas práticas sexuais. Outros afirmam que o rótulo é usado para julgar moralmente aqueles cujas vidas sexuais ou comportamentos de visualização de sexo na internet, por exemplo, não se encaixam nas normas prescritas pela sociedade (Hall, 2021).

A aceitação pela Organização Mundial da Saúde (OMS) do Transtorno do Comportamento Sexual Compulsivo (TCSC) na Classificação Internacional das Doenças em sua décima primeira versão (CID-11) foi anunciada em maio de 2019. Isto foi entendido como uma vitória moral pelos pessimistas contrários à dependência de sexo que alegavam que a posição da OMS até então 'provava' que a condição não era uma adição. Inversamente, os profissionais da área da dependência de sexo reivindicaram a vitória, dizendo que finalmente este foi um passo na direção certa. No entanto, temos de pensar nesta condição para além do modelo médico puro de adição que, de certa forma, contribui e alimenta este debate polarizado. Um modelo de conceituação a partir de uma perspectiva biopsicossocial tende a fornecer caminhos mais interessantes que podem amenizar estas controvérsias, bem como abrir novas áreas de pesquisa e, o mais importante, trazer maior compreensão e empatia para com aqueles que estão sofrendo com seu comportamento sexual (Hall, 2021; Rumpf & Montag, 2022; Briken et al., 2020).

Uma vez que reconheçamos que, no domínio da sexualidade humana, a moralidade excessiva sempre parece ter sido presente, neste capítulo, o nosso objetivo é atualizar o leitor sobre a temática, trazendo dados epidemiológicos, definições clínicas e possibilidades de tratamento e cuidados para os indivíduos e seus familiares e, portanto, afastando-nos de oportunidades que aumentam estigma e vergonha, os quais são compreensivelmente indesejadas neste contexto.

Definindo e compreendendo o transtorno do comportamento sexual compulsivo

Esta condição pode ser definida como dificuldade em controlar fantasias, impulsos ou comportamento sexual inapropriado ou excessivo, que geram desconforto subjetivo ou prejuízo funcional. Dependendo da fonte, pode se manifestar desde encontros sexuais propriamente ditos até sexo virtual ou consumo de pornografia excessiva (World Health Organization, 2018).

Trata-se de um fenômeno biopsicossocial que contempla especificamente fatores relacionais e culturais, os quais também influenciam a dependência em sexo e pornografia. Como pode ser observado na figura 1, BERSC é um acrônimo que significa biológico, emocional, relacional, social e cultural. O biológico equivale ao bio do biopsicossocial, emocional e relacional expandem o psico do biopsicossocial e o social e o cultural se expandem no social do biopsicossocial. O modelo BERSC usa setas bidirecionais para resolver problemas relacionados à correlação e causalidade dentro de cada um dos cinco fatores. Embora a dependência em sexo possa ser evidente em cada um desses fatores em termos de desenvolvimento, manutenção e consequência da condição, o inverso também é verdadeiro. O BERSC também fornece informações claras de caminhos para entender e explorar a sexualidade a partir de uma perspectiva culturalmente sensível, tanto em termos do porquê de alguém considerar seu comportamento sexual problemático e, também, o que a sexualidade saudável significa para este indivíduo. Essa conceituação expandida pode fornecer uma espécie de guia que garante uma avaliação integrativa e holística para uma formulação de abordagem de tratamento que se concentra no porquê, em vez do quê e, portanto, permite que aqueles que sofrem possam ter uma rota para fora do labirinto (Hall, 2021).

Figura 1 – Modelo BERSC de compreensão da dependência de sexo

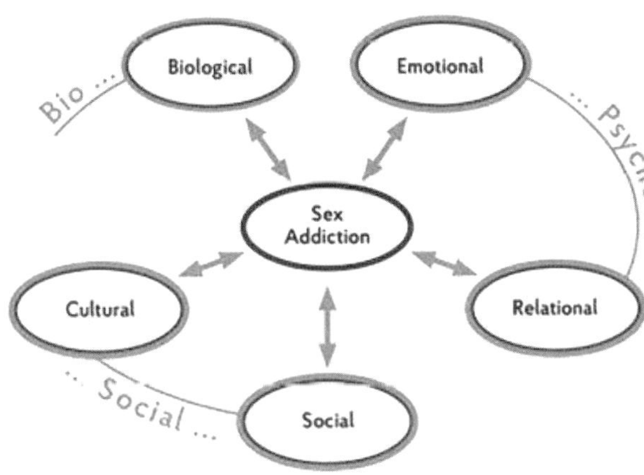

Fonte: Hall, 2021.

Epidemiologia

Os dados disponíveis acerca da prevalência da dependência de sexo são, no momento, insuficientes, com a maior parte dos estudos variando de 3 a 6% da presença do transtorno entre a população estudada. Além disso, os estudos com populações não clínicas são, geralmente, com amostras de conveniência ou em subgrupos populacionais (Kafka, 2010; Sassover & Weinstein, 2020).

Os resultados encontrados nestas amostras sugerem que o transtorno é mais frequente em homens do que em mulheres, e que os homens têm maiores chances de procurar ajuda por problemas causados pelo comportamento sexual do que as mulheres (Klein et al., 2013; Reid et al., 2012; Scanavino et al., 2013). Um estudo com universitários apontou prevalência de dependência de sexo em 3% entre os homens e 1% entre as mulheres (Odlaug et al., 2013).

Em relação aos tipos de comportamentos clinicamente significativos mais encontrados relacionados ao comportamento hipersexual, foram encontrados, na população masculina, masturbação compulsiva, uso excessivo de pornografia, sexo com estranhos, múltiplos parceiros sexuais e pagar por sexo. Já, na população feminina, foram encontrados aumento da frequência da masturbação, múltiplos parcerias sexuais e uso de pornografia (Klein et al., 2014; Reid et al., 2012; Scanavino et al., 2013).

Há uma alta taxa de comorbidades psiquiátricas com a dependência de sexo. Os transtornos do humor estão entre as comorbidades mais prevalentes, seguidos de transtornos ansiosos, particularmente transtorno de ansiedade generalizada e transtorno de ansiedade social. Também dignos de nota são o comportamento suicida, uso de substâncias psicoativas e transtorno do déficit de atenção/hiperatividade (Sassover & Weinstein, 2020).

Diagnóstico e características clínicas

A dependência de sexo, assim como outras dependências comportamentais, tem sido alvo de grande debate desde a adição do transtorno de jogo para a categoria de transtornos relacionados a substâncias e transtornos aditivos no DSM-V (American Psychiatric Association, 2014). Os autores têm se dividido em avaliar o transtorno pelas lentes dos comportamentos impulsivos, compulsivos ou da adição. Na CID-11 (Briken et al., 2022), o transtorno foi classificado junto aos transtornos do controle do impulso, como transtorno do comportamento sexual compulsivo, e os critérios que serão apresentados nessa seção misturam características de comportamentos impulsivos, compulsivos e aditivos.

O comportamento compulsivo é caracterizado por um desejo irresistível de realizar uma ação, com o objetivo de se esquivar de algo percebido como aversivo ou reduzir a ansiedade. No contexto do comportamento sexual compulsivo, isso é normalmente entendido como um mecanismo de *coping* desadaptativo, normalmente em resposta a estados afetivos desagradáveis, onde o sexo é utilizado para a regulação emocional ou redução do estresse (Gola et al., 2020).

A impulsividade é caracterizada por uma ação frente a um estímulo potencialmente gratificante sem a consideração de consequências negativas. Está mais relacionada a uma tipologia de sujeitos com tendência a busca por novidades e sensações mais intensas e é mais observável em estágios mais iniciais do transtorno (Bőthe et al., 2022).

Uma visão do transtorno como dentro do espectro das adições é favorável no sentido de que Kakfa apresentou, em 2010 (Kafka, 2010), uma proposição à comissão avaliadora do DSM-5 dos critérios para o transtorno hipersexual. Os itens do critério A (tabela 1) englobam aspectos relacionados tanto às esferas de impulsividade e compulsão mencionadas, assim como um item específico relacionado a tentativas malsucedidas de cessar ou reduzir o comportamento. Para realizar o diagnóstico seriam necessários um tempo de pelo menos seis meses e quatro dos cinco itens apresentados. O critério B refere-se ao prejuízo em várias esferas da vida, enquanto o C menciona o uso de substâncias ou medicações, outra condição médica geral ou estado maníaco como excludentes do diagnóstico. A proposta de inclusão do transtorno hipersexual foi levada em consideração, mas a comissão optou por não o incluir na edição do manual.

Tabela 1 - Critério A do transtorno hipersexual

A. Fantasias, desejos e comportamentos sexuais recorrentes e intensos, por pelo menos 6 meses, em associação com 4 ou mais dos cinco critérios seguintes:
1. Excesso de tempo gasto em fantasias ou impulsos sexuais e no planejamento e/ou realização de comportamento sexual.
2. Realização de fantasias, impulsos ou comportamentos sexuais repetidas vezes em reposta a estados de humor disfórico (ansiedade, depressão, tédio, irritabilidade).
3. Realização de fantasias, impulsos ou comportamentos sexuais repetidas vezes em reposta a eventos estressores.
4. Tentativas repetidas, malsucedidas, de controlar ou reduzir significativamente essas fantasias, impulsos ou comportamentos.
5. Realização de comportamentos sexuais de forma recorrente, mesmo com o risco de danos físicos ou emocionais a si ou a terceiros.

Fonte: Kafka, 2010.

Na CID-11, foi incluída na seção de transtornos do controle do impulso o transtorno de comportamento sexual compulsivo (tabela 2). Os critérios centrais são semelhantes aos do transtorno hipersexual, assim como o tempo necessário para o diagnóstico (pelo menos 6 meses), com um subitem específico acerca da pouca ou nenhuma satisfação do indivíduo com o comportamento sexual, o que deriva do conceito de compulsão (Scanavino et al., 2013). É importante notar que ambas as classificações derivam dos critérios de Goodman, criados em 1997 (Goodman, 1998).

Tabela 2 – Critérios diagnósticos do CID-11 para transtorno de comportamento sexual compulsivo

Um padrão persistente de falha em controlar impulsos sexuais intensos e repetitivos, resultando em comportamento sexual repetitivo, manifestado em um ou mais dos seguintes: 1. O envolvimento em comportamento sexual repetitivo tornou-se um foco central da vida do indivíduo, a ponto de negligenciar a saúde e os cuidados pessoais ou outros interesses, atividades e responsabilidades. 2. O indivíduo fez inúmeros esforços malsucedidos para controlar ou reduzir significativamente o comportamento sexual repetitivo. 3. O indivíduo continua a se envolver em comportamento sexual repetitivo apesar das consequências adversas (por exemplo, conflito conjugal devido ao comportamento sexual, consequências financeiras ou legais, impacto negativo na saúde). 4. A pessoa continua a se envolver em comportamento sexual repetitivo, mesmo quando o indivíduo obtém pouca ou nenhuma satisfação com isso.
O padrão de falha em controlar impulsos ou impulsos sexuais intensos e repetitivos e o comportamento sexual repetitivo resultante se manifestam por um longo período (por exemplo, 6 meses ou mais).
O padrão de falha em controlar impulsos ou impulsos sexuais repetitivos e intensos e o comportamento sexual repetitivo resultante não é melhor explicado por outro transtorno mental (por exemplo, Episódio Maníaco) ou outra condição médica e não é devido aos efeitos de uma substância ou medicamento.
O padrão de comportamento sexual repetitivo resulta em sofrimento acentuado ou prejuízo significativo no funcionamento pessoal, familiar, social, educacional, ocupacional ou em outras áreas importantes do funcionamento. A angústia que está inteiramente relacionada a julgamentos morais e desaprovação sobre impulsos, compulsões ou comportamentos sexuais não é suficiente para atender a esse requisito.

Fonte: Briken et al. (2022).

Tratamento

Quando esta condição é abordada através das lentes do modelo BERSC, torna-se mais fácil navegar pelas abordagens multifacetadas necessárias para ajudar as pessoas que chegam até os profissionais pedindo por ajuda. O biológico indica que a mudança comportamental será um caminho, mas igualmente importante é a exploração de fatores emocionais e relacionais. Além disso, tudo isso deve ser visto e explorado dentro da perspectiva sociocultural do nosso paciente. Sabemos que a recuperação da dependência é muito mais do que apenas atingir a abstinência e as estratégias de tratamento que se concentram puramente no comportamento de mudança reduzem o problema a uma perspectiva biológica única. De fato, aqueles que focam principalmente a atenção na libido sexual "desregulada" estarão confundindo apetite com compulsão e desejo. Como bem argumentou Paula Hall (2021):

> reduzir a fome nunca foi suficiente para curar a obesidade; além disso, reduzir a quantidade ou direção do desejo sexual é, pela maioria das sociedades, considerado moralmente errado, ou pelo menos, questionável. Tratar a dependência de sexo e pornografia não é conversão ou terapia reparadora! (Hall, 2021, p. 4)

Entre as possibilidades farmacológicas, estão principalmente os inibidores seletivos da recaptação da serotonina (SSRIs), os quais têm sido examinados em diversos estudos da metanálise de Goslar et al., (2020) devido às propriedades inibitórias da serotonina sobre comportamentos sexuais. Os antagonistas opioides (por exemplo, naltrexona) e os medicamentos glutamatérgicos (por exemplo, topiramato) também têm demonstrando benefícios. Tratamentos combinados, especialmente combinação com TCC têm produzido efeitos de treinamento aprimorados em comparação com intervenções puramente psicológicas ou farmacológicas (Goslar et al., 2020).

E, por fim, mas não menos importante, cabe lembrar o papel dos grupos de mútua ajuda, baseados em 12 passos, como o Dependentes de Amor e Sexo Anônimos (DASA) (*site* DASA). Trata-se de uma irmandade orientada por "doze passos e doze tradições" baseada no modelo pioneiro de alcoólicos anônimos (AA) destinado a oferecer um programa para quem sofre de uma compulsão sexual ou tem amor ou apego emocional de forma patológica. A única qualificação para ser membro é um desejo de parar de viver um padrão de dependência em sexo e amor. A irmandade é mantida inteiramente por meio das contribuições de seus membros e é gratuita para todos que precisam dela. O DASA ajuda as pessoas a lidarem com comportamento sexual ou emocional destrutivos. Busca o encontro de um denominador comum para os padrões obsessivos/compulsivos que transcendem quaisquer diferenças pessoais de orientação sexual ou identidade de gênero. Seus membros acreditam que, pelo fato de terem poucos limites saudáveis, acabam por ser envolver sexualmente ou se apegar emocionalmente às pessoas sem conhecê-las. Temendo o abandono e a solidão, permanecem e voltam a relacionamentos dolorosos e destrutivos. Acreditam também que muitos deles confundem amor com carência, atração física e sexual, pena ou necessidade de resgatar ou ser resgatado, sexualizam o estresse, a culpa, a solidão, a raiva, a vergonha, o medo e a inveja. Todos estes sentimentos são trabalhados durante as partilhas entre seus membros nas reuniões semanais (*site* https://slaafws.org/)

Considerações finais

É importante que as possíveis barreiras para que as pessoas não procurem tratamento para esta condição possam ser vencidas. Desde (a) barreiras individuais, (b) barreiras sociais, (c) barreiras de pesquisa e (d) barreiras de qualificação de profissionais para a adequada abordagem sem vieses moralistas ou dogmáticos, a fim de fornecer uma melhor conscientização ou maneiras pelas quais essas barreiras possam ser superadas e a ajuda necessária oriunda de serviços de saúde que possam ser oferecidos.

Referências

American Psychiatric Association (APA). (2014). *Manual diagnóstico e estatístico de transtornos mentais: DSM-5. 5.* Porto Alegre: Artmed.

Bőthe B, Koós M, & Demetrovics Z. (2022). Contradicting classification, nomenclature, and diagnostic criteria of Compulsive Sexual Behavior Disorder

(CSBD) and future directions. *J Behav Addict.* Jul 13;11(2):204-209. doi: 10.1556/2006.2022.00030. PMID: 35895454; PMCID: PMC9295218.

Briken P, Wiessner C, Štulhofer A, Klein V, Fuß J, Reed GM, & Dekker A. (2022). Who feels affected by "out of control" sexual behavior? Prevalence and correlates of indicators for ICD-11 Compulsive Sexual Behavior Disorder in the German Health and Sexuality Survey (GeSiD). *J Behav Addict.* Aug 24;11(3):900-911. doi: 10.1556/2006.2022.00060. Print 2022 Sep 26.

Gola M, Lewczuk K, Potenza MN, Kingston DA, Grubbs JB, Stark R, & Reid RC. What should be included in the criteria for compulsive sexual behavior disorder? J Behav Addict. Nov 25;11(2):160-5. doi: 10.1556/2006.2020.00090. Epub ahead of print. PMID: 34329192; PMCID: PMC9295236.

Goodman, A. (1998). *Sexual addiction: The new frontier. Of Counsel,* 16, 17-26.

Goslar M, Leibetseder M, Muench HM, Hofmann SG, & Laireiter AR. (2020). Treatments for internet addiction, sex addiction and compulsive buying: A meta-analysis. *J Behav Addict.* Apr 1;9(1):14-43. doi: 10.1556/2006.2020.00005.

Hall P. (2021). *The moral maze of sex & porn addiction.* Addict Behav. Dec; 123:107054. doi: 10.1016/j.addbeh.2021.107054. Epub 2021 Jul 19.

Kafka MP. (2010). Hypersexual disorder: a proposed diagnosis for DSM--V. *Arch Sex Behav.* Apr;39(2):377-400. doi: 10.1007/s10508-009-9574-7. PMID: 19937105.

Klein V, Rettenberger M, & Briken P. (2014). Self-Reported Indicators of Hypersexuality and Its Correlates in a Female Online Sample. *The journal of sexual medicine.* 11:1974-1981.

Kraus SW, Voon V, & Potenza MN. (2016). Should compulsive sexual behavior be considered an addiction? Addiction. Dec;111(12):2097-2106. doi: 10.1111/add.13297. Epub 2016 Feb 18. PMID: 26893127; PMCID: PMC4990495.

Odlaug BL, Lust K, Schreiber LR, Christenson G, Derbyshire K, & Harvanko A, et al. Compulsive sexual behavior in young adults. *Ann Clin Psychiatry.* 2013;25:193-200.

Reid RC, Carpenter BN, Hook JN, Garos S, Manning JC, Gilliland R, Cooper EB, McKittrick H, Davtian M, & Fong T. (2012). Report of findings in a DSM-5 field trial for hypersexual disorder. *J Sex Med.* Nov;9(11):2868-77. doi: 10.1111/j.1743-6109.2012.02936.x. Epub 2012 Oct 4. PMID: 23035810.

Rumpf HJ, & Montag C. (2022). Where to put Compulsive Sexual Behavior Disorder (CSBD)? Phenomenology matters. *J Behav Addict.* Jul 13;11(2):230-233. doi: 10.1556/2006.2022.00039. PMID: 35895458; PMCID: PMC9295241.

Sassover E, & Weinstein A. (2020). Should compulsive sexual behavior (CSB) be considered as a behavioral addiction? A debate paper presenting the opposing view. *J Behav Addict.* Sep 29;11(2):166-79. doi: 10.1556/2006.2020.00055. Epub ahead of print. PMID: 32997646; PMCID: PMC9295215.

Scanavino MdT, Ventuneac A, Abdo CHN, Tavares H, Amaral MLSAd, & Messina B, et al. (2013). Compulsive sexual behavior and psychopathology among treatment-seeking men in São Paulo, Brazil. *Psychiatry research.* 209:518-524.

Viciados Anônimos em Sexo e Amor (SLAA). *Serviços para toda a irmandade (FWS).* Recuperado em 26 mar. 2024, de https://slaafws.org/

World Health Organization. (2018). *International classification of diseases for mortality and morbidity statistics* (11th ed.).

VII.

Suporte, apoio

CAPÍTULO 14

O papel da família no comportamento excessivo: uma proposta de abordagem

Gisele Aleluia
Raquel Constantino Nogueira

O que é comportamento excessivo?

A palavra excesso nos remete à ideia do que passa "do ponto", do que é demais, além do "normal", comum, funcional. Na prática, ao nos referirmos ao comportamento excessivo, estamos relatando algo que, muitas vezes, foge à lógica do pensamento racional, da própria vontade do indivíduo e do seu controle. Neste capítulo, especificamente, inserido em livro sobre transtornos comportamentais, estamos falando sobre excessos diante de comportamentos aceitos socialmente, habituais, como comer, comprar, viver a sexualidade, usar alguma substância psicoativa que modifica o sistema nervoso central (SNC). Essa forma de aderência a um comportamento que seria normal ou corriqueiro, mas sendo feito de forma excessiva, traz como consequência diversos contratempos e conflitos relacionais. Os danos costumam ser processuais e, dependendo do contexto em que essa dinâmica é envolvida, são intensos e muito prejudiciais, formando um estilo de vida transgeracional, extremamente rígido e de difícil manejo. Para compreender toda essa dinâmica, escolhemos o referencial da neurobiologia, da neurociência e a teoria sistêmica como bases teóricas desse capítulo.

A ciência do comportamento motivado: o que a neurobiologia tem a dizer?

Como afirmado anteriormente, a falta de "lógica" do comportamento excessivo é uma pauta constante no nosso dia a dia. Não conseguimos compreender como pessoas tão brilhantes ou comuns, muitas vezes, têm suas vidas destruídas pelos excessos. A olho nu, não conseguimos ir além do nosso entendimento baseado em nossa própria experiência, valores e preconceitos. Contudo, a neurobiologia tem muito a esclarecer sobre a falta de lógica diante dos excessos. E, para isso, vamos nos aprofundar no processo de tomada de decisão, ou seja, ciência do comportamento motivado.

Segundo André Palmini (2017), nosso cérebro, órgão profundamente complexo, é formado por sistemas básicos de funcionamento, responsáveis por atividades de manutenção da espécie, como também sistemas mais sofisticados, responsáveis pela memória, linguagem, inteligência, regulação emocional, por exemplo. Essa circunstância nos coloca, a todos, diante de um dilema: responder ao mundo de uma forma mais básica e imediata e/ou basear nossas escolhas na sofisticação necessária, porém mais trabalhosa e adaptativa, para viver em sociedade. Pode parecer simples, contudo, esse é um processo extremamente complexo, uma vez que precisamos desses dois sistemas. Contudo, muitas vezes, eles concorrem e é aí que, de uma forma geral, os excessos "moram".

Esse é o processo de tomada de decisão, objeto de estudo de André Palmini (2017). Ele afirma que o sistema mais básico de funcionamento está profundamente ligado à sensação de prazer imediato (Sistema Límbico). Essa situação nos coloca diante da necessidade constante de refletir, pois, na prática, seria como se o cérebro pedisse alívio, mesmo antes de ter tempo sobre a coerência da forma e do momento. Perigoso, não é? Mas o processo de socialização costuma nos dar ferramentas para não cairmos nessas "armadilhas".

Gilbert (2019), ao explicar os três sistemas de regulação emocional, considera importante o entendimento de que o cérebro não evoluiu para a felicidade, mas para a sobrevivência e a reprodução. Sendo assim, ele considera importante o aprendizado, dentre outras habilidades, da aceitação e da tolerância para lidar com emoções difíceis, como uma frustração relacionada ao adiamento do prazer, por exemplo.

Tal processo, vivido primeiramente dentro da família, é chamado por Berger e Luckman (1985) de socialização primária. Segundo os autores, é nesse processo que a criança aprende regras do convívio por meio das mensagens explícitas e implícitas que são produzidas nas relações familiares. Neste relacionamento, a criança introjeta padrões relacionais que irão nortear suas noções de convívio por toda a vida. Sua forma de amar, de se comunicar, de se relacionar, de priorizar certas coisas em detrimento de outras, seus valores, enfim, seu modo de ser será resultado da vivência relacional no núcleo familiar (Aleluia, 2017)

Berger e Luckman (1985) sinalizam que, apesar de a criança não ser passiva neste processo de socialização, os padrões relacionais já estão em curso, quando a criança surge na família. Portanto, o processo de internalização desses padrões é inevitável e servirá de base para o arsenal de habilidades que cada indivíduo irá formar ao longo da vida juntamente com sua participação nos diversos grupos e instituições fora da família.

Mason (1993) traz para essa reflexão o fato de que a criança, por sua condição extrema de dependência e por uma necessidade de sobrevivência, inicia seu processo de existir na vida aprendendo a retirar significados por meio da ordem de relevância de eventos, fornecida por outras pessoas, utilizando uma aparelhagem emocional e cognitiva ainda precária.

> (...) somos dependentes do sistema de necessidades dos responsáveis pelos cuidados em nossas famílias; dependemos do que eles, por seus esforços e por suas próprias energias, dispõem-se a ajudar-nos a compreender e do que eles, por seus valores, ansiedades, segredos e vergonha, decidem que as crianças não devem saber (Mason, 1993, pp. 46).

Essa condição absoluta de dependência nos empurraria a todos para uma total adesão às regras implícitas de nosso sistema familiar, sendo esse processo de internalização um condicionamento familiar guiado não necessariamente por laços de carinho e afeto, mas por uma necessidade de sobrevivência. Entretanto, essa condição vai se modificando, à medida que avançamos numa régua de autonomia. Ainda segundo Mason (1993), parte do processo de amadurecimento significa questionar e transformar os padrões herdados. Podemos aprender a refletir e a ponderar a partir e através de nossos relacionamentos.

Este fato corrobora com os estudos de Palmini (2017), que nos afirma que nascemos com estrutura cerebral capaz de "resistir" aos impulsos e refletir, o que pode significar fazer escolhas mais contextualizadas e, por isso, melhores e mais adequadas. Contudo, essa estrutura mais refinada não nasce desenvolvida. Ela é construída através do tempo, na vivência relacional. O desenvolvimento dessas regiões corticais pré-frontais, estrutura cerebral responsável pela ponderação e avaliação de risco, vai se fortalecendo, no processo maturacional normal e no uso dela. No caso de estímulos que acionam com muita intensidade o prazer, como comida, drogas, sexo, compras, por exemplo, o sistema límbico fica tão reforçado, avivado e treinado que, muitas vezes, nossas estruturas pré-frontais têm pouca chance de ponderar diante do engajamento no comportamento, facilitando, assim, os excessos.

Ou seja, vivemos num constante conflito, dilema nada simples de administrar, principalmente se não conhecemos esses mecanismos. Existe uma crença de que temos condição total de nos controlarmos diante dos estímulos ou que esse controle seria quase que automático. Os estudos voltados para o comportamento excessivo disponibilizam conhecimentos para entendermos com mais clareza o que o senso comum admite que, mais vezes do que gostaríamos, sucumbimos diante do prazer e embarcamos nos excessos.

Citando novamente André Palmini (2017):

> Desta maneira, o fato de o cérebro humano conter estruturas que "apoiam" decisões em direções opostas, conforme o contexto em que são recebidos os estímulos, implica um constante e desigual conflito. Portanto, essa flexibilidade do comportamento humano é um terreno fértil para distorções no processo de tomada de decisões, constituindo-se no que poderíamos denominar "patologias da vontade" (pp. 2).

O comportamento excessivo é um dos principais sintomas dessa condição. A nossa capacidade de adiar prazer ou mesmo tomar decisões adequadas diante de situações depende da nossa aparelhagem cortical e compete com um funcionamento amplamente condicionado há mais de 20 milhões de anos. Por um lado, temos o funcionamento cerebral que nos impele a executar. Em termos de sobrevivência, numa perspectiva evolutiva, tal funcionamento nos garantiu motivação para a busca de insumos para a construção de abrigos seguros, parceria sexo afetiva, prazer advindo da realização de tarefas, etc. Em poucas palavras, de um lado temos um *drive* que nos faz agir para o atendimento de instintos e necessidades básicas à sobrevivência, facilmente acionado, uma vez que tanto a aparelhagem envolvida, quanto todo o funcionamento em si vem sendo praticados pela nossa espécie muito antes do aparecimento dos primatas superiores. Por outro lado, todo comportamento regulatório dos impulsos vem se desenvolvendo somente a partir do desenvolvimento das regiões corticais pré-frontais, menos desenvolvidas e usadas que as regiões subcorticais, citadas acima.

Em resumo, poderíamos dizer que as respostas de modulação e regulação ao prazer imediato dependem de um cérebro devidamente aparelhado em termos de desenvolvimento. Ainda assim, mesmo com toda a estrutura desenvolvida (o que, segundo a neurociência, ocorre por volta dos 25 anos de idade), o condicionamento sináptico de centenas de milhares de anos das regiões subcorticais predominam sobre o funcionamento das regiões pré-frontais, sugerindo que

> os mecanismos cerebrais que sustentam o funcionamento e a tomada racional de decisões são inerentemente frágeis e sujeitos a toda espécie de influências (Palmini, 2017, p. 3).

Como se percebe, um cérebro maduro, portanto, não é apenas aquele equipado com determinada aparelhagem. É necessário treino. O conceito de maturidade cerebral trazido pela neurociência revolucionou nossa forma de compreender nossas vulnerabilidades e potências diante da possibilidade do bom senso. Além de nos ajudar a compreender nosso ciclo vital, principalmente o cérebro adolescente, época em que, muitas vezes, o comportamento excessivo se inicia.

Daniel Siegel, um importante pesquisador do cérebro adolescente, afirma que essa fase do ciclo vital é marcada pela presença natural do impulso aumentado por gratificação. Isso se dá por um aumento considerável de atividade cerebral, em que a dopamina é liberada, aumentando muito a sensação de prazer. O cérebro tende a reagir rapidamente a esse estímulo e a "embarcar nessa viagem", tornando atividades que não incluam um prazer imediato, tediosas e enfadonhas. Ou seja, ponderar e esperar... não é nem interessante e nem estimulante do ponto de vista cerebral. Uma das principais características desse fenômeno é a impulsividade, como ele mesmo afirma:

> Em outras palavras, o impulso inspira a ação sem nenhuma pausa. Fazer uma pausa nos permite pensar sobre as outras opções além do impulso imediato alimentado pela dopamina que esmaga nossas mentes. Dizer àquele impulso para se acalmar, exige tempo e energia, então é mais fácil simplesmente não fazê-lo. Dito isto, com o impulso por gratificação mais forte e mais premente do que nunca quando somos adolescentes, arranjar o tempo necessário para o processamento – para a reflexão e a autoconscientização – torna-se muito importante. Se qualquer noção se transforma imediatamente em uma ação sem reflexão, estamos vivendo as nossas vidas pisando no acelerador e sem freios. Isso pode ser muito estressante para os adolescentes e os adultos que cuidam deles (p. 67).

Sendo assim, como afirma Siegel, esta é a fase do ciclo vital mais propícia aos excessos, porque as atividades dadas a excessos são envolvidas por liberação da dopamina. Estamos diante de poderosos efeitos reforçadores a excessos.

Diversos autores, dentre eles Gilbert (2009) e Pani (2000), apresentam estudos acerca da contribuição social no estímulo excessivo tanto no sistema de regulação emocional relacionado à ameaça (questões relacionadas ao sustento, instabilidades financeiras, níveis de pobreza, etc.), como o sistema regulatório dos impulsos ("querer e precisar fazer mais"), sugerindo existir um comportamento de grupo que vem formando uma cultura que estimula, cada vez mais, um caos nas necessidades humanas por conexão, aumentando em ritmo alarmante as dificuldades de saúde mental, especialmente em pessoas mais jovens (Gilbert, 2019).

Outro autor importante para o nosso estudo, David Kahneman nos contempla com conceitos importantes que, corroboram com a neurociência e a neurobiologia. Seu interesse se iniciou em 1969, onde se debruçou em entender como eram os nossos processos de julgamento e tomada de decisão. Ele afirma que, na época, existia uma ideia geral de que a mente humana tendia a ser mais racional, ou seja, a ser levada pela lógica. Nesse estudo, chegou-se à conclusão de que nosso processo de tomada de decisão é ultrapassado por vieses importantes, reforçados pelo hábito e não por reflexão. Ele chama de vieses previsíveis que se tornam sistemáticos. Segundo ele, portanto, nossa mente seria tomada por erros sistemáticos que não podem facilmente serem percebidos por nós, por termos total certeza de nossos julgamentos. Essa situação coloca luz sobre a questão da falta de lógica contida nos comportamentos excessivos.

Por meio do entendimento da psicologia comportamental, ele nos descreve a presença de dois sistemas nesse processo: o Sistema 1, mais ligado à intuição, ao automático e ao treinado, e o Sistema 2, que exige do nosso cérebro reflexão, lidar com o novo com ponderação, levando em conta orientações externas e o contexto.

O autor nos explica que esses dois sistemas interagem todo o tempo, apesar de não termos, na maioria das vezes, essa noção. Portanto, não é incomum que, por vezes, eles caminhem em direções opostas.

> O conflito entre uma reação automática e uma intenção de controlá-la é comum em nossas vidas. Uma das tarefas do Sistema 2 é dominar os impulsos do Sistema 1. Em outras palavras, o Sistema 2 é encarregado do autocontrole (Kaheman, p. 32)

O que esse pesquisador nos mostra é que, nem tudo em que acreditamos corresponde à realidade, ou seja, nós "produzimos" uma realidade – Sistema 1 e precisamos do Sistema 2 para questioná-la, algumas vezes. Isso é extremamente necessário e se chama flexibilidade. Vale lembrar que o Sistema 2 não está o tempo todo em alerta e que depende de nossa intenção para ser acionado com a presteza necessária. É aí que começa a nossa dificuldade. Ao priorizarmos o rápido, o fácil e o automático, ficamos na nossa "bolha avaliativa". Como saber se, por exemplo, estamos bebendo com moderação, jogando com moderação, comprando com moderação, se temos certeza, pelo Sistema 1, que está tudo certo? O que nos fará acionar o Sistema 2 adequadamente?

Temos aqui uma boa questão para o nosso estudo. Se o Sistema 1 age em nível automático e o Sistema 2, no intencional, reflexivo, como fica nosso cérebro sendo, constantemente, inundado de substâncias que agem no sistema límbico (prazer imediato; reações automáticas)? A pergunta se transformou em uma retórica após a exposição de Kahneman. Aqui se instala a dificuldade do bom senso. A tendência é a de ficarmos reféns dessa dinâmica mental se não a levarmos em consideração. Queremos o resultado: a moderação, mas boicotamos o processo: a reflexão. Novamente facilitamos para o excesso.

A família como o contexto e antídoto do excesso

Contexto

A família é nosso primeiro contexto relacional. E, como nossa própria observação já nos demonstra, esse contexto é profundamente único, ou seja, cada história familiar é exclusiva. Desde 1950, a família, enquanto campo de estudo relacional, vem sendo objeto de atenção de pesquisadores de diversas áreas do comportamento humano. A antropologia, biologia, sociologia, medicina e psicologia, por meio de uma abordagem sistêmica, vêm conseguindo avanços importantes na compreensão e tratamento de diversas condições por meio da abordagem da família.

No campo dos transtornos aditivos isso não é exceção. Compreender o sistema familiar como campo de atuação terapêutica tem se mostrado uma prioridade nas abordagens mais recentes. Assim, concordamos com Ackerman (1986) quando este afirma: "A família é a unidade básica de crescimento e experiência, desempenho ou falha. É também a unidade básica de doença e saúde." A força de influência da família é inegável tanto para o bem como para o mal e a comprovação deste fato impulsionou vários profissionais de diversas áreas a voltarem para a família seu foco de interesse.

Um interessante exemplo desta afirmação são os estudos de Mona Fishbane correlacionando a neurobiologia e os processos familiares (2016). Seu estudo aborda o fluxo entre corpo, cérebro, relações e contexto de forma mútua, como afirma. Por meio da ressonância magnética, é possível ver o nível de intensidade da atividade cerebral diante da visão da pessoa amada, ou cenas traumáticas, onde localizamos a área do cérebro que está sendo ativada, dando informações importantes para o entendimento desta correlação.

Um dos principais achados foi que os relacionamentos são capazes de mudar consideravelmente a química cerebral, como afirma a autora: "Este corpo de trabalho aponta para a nossa natureza profundamente social: nossos cérebros estão ligados por meio da conexão com os outros, e estamos ligados para conexão. Termos como "neurobiologia interpessoal" (Siegel, 2016) e "neurociência social" (Cacioppo & Berntson, 2004) capturam a interconectividade fundamental dos processos neurobiológicos humanos" (p. 812).

Vimos anteriormente o quanto que o comportamento excessivo está ligado a um comportamento formado e reforçado a partir da química cerebral. Trazendo este componente relacional e familiar para a equação, poderíamos afirmar que o comportamento excessivo pode ser um comportamento aprendido, como um padrão relacional familiar? O que a teoria dos sistemas tem a nos dizer sobre isso?

A família como sistema

O ser humano, na condição de animal social, precisa de segurança e cuidados desde que nasce. A família, desde o início dos tempos, é o grupo social responsável por estas tarefas. Em sua organização, a família se estrutura por meio de papéis e funções que determinam o comportamento que cada indivíduo terá nesse grupo. A organização familiar se dá a partir dos papéis parentais que cuidam dos vulneráveis, ou seja, a organização familiar é regida pelo cuidado dos vulneráveis por pessoas capacitadas para tal cuidado. A vivência destes papéis básicos dará ao indivíduo a noção de pertencimento, de compromisso e de identidade que será necessária para o seu desenvolvimento dentro e fora da família. Além disso, pela legitimidade destes papéis, as regras sociais são transmitidas, viabilizando o importante processo de socialização.

O grupo de pesquisas de Bateson merece destaque especial nestas observações por ser o precursor das noções básicas da terapia familiar. Por meio de seu projeto voltado para o estudo da esquizofrenia, Bateson e seu grupo – formado por Jackson, Haley e Weakland – procuravam entender a origem e a natureza desse transtorno, principalmente no contexto familiar. Estes autores formularam a hipótese de ser a estabilidade familiar conseguida através de aspectos relacionais estabelecidos entre seus membros. A esquizofrenia (ou o adoecimento), portanto, seria uma forma de estabilizar a família, como ressaltam Nichols e Schwartz (1998):

> Por exemplo, se cada vez que os pais discutem um dos filhos exibe comportamento sintomático, os sintomas podem ser uma maneira de interromper a briga, unindo os pais na preocupação com o filho. Desta maneira, o comportamento sintomático serve à função cibernética de preservar o equilíbrio da família, mantendo os pais sem brigar. Infelizmente, no decorrer do processo, um dos membros da família pode ter assumido o papel de "paciente identificado." (p. 23)

Assim, Bateson, Jackson, Haley e Weakland (1956) publicaram o artigo *Toward a Theory of Schizophrenia*, que assumiria o valor de paradigma em psicopatologia por inaugurar esta nova forma de entender e abordar a doença mental. Essa revolução paradigmática deslocou essencialmente o foco do problema. As atenções passaram do entendimento de conflitos internos como fontes de mal-estar, para a crença de que os causadores e mantenedores de sofrimento emocional seriam os padrões de interação disfuncionais dentro das famílias. Isto aconteceria, principalmente, pela forma de comunicação estabelecida no sistema familiar, sendo está o principal objeto de estudo de Bateson e sua equipe.

Este novo olhar acerca do lugar da condição clínica teve seu referencial nas ideias revolucionárias propostas por Ludwig van Bertalanffly em sua teoria dos sistemas e por Norbert Wiener, por meio da cibernética (Watzlawick et al.,1993). Os objetos de estudo destas teorias são os mecanismos de interação dos sistemas e o esclarecimento dos princípios que regem e mantêm tais interações. Por meio destas teorias, que estudam o trânsito das informações dentro dos sistemas e o modo como elas são controladas, foi possível compreender a força relacional do sistema familiar.

Assim, a partir destes autores, a família é entendida como um sistema semiaberto, processando trocas com os outros sistemas com os quais se relaciona. Isso faz com que o sistema familiar influencie e seja influenciado pelo sistema social maior em que está inserido, realizando intensas atualizações com o momento sociocultural vigente.

Como todo sistema, a família é regida por regras que determinam seu funcionamento e que dão o "ritmo" do relacionamento de seus membros. O comportamento de qualquer membro da família afeta e é afetado por todos os outros. Portanto, uma mudança vivida por um membro da família trará mudança para todo o sistema "obedecendo" à propriedade de globalidade e circularidade que os sistemas possuem (Aleluia & Payá, 2017).

A família, portanto, não seria simplesmente um conjunto de indivíduos aparentados, mas um todo interdependente em que as condições de saúde e doença circulam pelo sistema por meio de suas interações, só podendo ser compreendidas em seu contexto. Tais interações aconteceriam a partir da dinâmica relacional que permite e regula a sobrevivência da família, possibilitando um senso de continuidade e de identidade que dá sustento aos seus membros. Este fenômeno pode ser melhor compreendido a partir do esclarecimento de duas outras propriedades dos sistemas que serão particularmente importantes para este trabalho: o princípio da homeostase e o de retroalimentação (Watzlawick et al.,1993).

Postulado na biologia, o conceito de homeostase diz respeito à capacidade que todo organismo tem de buscar espontaneamente condições de equilíbrio para que lhe seja possível funcionar. É um mecanismo autorregulador, que permite ao organismo sobreviver às alterações de seu equilíbrio natural. Assim, um organismo, ao ser exposto a uma temperatura acima da sua, imediatamente, dá início a mecanismos compensatórios, como o suor, que objetiva diminuir a temperatura do corpo, restaurando seu equilíbrio inicial.

Este mecanismo compensatório se dá por um processo de retroalimentação do organismo com o meio. O organismo, portanto, consegue restaurar este equilíbrio pela interatividade com o contexto, sendo influenciado e influenciando o meio, recebendo e transmitindo mensagens. Ao nível biológico, como no exemplo anterior, o organismo só consegue baixar a temperatura do corpo, a partir de uma mudança simultânea da temperatura do meio.

O efeito deste princípio cibernético nas interações familiares é esclarecedor para o entendimento da manutenção dos padrões relacionais nestes sistemas. Com a função de restaurar o equilíbrio do sistema, o princípio da homeostase estaria a serviço de regular qualquer impacto provocador de mudança e de desequilíbrio na família. Na medida em que é impossível impedir mudanças, cada sistema vai reagir a elas se fechando pela retroalimentação negativa ou se atualizando através da retroalimentação positiva.

Este fato está condicionado à flexibilidade da família, ao interagir por meio de seus padrões relacionais. Se o sistema se organiza de forma a que só suporte graus mínimos de mudança, os padrões relacionais serão rígidos, trazendo sofrimento aos seus membros, devido ao engessamento do sistema. Vale ressaltar que o engessamento citado pode não ser uma condição estrutural permanente, e sim, momentânea, voltada para alguns assuntos específicos ou em algumas fases mais delicadas. Entretanto, caso não haja uma intervenção no sentido de identificar a dificuldade, este engessamento poderá se cronificar, produzindo padrões relacionais intensamente rígidos que se repetirão por gerações, perpetuando a momentânea disfuncionalidade.

Este fato pode ser observado em famílias nas quais alguns padrões de comportamento se repetem por gerações, trazendo sofrimento a seus membros. No caso do transtorno aditivo, por exemplo, Stanton (1999) observa que a adição entra na família em uma determinada geração e costuma se perpetuar ao longo do tempo. As pessoas à volta do dependente "acompanham" seu estilo de vida, respondendo de forma complementar ao comportamento disfuncional; este, por sua vez, realimenta a disfuncionalidade, perpetuando o padrão. Algumas pessoas da família tendem a mudar seus horários ou deixarem seus empregos para cuidarem dos dependentes. Podem evitar certos assuntos para não os aborrecer e não provocarem sua saída de casa. Outros membros podem atuar com mais rejeição e ignorar o dependente, não falando com ele, ou destratando-o. Percebem-se, neste caso, comportamentos complementares e de manutenção do *status quo*. Este padrão, se não for revisto, pode se perpetuar por gerações, fazendo com que atitudes disfuncionais se tornem automáticas e de motivação invisível. O conceito de homeostase, portanto, está no centro da principal função do sintoma na família.

> A homeostase dá nascimento ao conceito de função interpessoal do sintoma. A título de ilustração, considera-se sua função mais como regulador homeostático – por exemplo, no uso da fobia em um parceiro como forma de aliviar o outro a evitar situações de sobrecarga de ansiedade. (Nichols & Schwartz, 1998, p. 28)

No entanto, a homeostase não está só a serviço do equilíbrio disfuncional do sistema família. Paradoxalmente, a homeostase enquanto propriedade dos sistemas também está relacionada à possibilidade de mudança para a manutenção da vida. Ackerman (1986) propõe que a homeostase não seja encarada como capacidade paralisadora do sistema, e sim, como protetora deste. E seria esta proteção que permitiria seu desenvolvimento através de um processo fluído de mudança, permitindo a chegada de novos padrões relacionais, ao mesmo tempo em que preservaria padrões já instalados que garantiriam os vínculos dos membros do sistema familiar.

Esta dinâmica, portanto, garante o funcionamento e consequentemente a continuidade do sistema familiar ao longo do tempo. Como afirma Nichols e Schwartz (1998):

> A família é o contexto dos problemas humanos: e, como todos os grupos humanos, a família tem propriedades emergentes – o todo é maior do que a soma de suas partes. Além disso, não importa quantas e quão variadas sejam as explicações dessas propriedades emergentes, todas elas recaem em duas categorias: estrutura e processo. A estrutura da família inclui triângulos, subsistemas e fronteiras. Entre os processos que descrevem a interação familiar – reatividade emocional, comunicação disfuncional, etc. –, o conceito central é a circularidade. Em vez de se preocuparem com quem começou o quê, os terapeutas de família compreendem e tratam os problemas humanos como uma série de mudanças e contramudanças, em ciclos repetidos. (p. 70)

A dinâmica do comportamento excessivo em um sistema familiar pode estar a serviço da manutenção do equilíbrio desse sistema, mesmo que de forma automática e transgeracional. Como um modo de existir invisível, atuando como o Sistema 1, descrito anteriormente neste estudo. Uma forma de identidade familiar, que se manterá assim, até o momento em que os danos causarem muita ameaça *à* sobrevivência do sistema.

Se o comportamento excessivo pode ser considerado um comportamento sistêmico, a reflexão, a ponderação também o é. Então, podemos afirmar que a família é o campo propício para a aquisição de saúde mental, no nível relacional, na medida em que natureza e educação estão intrinsecamente ligados. Fishbane cita estudos de Erik Kandel (2006), ganhador do prêmio Nobel de Fisiologia/Medicina em 2000, que afirma que a aprendizagem modifica o cérebro, ou seja, a química cerebral é modificada pelos relacionamentos ao longo da vida e a experiência influencia a expressão dos genes (epigenética). Intervenções nas relações familiares têm a potência de reverter quadros comportamentais desafiadores. Relações podem restaurar cérebros.

Estudiosos na área da família se debruçam no conhecimento da dinâmica familiar que mantém o comportamento sintomático, no caso em questão, o comportamento excessivo e como a família pode trabalhar no processo de remissão do mesmo.

Por isso, quando compreendermos o papel do comportamento excessivo na manutenção familiar, esse fato já nos capacita a trabalhar na ambiência mais potente para a remissão do mesmo. Então, como transformar a família no antídoto do comportamento excessivo?

Sabemos que o sintoma numa família tem uma função sustentadora que, ao mesmo tempo, ameaça sua sobrevivência. Isso se deve ao fato de que, como um sistema, a família evolui no tempo e precisa se organizar para tal.

A terapêutica do processo se dá na consciência da disfunção e na possibilidade de rearranjo numa metodologia mais competente e evolutiva. A maturidade amplia nosso sistema reflexivo cerebral, o que melhora, por óbvio, todo o funcionamento cognitivo. Murray Bowen (1978), psiquiatra e terapeuta de família, afirma que a maturidade relacional se dá através do processo de diferenciação familiar. Esta é uma tarefa para toda vida e que se utiliza, exatamente, da nossa capacidade e necessidade evolutiva.

O processo de diferenciação emocional é marcado por sucessivos compromissos de pertencimento à família de origem, na participação nos diversos papéis ao longo do tempo, como ser filho, irmão, tio, sobrinho ou neto, como também de pertencimento a sistemas fora da família ou até a construção da própria família nuclear. O engajamento em sistemas extrafamiliares pressupõe um progressivo distanciamento da família de origem, distanciamento este que nunca chega a ser total. Para Bowen (1978), um adequado processo de maturidade emocional pode ser avaliado na participação dos indivíduos em suas funções intra e extrafamiliares, por meio de seu grau de diferenciação na sua família de origem.

Essa dinâmica exige maturidade, compromisso e autorregulação. Uma família engajada nesse processo não reforça comportamentos excessivos. Eles tendem a destoar muito da dinâmica e não encontram o espaço necessário para seu estabelecimento crônico. Em outras palavras, o tratamento das relações familiares seria preventivo para o estabelecimento de relações abusivas e impulsivas que são a principal característica do comportamento excessivo.

Desta forma, não é à toa que tratamentos que priorizam a abordagem familiar apresentam um alto índice de sucesso da abordagem do comportamento excessivo (Payá, 2017)

A abordagem familiar tem como foco encontrar saídas sistêmicas para mudar o curso dos acontecimentos. Esse termo foi cunhado por Mendes (2013) e aponta para a possibilidade da aquisição de saúde no sistema familiar:

> A saída sistêmica é a técnica ou estratégia que o terapeuta usará para despertar a consciência do padrão aprisionante e a abertura de cada membro da família para uma nova via de comportamento. (p. 226)

Antídoto

Intervenção familiar estratégico-sistêmica: uma proposta estruturada de abordagem para comportamento excessivo

Essa metodologia estruturada surgiu da necessidade de organizar metodologicamente nossa prática de mais de 20 anos com famílias apresentando graves consequências advindas tanto dos comportamentos excessivos, quanto da forma como eles são mantidos no sistema familiar. Em 2018, essa metodologia vem sendo aperfeiçoada e replicada para profissionais interessados. A partir da compreensão dos mecanismos de manutenção dos comportamentos excessivos, nosso objetivo terapêutico é ajudar os envolvidos a contribuírem cada vez menos com a manutenção deste sintoma. Isso só se torna possível com o entendimento de todos acerca de seu mecanismo e de como esse mecanismo é mantido através das relações no sistema familiar (Payá, 2017).

Nossa orientação teórico-prática se baseia nos fundamentos e técnicas da terapia estrutural e estratégica. Essas abordagens terapêuticas são extremamente pragmáticas e intervencionistas. Estão intensamente voltadas para o entendimento da manutenção do problema e não necessariamente para sua origem. Esse princípio confere uma agilidade bastante premente em situações graves e de crise – como no caso dos comportamentos excessivos. Pautado neste princípio, o terapeuta precisa ter um papel bastante ativo e capacitado, para que possa estabelecer um clima de confiança e de cooperação de todos no processo de ajuda. O estabelecimento de um protocolo confere a segurança e a direção necessárias nesse momento delicado.

Podemos definir como protocolo, um conjunto de informações, decisões, normas e regras definidas para se alcançar um determinado fim. Um protocolo aponta para uma série de condutas organizadas num processo previsível, porém dinâmico, que permite controlar a crise com ações produtivas. Ao aplicarmos o protocolo como ferramenta ou bússola, resguardamo-nos de nos perdermos na confusão da crise, atuando com organização para um clima terapêutico favorável.

Vamos explorar a aplicação do protocolo em três momentos críticos do tratamento: a fase inicial – em que há a busca de ajuda; a manutenção do tratamento – em que as orientações devem estar sendo praticadas; e a prevenção de recaídas.

O protocolo e as fases do tratamento

O protocolo baseia-se na abordagem de seis pontos estratégicos, que serão divididos em dois blocos gerais a serem avaliados e trabalhados, embasando as intervenções terapêuticas durante as etapas.

Avaliação da estrutura/dinâmica familiar

1) Como a família está estruturada – que padrões transacionais estão sustentando o comportamento excessivo.
2) Como está organizada a sua hierarquia.
3) Onde estão estabelecidas as fronteiras e como está a participação dos membros da família nos subsistemas (quem está subfuncionando e superfuncionando).

Avaliação do nível de diferenciação

1) Qual o grau de flexibilidade da família na diferenciação de seus membros.

2) Que triângulos rígidos estão sustentando as pessoas em funções engessadas, dificultando a flexibilidade para a mudança.
3) Quais são as ferramentas de resiliência familiar: competências. individuais e relacionais. Como a família lida com a crise? Como alimenta a dignidade de seus membros?

A aplicação desta metodologia pode ser iniciada antes ou depois da avaliação com o psiquiatra do caso, pois o protocolo é processual e evolui de acordo com as etapas do tratamento.

A utilização deste protocolo otimiza as sessões e organiza a estratégia do tratamento dentro de suas fases.

Aplicando o protocolo

Fase inicial – busca de ajuda

Na maior parte das vezes, o pedido de ajuda vem por meio de algum familiar, e quando o paciente identificado tem a iniciativa de buscar o tratamento, normalmente vem pressionado e/ou acompanhado por algum familiar ou pessoa com esse papel. Procurar ajuda especializada normalmente acontece quando o comportamento excessivo (ou as consequências desse) gera importante ameaça ao sistema familiar (Aleluia, 2017).

Sendo assim, podemos esperar um enorme grau de tensão nas relações, devido também às infindáveis tentativas frustradas de controlar o quadro.

Para que a família se sinta capaz de lidar com a situação de forma organizada, o sistema terapêutico precisa intervir com precisão, focando na compreensão empática do sofrimento de todos para diminuir a ansiedade do sistema. Desta forma, a família conseguirá se abrir para fornecer importantes informações que nortearão a confecção das estratégias terapêuticas. Observe a seguir os quadros 1 e 2.

Objetivos: 1. motivar a família, despertando a consciência para a dinâmica que mantém a doença. **2.** Estimular o sistema a tomar as decisões necessárias para o enfrentamento inicial da crise. **3.** Focar na capacitação de cada membro da família e em suas possibilidades. **4.** Focar no papel e na responsabilidade de cada um no processo de ajuda.

Quadro 1 – Avaliando a estrutura

O que investigar	Técnicas possíveis
Existem outras pessoas com comportamento excessivo na família?	Genograma
Que outras compulsões existem na família?	Genograma
Como a família lida com esses transtornos?	Genograma Escultura familiar
Qual o nível de responsabilidade na manutenção da estrutura familiar?	Genograma Linha do tempo (ciclo de vida familiar)
Quem costuma comandar os movimentos familiares (o dependente, o adolescente, o adulto, alguém de fora do sistema nuclear do paciente identificado)?	Genograma Escultura familiar
Com que membros familiares podemos contar para intervenção na crise (potentes x impotentes)?	Genograma Levantamento de rede de apoio

Quadro 2 – Avaliando os níveis de diferenciação dos membros da família

O que investigar	Técnicas possíveis
Existe história de tratamento bem-sucedido?	Genograma Linha do tempo
O paciente identificado está hiperconectado com algum outro membro da família (vivo ou morto). Este membro está participando ou tem disponibilidade de participar do tratamento?	Genograma (linhas de ligação afetiva) Escultura familiar Desenvolvimento de potencial criativo (colagens, fotografias...) Cartas (perdão, autorização, benção, despedida)
Existem membros da família que acreditam na mudança que o tratamento pode trazer à dinâmica do sistema?	Diretivas estratégicas Baralho de comunicação não violenta Cartas (perdão, autorização, benção, despedida)
Quais valores conduzem as práticas familiares? Tais valores são mantenedores na doença ou da recuperação?	Genograma trigeracional Desenvolvimento de potencial criativo (colagens, fotografias...) Treinamento de habilidades em comunicação não violenta Mindfulness associado ao desenvolvimento de habilidades socioemocionais

Manutenção das mudanças

Afirmamos que o tratamento está em fase de manutenção quando ações de mudança já foram devidamente implementadas e a realidade sistêmica do tratamento é assumida pelo sistema familiar como um todo. Nessa etapa, o sistema familiar e o sistema terapêutico agem de forma complementar, facilitando todo o processo. Veja o quadro 3.

Objetivos: 1. Fortalecer as habilidades adquiridas no processo inicial. **2.** Preparar o sistema para viver fora da crise. **3.** Rever atitudes de controle; rever atitudes de provisão. **4.** Estabelecer metas de autonomia de médio e longo prazo.

Quadro 3 – Avaliando a estrutura

O que investigar	Técnicas possíveis
A família se organizou de forma que as pessoas responsáveis pela sua manutenção gozam de saúde física e mental e conseguem pedir e receber ajuda de maneira funcional?	Escultura familiar Linha do tempo do tratamento Desenvolvimento de potencial criativo (colagens, fotografias...) Treinamento de habilidades em comunicação não violenta
Os subsistemas estão claramente definidos?	Fronteiras espaciais
Existe privacidade entre os subsistemas?	Totens e bonecos
O tema *adição* consegue circular na família com facilidade? Outros temas familiares ocupam mais tempo da sessão?	Agendamento de sessão com família extensa e rede de apoio

Quadro 4 – Avaliando os níveis de diferenciação dos membros da família

O que investigar	Técnicas possíveis
Os membros da família têm o seu espaço individual dentro e fora do grupo, respeitando as fronteiras e papéis (pertencimento x individualidade)?	Escultura familiar Desenvolvimento de potencial criativo (colagens, fotografias...) Treinamento de habilidades em comunicação não violenta
A comunicação entre os membros da família se dá de forma clara, assertiva e não violenta?	Escultura familiar Desenvolvimento de potencial criativo (colagens, fotografias...) Treinamento de habilidades em comunicação não violenta Contação de história
Existe espaço na família para projetos individuais? As pessoas são valorizadas por isso?	Escultura familiar Desenvolvimento de potencial criativo (colagens, fotografias...) Treinamento de habilidades em comunicação não violenta Totens e bonecos

Prevenção de recaída

Prever recaídas, de uma forma geral, é uma meta presente em todo o processo terapêutico. Mas aqui estamos nos referindo a um momento mais avançado do tratamento em que os entraves sistêmicos que sustentam o comportamento excessivo estão devidamente mapeados.

Nesta etapa do tratamento, as estratégias terapêuticas contemplam uma atitude preventiva, com um olhar mais específico nas questões individuais e dos subsistemas (casal, por exemplo).

Nesta fase, uma recaída sinaliza pontos profundos que precisam ser alterados. Por isso, o olhar sistêmico preventivo é fundamental, na medida em que sabemos que, muitas vezes, uma recaída não dá chance de volta à recuperação. Veja os quadros 5 e 6.

Objetivos: 1. Prever entraves sistêmicos cujo retorno à crise tire o foco de questões essenciais.

Quadro 5 – Avaliando a estrutura

O que investigar	Técnicas possíveis
Existem comportamentos disfuncionais resistentes à intervenção?	Uso de exames laboratoriais (toxicológico) Linha do tempo do tratamento Sessão específica com cada subsistema Possível encaminhamento para terapia de casal

Quadro 6 – Avaliando os níveis de diferenciação dos membros da família

O que investigar	Técnicas possíveis
Os movimentos de diferenciação (autonomia financeira e emocional, saída da casa parental, etc.) são assimilados, com harmonia, pelas famílias?	Escultura familiar Desenvolvimento de potencial criativo (colagens, fotografias...) Treinamento de habilidades em comunicação não violenta Agenda funcional Cartas direcionadas

Nossa prática tem nos mostrado que uma abordagem organizada, processual e colaborativa proporciona um engajamento familiar funcional, tornando o sistema terapêutico cada vez menos necessário, uma vez que possibilita a gradativa aquisição de habilidades fundamentais por parte da família, para viver sem a presença da adição ativa.

Sendo este protocolo particularizado, ou seja, confeccionado para cada família, torna-se um documento fundamental para o embasamento de qualquer estratégia de tratamento posterior.

Atuando com intervenções voltadas à modificação da dinâmica familiar, o tratamento dos comportamentos excessivos ganha amplitude, possibilitando integrar ações individuais a modificações ambientais no grupo social, capaz de promover os maiores impactos emocionais, que é a família.

Dessa forma, as intervenções familiares estratégicas agem em níveis de tratamento e prevenção, tendo em mente tudo o que foi explanado nesse capítulo.

Referências

Ackerman NW. (1986). *Diagnóstico e tratamento das relações familiares.* Porto Alegre: Artes Médicas.

Aleluia, G. (2017). Diretrizes para terapia familiar no tratamento da dependência química. In Gigliotti, A & Guimarães, A. *Adição, dependência, compulsão e impulsividade.* Editora Rubio.

Aleluia G, & Payá R. (2017). Ciclos Familiares. In: Payá R. et al. *Intervenções familiares para abuso de substâncias.* São Paulo: Roca.

Bateson, G., Jackson, D, Haley, J. E., & Wekland, J. (1956). Toward a Theory of Schizophrenia, *Behavior Science,* 1: 251-264.

Berger, P. L., & Luckman, T. (1985). *A construção social da realidade.* Rio de Janeiro: Artes Médicas.

Bowen, M. Family therapy in clinical pratice. Nova York, Jason Aronson, 1978.

Cacioppo, J. T., & Berntson, G. G. (2004). *Essays in social neroscience.* Cambridge, MA:MITPRESS.

Fishbane, M. (2016). Neurobiologia e processos familiares. In Walsh, F. *Processos normativos da família – diversidade e complexidade.* 4. ed. Porto Alegre: Artmed.

Gilbert, P. (2009). *The Compassionate Mind.* London: Constable & Robinson; Oaklands, CA: New Harbinger.

Gilbert, P. (2019). *Terapia focada na compaixão.* 3. ed. São Paulo: Hogrefe.

Kahneman, D. (2012). *Rápido e devagar – duas formas de pensar.* Rio de Janeiro: Objetiva.

Mendes, Z. (2013). O tesouro da família – reflexos da experiência com o dinheiro na família de origem. In Groisman, M et al. *Minha família & meu dinheiro: a história familiar comanda seu dinheiro?* Rio de Janeiro: Núcleo Pesquisas.

Nichols MP, Schwartz RC. (1998). *Terapia familiar: conceitos e métodos.* Porto Alegre: Artes Médicas.

Palmini, A. (2017). Pensamentos, recompensas e sequestros no entendimento das patologias da vontade. In Gigliotti, A., & Guimarães, A. *Adição, dependência, compulsão e impulsividade.* Rio de Janeiro: Rubio.

Pani, L. (2000). Is there an Evolutionary Mismatch Between the Normal Physiology of the Human Dopaminergic System and Current Environmental Conditions. in Industrialized Countries? *Molecular Psychiatry*, 5, 467-475.

Payá R. (2017). Importância das intervenções familiares/panorama para o tratamento de abuso e dependência. In *Intervenções familiares para abuso e dependência de álcool e outras drogas*. Rio de Janeiro: Roca.

Siegel, D. (2016). *Cérebro Adolescente*. São Paulo: Editora Versos.

Stanton MD, & Todd T et al. (1999). *Terapia familiar del abuso y adiccion a las drogas*. Barcelona: Gedisa.

Watzlawick, P., Beavin, J. H., & Jackson, D. D. (1967). *A Pragmática da Comunicação Humana*. São Paulo: Cultrix, 1993.

CAPÍTULO 15

Terapia comportamental dialética para o transtorno por uso de substâncias

Verena Barroso Bastos

A Terapia Comportamental Dialética (DBT), desenvolvida por Marsha Linehan nos anos 1970, nos Estados Unidos da América (EUA), é uma abordagem terapêutica que combina estratégias de mudança e aceitação, ciência comportamental, princípios da filosofia zen e técnicas de mindfulness (Linehan, 1993).

O termo "dialética" refere-se à síntese de dois opostos, aceitação e mudança, promovendo uma interação contínua e dinâmica entre ambos. Inicialmente desenvolvida e testada para tratar pacientes com comportamentos suicidas crônicos, e/ou com transtorno borderline de personalidade (TBP) (Linehan, 1993), atualmente, a DBT é utilizada para diversos transtornos, incluindo comportamentos aditivos, como o transtorno por uso de substâncias (TUS). Devido ao alto índice de comorbidade entre TPB e TUS, Dimeff e Linehan (2008) descreveram as adaptações e apresentaram estudos necessários para o tratamento mais eficaz desse grupo. Apesar dos principais estudos na área abordarem dependências químicas, esta abordagem não se limita apenas a essa área, sendo aplicáveis também às dependências comportamentais e aos comportamentos aditivos.

A taxa de comorbidade entre adição e transtornos de personalidade permanece alta de acordo com pesquisas na área. Um estudo conduzido por Trull et al. (2010) revelou que 57,4% de TPB preenchiam critérios para TUS e que pessoas com TPB são quatro a dez vezes mais propensas a desenvolver TUS. Outro estudo, por Pennay et al. (2011) demonstrou que entre indivíduos com TUS, a associação com TPB chegava a 65%. Uma pesquisa mais recente, por Kienast et al. (2014), indicou que 78% de adultos com TPB apresentam TUS. No Brasil, um estudo por Diehl e Souza (2009) mostrou que TUS acomete 76% indivíduos que apresentam TPB. Esses indivíduos apresentam maior comprometimento social, sintomas psicopatológicos mais graves, maior prevalência de comorbidades clínicas, e uma maior vulnerabilidade para aquisição de doenças sexualmente transmissíveis.

Evidência científica

Estudos científicos sobre a abordagem DBT para TUS ainda são poucos e muito heterogêneos, o que indica a necessidade de mais estudos na intervenção. Na tabela 1 está um resumo de estudos recentes e os resultados encontrados.

Tabela 1 - Estudos sobre a abordagem DBT para TUS e seus principais desfechos

Autor	População	Intervenção	Duração	Resultados
Axelrod et al. 2011	N: 27 mulheres Episódio depressivo, TPB e TUS	20 sessões DBT, foco em regulação emocional		Não houve modificação do humor. Consumo de SPA diminuiu significativamente.
Nyamathi et al. 2017	N: 116 mulheres Usuárias de múltiplas SPA, sem teto, presas	2 grupos, DBT e promoção à saúde	6 meses	Grupo DBT: melhor adesão ao tratamento, redução uso SPA, melhora global comportamento social.
Nyamathi et al. 2018	N: 130 mulheres Situação de risco social, 19-65 anos	6 sessões de DBT focadas em redução do uso		Redução uso SPA, mulheres mais novas tiveram mais benefícios.
Wilkis et al. 2018	N: 59 participantes Potencial suicida + binge álcool	Grupo DBT *on-line* (iDBT-ST) + controle	8 semanas	DBT: redução mais rápida no consumo de álcool.

Autor	População	Intervenção	Duração	Resultados
Cooperman, Rizvi, Hughes e Williams, 2018	N: 7 indivíduos	12 sessões em grupo semanais, 90 minutos	12 semanas	Reduziram consumo de tabaco após 6 semanas, não apresentaram consumo de drogas ilícitas e não apresentaram episódios de desregulação emocional.

Fonte: elaborado pela autora.

Teoria biossocial

A teoria biossocial proposta por Linehan (1993) explica como a desregulação emocional global, apresentada por pacientes com TPB, é um resultado de interações constantes entre um ambiente invalidante e variáveis biológicas de desregulação emocional: uma alta sensibilidade a estímulos emocionais, uma resposta muito intensa a estímulos emocionais, e um lento regresso ao estado de base. Dimeff e Linehan (2008) propuseram que o uso de substâncias entra como uma estratégia, mal adaptada, de regulação emocional. Acaba se formando uma interação em que o uso de substâncias, que foi inicialmente usado para regular as emoções, acaba aumentando a desregulação e, com isso, os sintomas do TPB. Dessa forma, o TPB acaba alimentando o TUS e vice-versa. Os resultados dessa interação acabam levando a pacientes que apresentam essa comorbidade, no geral, a apresentarem uma taxa de remissão do TUS mais baixa do que quando apresentam comorbidade com transtornos de humor e ansiedade (Kienast et al., 2014), e fases de abstinência da substância mais curta. A ineficácia interpessoal provinda da interação citada acima é trazida para o tratamento: ataques de raiva com o terapeuta, levando o mesmo a uma maior chance de se sentir desmoralizado e apático. Com o quadro mais inflamado, devido à comorbidade, e com o tratamento sendo menos seguido, tendem a apresentar uma piora do prognóstico (Cancian et al., 2021). Esses pacientes apresentam maior probabilidade de parar o tratamento, e com isso, de ir a vários profissionais, e mesmo assim tem dificuldade em aceitar e seguir as orientações para um tratamento efetivo. Apresentam dificuldade em estabelecer e manter vínculos, maior reatividade às orientações e a comportamentos do profissional, e transferência de responsabilidade.

Adaptações da DBT para TUS

A adaptação da DBT para o TUS envolve abordar o uso de substâncias através do conceito de *Abstinência Dialética*, em que o paciente se compromete a parar de usar a substância, e ao mesmo tempo compreende que recaídas fazem parte do processo, e devem ser vistas como problemas a serem resolvidos, e não como falhas pessoais (Cancian et al., 2021). Funções, componentes, e estágios do tratamento foram adaptados de acordo com as necessidades desses pacientes, e são descritas a seguir.

Componentes do tratamento

A DBT-TUS (Linehan & Dimeff, 2008) manteve todos os aspectos da DBT padrão (estágios, hierarquias, funções, automonitoramento, treinamento de habilidades) e acrescentou as melhores práticas existentes na literatura para TUS, como exames toxicológicos, entrevista motivacional para motivação e medicações para abstinência, quando necessário. É um tratamento focado na abstinência ("abstinência dialética"), que incorpora a redução de danos, habilidades relacionadas a adição (DCBA), e aborda dificuldade específicas como engajamento no tratamento (Koerner, 2020) e comunicação falha (mentiras e omissões). Os componentes da DBT para comportamentos aditivos incluem a terapia individual, a participação em um treinamento de habilidades em grupo, coaching telefônico, abordagens extras necessárias (como psiquiatra, terapia de família, gerenciamento de caso) e consultoria para o terapeuta. Um estudo realizado por Rizvi e colegas (2011) mostrou que o uso do *coaching* telefônico por pacientes com a comorbidade TPB + TUS, com a habilidade ação oposta, conseguiu diminuir significativamente tanto a intensidade emocional, quanto o impulso ao uso de substâncias.

Estágios do tratamento

A DBT para TUS envolve uma hierarquia modificada de alvos que coloca o uso de substâncias, especificamente, a abstinência da droga de escolha, como o principal comportamento que interfere na qualidade de vida. Isso significa que o foco direto no tratamento do TUS fica abaixo das prioridades mais altas de abordar comportamentos que ameaçam a vida (ou seja, suicídio, comportamentos autolesivos sem intenção suicida e homicídio), bem como a próxima prioridade de abordar comportamentos que interferem no tratamento (por exemplo, atrasos frequentes ou não comparecimento às sessões). Assim como na DBT padrão, comportamentos adicionais que interferem na qualidade de vida além do TUS (por exemplo, falta de moradia, comportamentos resultantes de raiva descontrolada e outros problemas clínicos) são então priorizados com base em considerações clínicas, incluindo as preferências do paciente, seguidas por uma prioridade final de aprimoramento de habilidade (por exemplo, abordar déficits de habilidades com habilidades da DBT e aprender a se autogerenciar com maior autonomia).

O direcionamento preciso do TUS na hierarquia de tratamento pode se tornar bastante complicado quando o uso de substâncias é considerado ameaçador à vida ou interfere no tratamento. A diretriz geral para manter a hierarquia de tratamento organizada é manter um foco nítido sobre se o uso da substância é feito com intenção suicida (por exemplo, overdose intencional ou clara ambivalência sobre a morte potencial por overdose, mesmo sem clara intenção suicida); se o uso é feito com a intenção de prejudicar o próprio organismo (por exemplo, beber mesmo tendo uma doença hepática para prejudicar ainda mais o fígado); ou se houver evidência médica de que qualquer uso adicional cria risco iminente de morte (por exemplo, uso de cocaína com um problema cardíaco grave ou o uso de cigarro quando se tem doença pulmonar obstrutiva crônica), tudo isso seria consistente com a colocação dessa topografia específica de uso de substância no nível superior da hierarquia, ou comportamento com risco de vida. Alternativamente, se o uso da substância não oferece risco de vida, mas limita a capacidade do paciente de participar ou se beneficiar do tratamento (por exemplo, não comparecimento ou incapacidade de assimilar novos aprendizados devido a intoxicação), então seria direcionado para o segundo nível da hierarquia ou comportamento que interfere no tratamento. Nesses casos, é importante ter em mente que mesmo dentro da mesma substância pode haver várias motivações para o uso, e é necessário abordar cada uso dentro da hierarquia definida (por exemplo, beber como parte de uma tentativa de suicídio ou beber a ponto de não conseguir comparecer ao tratamento; ou beber que não é suicida e que não afeta diretamente o tratamento, mas interfere na qualidade de vida) (Axelrod, 2020).

Funções do tratamento

Como um tratamento DBT, a DBT TUS cumpre as cinco funções da DBT padrão, incluindo: **1.** Aprimorar as habilidades do paciente. **2.** Aumentar a motivação do paciente. **3.** Generalizar para o ambiente. **4.** Estruturar o ambiente. **5.** Aprimorar as habilidades e motivação do terapeuta. Cada função tem ênfase nas questões encontradas especificamente na comorbidade de BPD e TUS (Axelrod, 2020).

1. Aprimorar as habilidades do paciente

O módulo tolerância ao mal-estar da DBT para comportamentos aditivos fornece aos pacientes habilidades adicionais para autogerenciamento e sobrevivência à crise reorganizadas no mnemônico "DCBA" no manual de habilidades revisadas, de Linehan (Linehan, 2015). A abstinência dialética enquadra o processo de recuperação do TUS para profissionais e pacientes como uma síntese dos dois modelos principais, ainda que contraditórios, de recuperação e tratamento de dependência, ou seja, abordagens de abstinência, como 12 passos, e abordagens de redução de danos, como prevenção de recaídas. A DBT TUS se esforça para reunir os pontos fortes e os benefícios da abordagem de abstinência (ou seja, para alcançar episódios mais longos sem uso) e abordagens de redução de danos (ou seja, retorno mais rápido à abstinência após lapsos), buscando evitar as dificuldades de cada abordagem: a piora em espiral em recaídas completas nas abordagens que buscam a abstinência e, na redução de danos, uma maior dificuldade em alcançar a abstinência.

Essa síntese é realizada na DBT TUS com uma expectativa de total comprometimento para a abstinência bem-sucedida, por um lado, e por outro, a aceitação completa de que um uso de substâncias pode ocorrer como parte esperada do processo de recuperação e que a recaída pode ser uma experiência de aprendizado. Como um atleta olímpico, o paciente se compromete totalmente a treinar com a intenção de obter o ouro, sabendo o tempo todo que pode não conseguir o ouro em alguma competição; e qualquer deficiência será analisada para aumentar as chances de obter o ouro na próxima vez. Uma abordagem sem julgamento é usada para mitigar qualquer experiência de vergonha, de fracasso, ou de cair na desesperança e resignação (como o efeito de violação da abstinência, proposto por Marlatt, 1985).

As habilidades DCBA adicionais para aprimorar as habilidades incluem mente límpida e reforçamento da comunidade (ou seja, desenvolver contingências de estilo de vida que recompensem a abstinência, como um horário de trabalho inconsistente com um estilo de vida de uso e desenvolvimento de relacionamentos com não usuários); queimando pontes relacionadas ao comportamento aditivo (por exemplo, apagando contatos de traficantes; terminando relacionamentos centrados no uso) e construindo pontes para substituir pistas visuais e olfativas de drogas em seus ambientes por novas visões e cheiros para se tornarem pistas sensoriais que sejam *links* para a recuperação; rebelião alternativa: praticando opções para validar funcionalmente o desejo de chocar, quebrar as regras ou rejeitar as expectativas de maneiras não destrutivas e consistentes com os valores de cada um (por exemplo, tingir o cabelo de uma cor brilhante ou usar maquiagem incomum), e negação adaptativa, ao dizer a si mesmo deliberadamente frases "falsas" que aliviem a angústia do momento atual de passar pela abstinência (por exemplo, "só tenho que passar por hoje" ou "daqui a pouco eu faço (o comportamento problema), agora vou me distrair"). É importante ressaltar que todas essas habilidades são perfeitamente adequadas para comportamentos aditivos generalizados, e não apenas aqueles relacionados a substâncias, incluindo alvos comuns da DBT, como automutilação ou compulsão alimentar, bem como hábitos que podem estar trazendo problemas no momento, como uso do celular, compras, sexo, jogos, entre outros (Linehan, 2015).

2. Aumentar a motivação do paciente

Indivíduos diagnosticados com TUS geralmente têm forte ambivalência em parar de usar e podem minimizar ou esconder seu uso daqueles que investem em ajudá-los. Por esse motivo, e de acordo com as melhores práticas de tratamento para transtornos aditivos, a DBT para TUS pode incorporar exames toxicológicos aleatórios para ajudar a monitorar a abstinência. A estrutura hierárquica do plano de tratamento da DBT discutida acima, de direcionar o comportamento que interfere no tratamento diretamente e à frente dos alvos que interferem na qualidade de vida, incluindo o TUS, orienta o profissional a tratar a comunicação imprecisa como um obstáculo esperado do tratamento e a manter uma orientação sem julgamento. Isso envolve entendê-los como lutando com um dilema dialético, possivelmente incluindo vergonha, que os leva a vacilar entre a competência aparente: a apresentação imprecisa de que estão fazendo melhor do que realmente estão (incluindo projetar falsamente a capacidade de manter a abstinência), e passividade ativa: a não participação ativa no enfrentamento ou colaboração na ajuda de que precisam. Uma outra área problemática comum que ocorre com frequência na população-alvo do TPB com TUS é chamada de *apego borboleta*, ou a tendência de entrar e sair do tratamento, por vezes apresentando um menor desejo em formar vínculos com os profissionais que oferecem o tratamento (ao contrário de muitos indivíduos com TPB e sem TUS, que tendem a buscar tais apegos), e isso resulta em problemas com comparecimento ao tratamento e retenção do tratamento, levando ao abandono da terapia. Para resolver esse problema, a DBT para TUS utiliza uma variedade de estratégias de vinculação e gerenciamento de contingência (por exemplo, recompensar o atendimento com sessões mais curtas, se isso parecer ser reforçador para um paciente, ou mais longas, se for reforçador para outro). Alguns exemplos de estratégias de apego incluem conversar abertamente com os pacientes sobre o problema do apego borboleta (por exemplo: "Você descobriu que costuma ficar muito animado com novos compromissos, mas depois perde o interesse de repente e desiste?"); agendar *check-ins* telefônicos ou por mensagem regulares durante a fase inicial do tratamento; desenvolver planos preventivos de localização do paciente caso esse não apareça às sessões, como fazer com que os membros da rede de apoio do cliente se comprometam a ajudar a encontrar e convencer os pacientes a retornar ao tratamento se contatados pelo profissional; e encontrar os clientes em seus ambientes naturais para quebrar os ciclos de evitação se eles faltarem às sessões.

3. Generalização de habilidades

Assim como a DBT padrão, a DBT para comportamentos aditivos inclui cartões diários, atribuições de tarefas de casa e a revisão de habilidades por telefone (*coaching* telefônico) para ajudar a generalizar novas habilidades adquiridas na terapia para os ambientes naturais dos pacientes. Consistente com a suposição da DBT de que os pacientes "devem aprender comportamentos novos em todos os contextos relevantes", e seguindo os princípios da aprendizagem dependente do estado, a DBT para TUS inclui uma expectativa de que os pacientes continuem praticando suas habilidades mesmo quando usam substâncias para garantir que as habilidades se generalizem para esse contexto relevante específico, quando eles podem estar em maior risco (Linehan & Dimeff, 1997).

4. Estruturar o ambiente

Como os indivíduos com TPB e TUS comórbidos geralmente lidam com o caos significativo da vida, como dificuldades em se manter estudando ou trabalhando, desemprego e questões legais, a DBT para comportamentos aditivos dá uma maior ênfase ao fornecimento de estratégias de gerenciamento de caso. É dada atenção especial para ajudar os pacientes a reestruturar seus ambientes, para reduzir o contato com gatilhos para o uso de substâncias e para introduzir o reforço da abstinência. O foco adicional no gerenciamento de caso na DBT para TUS pode incluir a um gerente de caso como um recurso para os terapeutas individuais e/ou os pacientes (Linehan & Dimeff, 1997). A equipes da DBT para TUS também estruturam o ambiente terapêutico para evitar o efeito contágio do uso de substâncias entre os pacientes, como com regras claras como não se envolver em relacionamentos secretos (que não possam ser conversado sobre) com outros membros do grupo, e sem dúvida incluindo o compartilhamento de álcool e outras substâncias. Para ajudar a garantir um ambiente de grupo de habilidades funcionais, os pacientes são orientados a evitar parecer estar sob a influência de substâncias durante os grupos, para não levar os outros a ter gatilhos, mesmo que tenham realmente usado.

5. Aprimorar as habilidades e motivação do terapeuta

Trabalhar com TPB com pacientes que apresentam comorbidade com TUS, que mostram padrões de faltar às sessões, abandonar a terapia, chegar atrasado às sessões, querer sair mais cedo e dificuldade em pedir ajuda, pode ser bastante desmoralizante para um profissional, e pode parecer semelhante a uma experiência de ser rejeitado repetidamente por alguém de quem você está tentando ser amigo (Dimeff & Linehan, 2008). Os membros da equipe de consultoria, portanto, apoiam-se mutuamente durante esses altos e baixos, aliviando as incertezas uns dos outros, celebrando a menor das indicações discerníveis de progresso e reforçando-se mutuamente para irem além em seus esforços para envolver e reengajar seus pacientes no tratamento.

Considerações finais

A comorbidade entre transtorno por uso de substâncias e TPB apresenta um conjunto único de riscos e desafios para pacientes e os profissionais que os atendem. As características da intervenção adaptada incluem alvos comportamentais específicos para comportamentos aditivos, incluindo o uso problemático de drogas, um conjunto de estratégias de apego e fortalecimento de vínculo, para promover e construir uma forte relação terapêutica, e abstinência dialética - uma síntese de dois métodos opostos polares para lidar com o uso de substâncias. É importante salientar que, embora a DBT TUS possa ser uma intervenção eficaz para TUS sem TPB, ela pode não ser vantajosa em comparação com outros tratamentos para comportamentos aditivos com suporte empírico, que tendem a ser mais diretos e requerem menos recursos para serem implementados. Além disso, o foco na desregulação emocional crônica como a patologia subjacente que impulsiona o uso de substâncias na DBT TUS pode não ser amplamente aplicável a indivíduos com TUS na ausência de TPB. Por outro lado, a DBT TUS poderia ser justificada para indivíduos com TUS e outras comorbidades marcadas por desregulação emocional.

Referências

Axelrod, S. R. (2020). Dialectical Behavior Therapy for substance use disorders. In Swales, M. (Ed.) *The Oxford Handbook of Dialectical Behaviour Therapy. Oxford University Press.*

Axelrod, S. R., Perepletchikova, F., Holtzman, K., & Sinha, R. (2011). Emotion regulation and substance use frequency in women with substance dependence and borderline personality disorder receiving dialectical behavior therapy. *American Journal of Drug and Alcohol Abuse*, 37(1), 37-42.

Cancian, A.C., Kessler, F., Souza., L.A., & Oliveira., M (2021). Transtorno da personalidade borderline associado ao transtorno por uso de substâncias. In Dornelles & Alano, D. (Orgs). *Transtorno da personalidade borderline: da etiologia ao tratamento* (pp 673-707). Porto Alegre: Sinopsys.

Cooperman NA, Rizvi SL, Hughes CD, & Williams JM. (2019). Field Test of a Dialectical Behavior Therapy Skills Training-Based Intervention for Smoking Cessation and Opioid Relapse Prevention in Methadone Treatment. *J Dual Diagn*. Jan-Mar;15(1):67-73.

Diehl, A., & Souza, P. M. (2009) Principais comorbidades associadas ao transtorno por uso de substâncias. In N. Zanelatto, & R. Laranjeiras (Orgs). *O tratamento da dependência química e as terapias cognitivo comportamentais: um guia para terapeutas* (pp 73-91). Porto Alegre: Artmed.

Dimeff, L. A., & Linehan, M. M. (2008). Dialectical behavior therapy for substance abusers. *Addiction Science & Clinical Practice*, 4(2), 39-47.

Kienast, T., Stoffers, J., Bermpohl, F., & Lieb, K. (2014). Borderline Personality Disorder and comorbid addiction: epidemiology and treatment. *Deutsches Arzteblatt International*, 111(16), 280-286.

Koerner, K. (2020). *Aplicando a terapia comportamental dialética*. Porto Alegre: Synopsys.

Linehan, M. M. (1993). *Cognitive behavioral therapy of borderline personality disorder* (Vol. 51). New York, NY: Guilford Press.

Linehan, M. M. (2015). *DBT® skills training manual*, 2nd Edition. New York, NY: Guilford Press.

Linehan, M. M., & Dimeff, L. A. (1997). *Dialectical behavior therapy for substance abuse treatment manual.* University of Washington, Seattle, WA.

Marlatt, G. A. (1985). Cognitive assessment and intervention procedures for relapse prevention. In G. A. Marlatt & J. R. Gordon (Eds.). *Relapse prevention: Maintenance strategies in treatment of addictive behaviors* (pp. 201–279). New York, NY: Guilford Press.

Nyamathi A, Shin SS, Smeltzer J, Salem B, Yadav K, Krogh D, & Ekstrand M. (2018). Effectiveness of Dialectical Behavioral Therapy on Reduction of Recidivism Among Recently Incarcerated Homeless Women: A Pilot Study. *Int J Offender Ther Comp Criminol*, 62(15):4796-4813.

Nyamathi, A. M., Shin, S. S., Smeltzer, J., Salem, B. E., Yadav, K., Ekstrand, M. L., . . . Faucette, M. (2017). Achieving drug and alcohol abstinence among recently incarcerated homeless women: A randomized controlled trial comparing dialectical behavioral therapy-case management with a health promotion program. *Nursing Research*, 66(6), 432-441.

Pennay, A., Cameron, J., Reichert, T., Strickland, H., Lee, N. K., Hall, K., & Lubman, D. I. (2011). A systematic review of interventions for co-occurring substance use disorder and borderline personality disorder. *Journal of substance abuse treatment*, 41(4), 363-373.

Rizvi, S.L., Dimeff, L. Skutch, J., Carroll, D., & Linehan, M. (2011). A pilot study of the DBT coach: an interactive mobile phone application for individuals with borderline personality disorder and substance use disorder. *Behavior Therapy*, 42(4), 589-600.

Trull, T. J., Jahng, S., Tomko, R. L., Wood, P. K, & Sher, K. J. (2010). Revised NESARC personality disorder diagnoses: gender, prevalence, and comorbidity with substance dependence disorders. *Journal of personality disorders*, 24(4), 412-426.

Wilks CR, Lungu A, Ang SY, Matsumiya B, Yin Q, & Linehan MM. (2018). A randomized controlled trial of an Internet delivered dialectical behavior therapy skills training for suicidal and heavy episodic drinkers. *J Affect Disord.* 232:219-228.

CAPÍTULO 16

O que fazer quando sua compulsão pelo trabalho está afetando a sua família?

Neide Zanelatto

"A vida é uns deveres que nós trouxemos para fazer em casa.
Quando se vê, já são 6 horas: há tempo...
Quando se vê, já é 6ª feira...
Quando se vê, passaram 60 anos!
Agora, é tarde demais para ser reprovado...
E se me dessem — um dia — uma outra oportunidade,
eu nem olhava o relógio, seguia sempre em frente...
e iria jogando pelo caminho a casca dourada e inútil das horas".
(Seiscentos e sessenta e seis)
Mario Quintana

A compulsão pelo trabalho foi conceituada pela primeira vez no início dos anos 70, como uma dependência comportamental, que tinha como uma das consequências a ocorrência de conflitos interpessoais, além de outros desfechos negativos (Quinones & Griffiths, 2015). Estudos, mais relevantes nas três últimas décadas, evidenciam que esta forma de dependência comportamental tem levado à redução de satisfação com a vida (considerando-se inclusive o trabalho), prejudicando a produtividade e ocorrendo conjuntamente com estados de ansiedade e depressão.

Embora os conceitos a respeito da etiologia do problema ainda estejam em construção, sabemos que a dependência de trabalho envolve um tempo excessivo e preocupação, gastos com trabalho, uma relevância deste tema que interfere em outras áreas da vida, a perda de controle do quanto se trabalha, bem como consequências negativas do ponto de vista social, emocional e de saúde. Acredita-se que pessoas que sofram deste tipo de transtorno tenham traços de personalidade compulsiva, alguma tendência para o funcionamento mais noturno, além de estratégias compensatórias relacionadas ao perfeccionismo (Molinaro et al., 2022), que as levam a se comportar desta forma em relação ao trabalho, mais do que as demandas vindas do próprio trabalho e que desenvolveram crenças de que o lugar do trabalho é um lugar de prazer, o que não é visto em outras áreas da vida (Sussman, 2012).

Em função do número de pessoas com este tipo de comportamento compulsivo que segue aumentando, o olhar para o desenvolvimento de formas de tratamento que contemplem as necessidades destas pessoas e de seus familiares tem sido mais atento, e as formas de intervenções tem sido ampliada neste sentido (Gordon, 2017).

O objetivo do presente capítulo é apresentar os conceitos essenciais sobre dependência de trabalho, suas consequências, com foco nos conflitos familiares, bem como quais as intervenções baseadas em boas práticas que auxiliam no manejo dos problemas que estão prejudicando o relacionamento familiar.

Compulsão pelo trabalho e conflitos familiares

Ao falarmos de dependências de um modo mais geral, sempre falamos de problemas como consequências destes comportamentos, mas no caso da dependência de trabalho, a crença de que o trabalho é algo positivo, está ligada à produtividade e ao compromisso positivo com as questões de planejamento e de futuro, ocorrendo uma dissonância em relação a esta conceituação.

O conflito trabalho-família tem sido definido como a discórdia ou o impasse familiar gerado por questões de trabalho, já o conflito família-trabalho, é aquele em que as demandas da família afetam o trabalho (Boyar et al., 2007). Deter-nos-emos neste capítulo, à primeira condição, já que os estudos apontam que o trabalho, quando realizado por mais de 50 horas semanais, tende a afetar as relações familiares.

A relação entre dependência de trabalho e problemas de ordem familiar, envolvendo cônjuge e filhos, está então ligada a alguns fatores que listamos a seguir:

1. Quanto mais o casal (pai e mãe) está ligado ao trabalho, e tem a crença de que o prazer maior vem do desempenho desta

atividade, tanto mais os seus filhos (em idade pré-escolar e escolar), tem a chance de terem problemas emocionais e comportamentais (Shimazu A. et al., 2020).

2. A dependência de trabalho é vista em nossa sociedade como algo positivo, pois o trabalho é visto como um valor a ser desenvolvido em cada indivíduo. Portanto, o valor da renda que o familiar dependente traz para sua família, também está de alguma forma ligada à percepção do conflito familiar. Quanto maior a renda, menor a percepção do conflito (Sawhney, 2022).
3. Estudos mostram que a insegurança percebida no ambiente de trabalho é um fator precipitador para o desenvolvimento da dependência de trabalho. No tocante ao conflito familiar, então, quanto maior a insegurança no ambiente de trabalho, mais conflito com a família (Shin, 2020).
4. Um estudo realizado entre psicólogos que trabalhavam compulsivamente evidenciou que, embora a compulsão para o trabalho esteja diretamente relacionada a conflitos familiares, não está diretamente relacionada ao aumento de casos de divórcio, entre aqueles que atendem os critérios para o diagnóstico deste transtorno (Burke, 2003), o mesmo foi comprovado entre indivíduos que ocupavam cargos de gerência em empresas (Burke, 2020).
5. O trabalho em *home-office*, que trouxe um novo contexto para a questão trabalho-família, também tem relação estreita com a questão do conflito, pois, se de um lado, ao se trabalhar em casa, fica-se mais tempo com a família, por outro lado, pode ocorrer uma tendência a se trabalhar mais, já que não se tem o deslocamento, fica-se "logado" até mais tarde no computador, responde-se a e-mails e chamadas, fora do horário previsto para o trabalho, aumentando assim a chance do conflito familiar (Johnson, 2007).
6. A entrada da mulher no mercado de trabalho, o aumento da carga de trabalho, tendo que dividir-se entre as tarefas do trabalho e da casa, também tem gerado consequências negativas nas relações familiares (Monali, 2006). Um aspecto a

ser notado, ao nos referirmos à gênero, é que existem estudos mostrando que a percepção da dependência de trabalho entre as mulheres pode ser subestimada por estas, em função da percepção que estas têm daquilo que se é esperado delas no trabalho. Ou seja, quanto maior a percepção da demanda de trabalho como normal, menor a percepção da dependência do trabalho (Beiler, 2017).

Intervenções na prática clínica

Como em qualquer outro tipo de compulsão, existem duas intervenções que são consideradas padrão: a prevenção, que atende os critérios, tão hoje valorizados da promoção da saúde, e o tratamento, quando o problema já foi instalado.

Prevenção

Sempre a primeira intervenção, voltada para o momento antes da instalação do problema, pode ser realizada no âmbito familiar ou no âmbito da empresa. Existem políticas que podem ser praticadas pelas empresas com o objetivo de aumentar a satisfação no trabalho: flexibilização do horário de trabalho, possibilidade de trabalho remoto, denominadas políticas amigas das famílias, que deveriam ser contempladas dentro das políticas de recursos humanos das empresas (Lopes, 2020). No tocante às ações preventivas dentro do ambiente familiar, poderíamos citar a prática de um estilo de vida que contemplasse as necessidades da família, o aumento das atividades prazerosas em família e o foco nas relações familiares, bem como o aumento da resiliência familiar (Walsh, 2006).

Tratamento

As intervenções voltadas para o tratamento são aquelas indicadas quando o problema já está instalado, e como se pontua em vários estudos no tratamento das dependências, o paciente tem melhores resultados com o tratamento quanto maior a participação das famílias num tratamento voltado para elas. Burke, 2000 evidencia que existem três antecedentes potenciais ao desenvolvimento da dependência de trabalho, a saber: 1. Família de origem com pais que trabalham intensamente (modelo de aprendizagem do comportamento de trabalhar). 2. Crenças pessoais sobre a necessidade de se ter sucesso, podendo desenvolver uma estratégia compensatória de que vale a pena qualquer coisa para se obter o sucesso almejado. 3. Ausência do suporte da empresa para a manutenção, o equilíbrio de tempo dedicado à família e ao trabalho, muitas vezes apresentada como pressão da empresa para que o indivíduo trabalhe excessivamente.

A terapia cognitivo comportamental apresenta um modelo de tratamento para a dependência de trabalho, cujo foco está no questionamento das crenças centrais sobre si e das estratégias compensatórias utilizadas para o manejo da crença.

Vinheta clínica

J. homem casado, 40 anos, com três filhos, trabalha até 14 horas todos os dias. Nos últimos dois anos, suas horas diárias de trabalho aumentaram cada vez mais (ou seja, passando de aproximadamente seis a oito horas por dia para 14 horas por dia em um período de dois anos). Ele é bem pago pelo que faz, mas atingiu o topo de sua faixa salarial e não pode ser promovido. Ele é muito procurado, em sua área de trabalho, por causa de sua experiência profissional, dedicação e comprometimento e, como consequência, viaja muito por causa de seu trabalho. Ele revela que passou a odiar seu trabalho, embora, ironicamente, seu trabalho excessivo o ajude a esquecer todos os problemas que tem em sua vida pessoal. Relata também, sentir-se muito mal-humorado, deprimido, ansioso e/ou irritado quando não está trabalhando. Diz ter baixa autoestima e se mantém tão ocupado apenas para não ter tempo para pensar sobre o assunto. Ele quase não passa tempo com sua família. Sua esposa ameaçou se divorciar dele e ele só vê seus filhos brevemente nos fins de semana, pois eles estão sempre na cama quando ele volta do trabalho durante a semana. Apesar das ameaças de sua esposa, ele não consegue parar de trabalhar em um ritmo tão estressante. Seu trabalho é a coisa mais estável de sua vida, embora, paradoxalmente, torne o resto de sua vida instável. Quando ele tira férias em família, seus primeiros pensamentos são sempre sobre o trabalho. Depois de algumas horas sem estar em contato com colegas e clientes, ele sente um desejo irresistível de olhar sua caixa de *e-mails* ou as mensagens dos grupos de trabalho do WhatsApp.

Os primeiros passos da intervenção focariam na formulação do caso (descrição do problema atual e quais os fatores elicitadores e mantenedores do problema), bem como na conceituação cognitiva (quais as crenças centrais, as regras e as estratégias compensatórias que o paciente usa para lidar com suas crenças, que neste caso culminaram no comportamento de trabalho compulsivo). A postura do terapeuta, de empatia e compaixão, visa facilitar a adesão à terapia, bem como auxiliar no processo de aumento da motivação para a mudança e sua manutenção no futuro.

A psicoeducação seria uma ferramenta importante no início da intervenção, fazendo com que J. compreendesse melhor qual a origem e a extensão do seu problema, e à medida que introduzíssemos o registro de pensamentos automáticos, ele começaria a identificar como e quais os pensamentos, que acabam determinando o comportamento de trabalhar excessivamente, enquanto a prática do questionamento destes pensamentos quanto à sua utilidade e validade (exame de evidências), o auxiliaria a mudar o padrão de comportamentos relacionados ao trabalho excessivo. A reestruturação cognitiva ajudaria J. a atingir os resultados desejados na terapia, bem como a aceitar as consequências reais das mudanças de comportamento realizadas (Wright, 2012).

O questionamento das crenças centrais, relacionadas à baixa autoestima, à dificuldade no enfrentamento dos problemas da vida, ao aumento do repertório de habilidades de resolução de problemas e de manejo da angústia e da raiva seriam parte das intervenções num momento seguinte da terapia. As sessões de finalização da terapia estariam voltadas para a prevenção da recaída e a manutenção da mudança para um estilo de vida em que o trabalho ocuparia um lugar de importância na vida, mas não a ponto de gerar problemas de ordem pessoal e familiar.

Estudos recentes têm mostrado que uma promessa futura para o manejo da compulsão para o trabalho está na prática da atenção plena (mindfulness). Estas práticas têm como objetivo auxiliar os indivíduos a alocar de forma mais adequada seus recursos cognitivos (consequentemente emocionais e motivacionais), reduzindo os comportamentos geradores de prejuízo relativos à compulsão pelo trabalho. Embora estes estudos apenas foquem no tipo de melhoria em relação à qualidade de vida, horas dedicadas ao trabalho, relação de envolvimento mais satisfatória com trabalho da pessoa com este tipo de dificuldade, fica implícito que uma mudança positiva nestes aspectos, também geraria uma melhor qualidade de relacionamento familiar (Robinson, 1998).

No tratamento das famílias, uma das primeiras intervenções é lidar com o estado de "negação" que muitas vezes está presente, visto que parece não ser adequado reclamar de alguém que trabalha, já que este é um valor positivo em nossa sociedade. Auxiliar a família a enxergar que um familiar está com problemas de saúde, em função da forma como se relaciona com o trabalho, pode ser um passo importante no auxílio da adesão do paciente ao tratamento (Robinson, 1998).

Duas intervenções podem ser importantes num segundo momento: auxiliar a família a não entrar no modo de trabalho compulsivo, que pode ser comum em alguns casos, bem como auxiliar a família a desenvolver um plano de atividades prazerosas que preservem a saúde da família, mantendo esta estrutura firme para o auxílio ao dependente de trabalho, quando este estiver motivado para o tratamento. Concomitantemente a estas intervenções, o treino de habilidades de comunicação (treino de assertividade, falar e ouvir de sentimentos) deve ser iniciado e desenvolvido, a fim de que a comunicação se reestabeleça de forma adequada e eficaz.

A prática da comunicação positiva pode ser introduzida como habilidade para negociar limites do número de horas dedicadas ao trabalho e à família, bem como o treino de habilidade de resolução de problemas (Burke, 2000).

Um recurso do qual não devemos abrir mão diz respeito aos grupos de autoajuda, que tanto oferecem ao paciente uma possibilidade de, diante do reconhecimento do problema existente, a construção de um novo estilo de vida mais equilibrado e gratificante, quanto à família, uma visão realista do problema vivenciado e as alternativas para autoproteção e ajuda ao familiar.

Considerações finais

Sabemos que qualquer comportamento que atenda critérios para diagnóstico de dependência, seja de substâncias ou comportamental, terá como consequências uma série de problemas dele decorrentes. Estes problemas atingem várias esferas, mas os estudos têm evidenciado que a família é muito atingida, nas suas crenças e nos seus comportamentos, por conta do convívio com os dependentes. As crenças sobre um comportamento indesejável acabam por ser generalizadas para a pessoa que produz aquele comportamento, de modo que o indivíduo passa a ser visto de forma negativa, quando o comportamento dele é negativo em algum aspecto. O grande desafio é facilitar a adesão destes pacientes ao tratamento, visto que muitos não se reconhecem com problemas e, no caso da compulsão por trabalho, o reconhecimento do problema é muitas vezes ainda mais difícil.

É fundamental que as famílias participem do tratamento, visando a dois objetivos: compreenderem o problema em si, aprenderem como manejá-lo, e auxiliarem o indivíduo com o problema a reconhecê-lo e buscar tratamento. A mudança de crenças e consequentemente de comportamento das famílias, auxiliará na manutenção da mudança do comportamento de dependência.

Embora, nas últimas décadas tenha havido um interesse voltado para o assunto, ainda são necessários mais estudos que contemplem protocolos de tratamento eficazes tanto para pacientes quanto para seus familiares.

Referências

Beiler-May, A., Williamson, R., Clark, M., & Carter, N. (2017). Gender bias in the measurement of workaholism. *Journal of Personality Assessment*, 99(1), 104-110.

Boyar, S. L., & Mosley, D. C. (2007). The relationship between core self- evaluations and work and family satisfaction: The mediating role of work-family conflict and facilitation. *Journal of Vocational Behavior, 71*, 265-281.

Burke R. J. (2000). Workaholism and divorce. *Psychological Reports*, 86,219-220.

Burke, R. J. (2000). Workaholism in organizations: Concepts, results and future research directions. *International Journal of Management Reviews*, 2, 1-16,

Burke R, Burgess Z., & Oberklaid F. (2003). Workaholism and divorce among australian psychologists. *Psychological Reports*, 93,91-92.

Gordon WV, Shonin E., Dunn TJ, Campayo JG, Demarzo MMP, & Griffiths MD. (2017). Meditation awareness training for the treatment of workaholism: A controlled trial. *J. Behavioral Addictions*. 6(2), 212 220.

Johnson, L, Andrey, J, Sha w, & S. Mr. (2007). Dithers Comes to Dinner: Telework and the merging of women's work and home domains in Canada. Gender, Place and Culture: *A Journal of Feminist Geography*. Vol. 14, (2),141-161.

Lopes SCC. (2020). *Job Demands e Workaholism: efeitos no conflito trabalho-família e no bem-estar – o caso do setor hoteleiro*. Dissertação de Mestrado apresentada a Universidade do Algarve.

Monali, L. (2006). Provedoras e co-provedoras: mulheres-cônjuge e mulheres-chefe de família sob a precarização do trabalho e o desemprego. *Revista Brasileira de Estudos da População, 23*(2), 223-245.

Molinaro D, Fabbri M, Salluzzo KM, & Spagnoli P. (2022). The role of circadian typology n the relationship between perfectionism and workaholism. *Chronobiology Interntional*.39 (8).

Quinones C, & Griffiths MD. (2015). Addiction to work: A critical reviwe of workaholism constructo and recommendations for assessment. J Psychosocial Nursing and Mental Health Serv. 53(10) 48-59.

Sawhney G, Delongchamp A, Sinclair RR, & Britt TW. (2022). Daily expression. of workaholism and Family outcomes. The buffering and magnifying effects of economic resources. *Stress Health*, 39(1).

Shimazu A. et al. (2020). Workaholism, work engament and child well being: a test of the spillover crossover model. *International Journal of Environmental Research and Public Health*,17(17).

Shin JW., & Shin HC (2020). Impacto fJob Insecurity on hotel workers' workaholism and work familiy conflict in Korea. *International Journal of Environmental Research and Public Health*, 17 (21).

Sussman, S. (2012). *Workaholism: A review*. J. Addiction Research and Therapy. 6 (1).

Walsh, F. (2006). *Strengthening Family Resilience* (2 ed.). New York: The Guilford Press.

Wright JH, Sudak DM, Turkington D, & Thase ME. (2012). *Terapia Cognitivo Comportamental de Alto Rendimento para Sessões Breves*. Porto Alegre, Artmed.

CAPÍTULO 17

Prevenção e saúde mental: a importância de antecipar riscos para os trabalhadores

Selene Franco Barreto

> *"Sem trabalho, a vida apodrece, mas quando o trabalho não tem alma, a vida míngua e morre."*
>
> Albert Camus

No dia 28 de setembro de 2022, a Organização Mundial da Saúde (OMS), em parceria com a Organização Internacional do Trabalho (OIT), divulgou novas diretrizes globais sobre saúde mental no trabalho. A intenção é alertar e orientar profissionais da saúde, a sociedade civil, os governos, entidades públicas e privadas para números preocupantes, já que a depressão e os transtornos mentais ocupacionais estão, atualmente entre as principais causas de incapacidade e afastamento. O documento reforça a necessidade de abordar os riscos e fortalecer os sistemas de atenção.

Quer seja como fonte de sobrevivência, afirmação de posição social ou relação afetiva, o trabalho ocupa um lugar importante na vida das pessoas. No entanto, a adoção de jornadas excessivas, cobranças por metas e resultados, autocobrança pelo desempenho, comportamentos negativos, uso abusivo de álcool e outras drogas e ambientes corporativos insalubres podem impactar o desenvolvimento de transtornos, de doenças físicas e psíquicas. Pessoas com condições graves de saúde mental morrem, em média, 10 a 20 anos mais cedo do que outros indivíduos.

A doença mental, considerada globalmente responsável por 32% dos anos vividos com alguma deficiência, gera impactos significativos nos locais de trabalho. Em particular, os profissionais de saúde apresentam altas taxas de problemas de saúde mental, como esgotamento, estresse e depressão devido às condições do local de trabalho, incluindo cargas de trabalho excessivas, violência no local de trabalho e *bullying*, o que também produz efeitos negativos nos pacientes, bem como na felicidade e bem-estar daqueles que permanecem no trabalho (Gray et al., 2022).

Em 2020, com a pandemia, o problema se agravou. Algumas pesquisas constataram que o bem-estar mental piorou diante do medo de contrair a doença, do luto, do distanciamento social e da necessidade de trabalhar remotamente (Jones et al., 2021; Torales et al., 2020), este *stress* foi notadamente observado entre os profissionais da saúde. Dentro deste contexto, cabe lembrar que a síndrome de *burnout* foi incluída na Classificação Internacional de Doenças na sua décima primeira versão (CID-11) como um fenômeno ocupacional resultante de estresse crônico gerado no ambiente laboral. Com isso, a responsabilidade deixou de ser apenas do trabalhador e passou a ser também das organizações. O problema de um colaborador dentro de uma comunidade de trabalho deve ser encarado como problema de todos. O funcionário doente e que precisa se afastar provoca perda imediata para a empresa, com a queda da produtividade e o risco de indenizações trabalhistas (Atroszko et al., 2020).

Quadro 1 – Principais condições clínicas relativas à saúde mental do trabalhador

✓ Depressão e Angústias	✓ Ansiedade	✓ Alterações de humor
✓ Dores musculares e de cabeça	✓ Dificuldade de concentração	✓ Pessimismo e baixa autoestima
✓ Esgotamento profissional	✓ Falhas de memória	✓ Síndrome de burnout
✓ Síndrome de pânico	✓ Álcool e outras drogas	✓ Transtornos do sono
✓ Sentimento de apatia e desesperança	✓ Irritabilidade exagerada ou agressividade	✓ Pensamento e comportamentos suicidas

Fonte: elaborado pela autora.

A saúde mental é um estado de bem-estar que capacita o indivíduo para usar suas próprias habilidades, recuperar-se do estresse cotidiano, trabalhar e aprender sem dificuldades e contribuir com a sua comunidade. As mudanças que vão ocorrendo nos ambientes de trabalho, com a chegada das novas tecnologias, a diversidade das equipes, a instabilidade e insegurança geradas pela concorrência, além da grande massa de trabalhadores com relações informais e em condições precárias, geram riscos psicossociais (Gray et al., 2019).

Prevenir é melhor do que remediar

O ditado é antigo, mas ainda certeiro. Campanhas como *Setembro Amarelo*, de prevenção ao suicídio, o *Janeiro Branco*, de conscientização sobre o bem-estar emocional, e o Dia *Nacional de Combate às Drogas e ao Alcoolismo*, em 20 de fevereiro vêm ganhando cada vez mais espaço na mídia e a adesão das empresas. O cuidado para com o estado mental do trabalhador é um tema que mobiliza líderes e engaja ambientes corporativos das esferas pública e privada.

Para os especialistas, o grande desafio é tirar o foco dos sintomas e fazer com que as empresas entendam a importância de investir na prevenção. Ainda há muito preconceito e estigma em relação aos transtornos mentais, o que leva muitos a hesitar em procurar ajuda psicológica e médica. Muitas pessoas recorrem ao uso nocivo de substâncias, como o álcool, para amenizar o sofrimento, elevando o risco de acidentes de trabalho, o absenteísmo, o presenteísmo e outras consequências. É importante reforçar que o consumo de álcool é causa de muitas doenças e lesões, levando a mortes precoces entre indivíduos jovens devido ao uso de bebidas alcoólicas (Diehl, Cordeiro, & Laranjeira, 2019).

Numa perspectiva histórica, podemos dizer que o uso de drogas se tornou um problema de saúde pública a partir da metade do século XIX. Na atualidade, convivemos com o crescimento significativo do consumo de substâncias psicoativas, com o início de uso ocorrendo cada vez mais precocemente. Agrava-se tal quadro com o surgimento de substâncias novas e vias de administração alternativas de produtos, com incremento nos efeitos e aumento no potencial de acidentes, do uso de risco e do desenvolvimento de dependência (Diehl, Cordeiro, & Laranjeira, 2019).

O primeiro passo para transformar essa realidade deve ser a criação de um ambiente organizacional que promova o acolhimento e a segurança. A abordagem das questões referentes à saúde mental deve estar no dia a dia das pessoas de uma maneira natural, abrindo espaços para que o funcionário se sinta à vontade para expor suas inquietações. Informações sobre redes de assistência que possam servir de apoio e a criação de rotinas que aproximem gestores e empregados podem ajudar a suavizar o peso de uma carga de trabalho extenuante ou ajudar a aliviar as angústias existenciais no momento em que são detectadas (Roman & Blum, 2002).

As empresas que entenderem a importância de promover a segurança no ambiente de trabalho e protegerem a saúde do funcionário estarão alinhadas com seu papel de responsabilidade social para a melhora da qualidade de vida. Isso é possível com algumas ações (Park et al., 2018).

- Criação de um Programa de Atenção aos Empregados e a Empresa (PAEE).
- Distribuição de material informativo.
- Sensibilização dos gestores para a criação de vínculos assertivos e proximidade com as equipes.
- Contratação de consultorias especializadas para ajudar na promoção de um ambiente de trabalho saudável física e emocionalmente (como o PAEE, já citado).
- Valorização de iniciativas dos funcionários que possam colaborar com a melhoria da saúde mental do grupo.
- Incentivo à prática de atividades físicas e momentos de lazer.
- Planejamento (ano todo) e realização de ações de prevenção continuada.
- Exames toxicológicos com o objetivo de tratar a prevenção e a assistência.

A naturalização do estresse em ambientes corporativos impede que os problemas relacionados à saúde mental sejam identificados e tratados. As empresas preocupadas em mudar essa cultura serão capazes de proporcionar qualidade de vida e, gradativamente, irão colher resultados mais positivos. Mapear a situação dos funcionários, entender a dinâmica das equipes, humanizar as relações de trabalho e oferecer alternativas para que as pessoas tenham apoio profissional pode ser a chave para uma grande mudança (Park et al., 2018).

Pensar em algumas ações de prevenção

A saúde mental é um direito do cidadão garantido pela Constituição Federal, e para que ele seja respeitado é imprescindível que a gestão pública contemple em seus planos de governo serviços e programas voltados ao cuidado das pessoas com algum transtorno mental. No Brasil, as diretrizes e estratégias de atuação nessa área são previstas pela Política Nacional de Saúde Mental, coordenada pelo Ministério da Saúde.

Todo indivíduo em situação de crise deveria poder ser atendido na rede de atenção psicossocial – que é formada por diversas unidades com finalidades distintas –, gratuitamente. Essa rede deve oferecer apoio de uma equipe multidisciplinar, contando com médicos, atendentes, técnicos, psicólogos, terapeutas ocupacionais, assistentes sociais, e os atendimentos são realizados nos Centros de Atenção Psicossocial (CAPS) (Portaria n. 3.588).

Há muitos mitos e incompreensão em relação aos transtornos mentais, o que faz com que o doente seja excluído e marginalizado socialmente. Esse tipo de comportamento agrava os sintomas e faz com que as pessoas tenham vergonha de se expor e procurar ajuda, principalmente dentro do ambiente de trabalho. O papel do gestor e dos colegas é fundamental, no sentido de detectar sinais de que na equipe há alguém precisando de ajuda (GRAY et al., 2019).

Há algumas décadas, problemas como a dependência química, por exemplo, eram vistos como uma fraqueza do ser humano ou uma falha de caráter. Era distante a noção de que o uso nocivo de álcool e dependência de outras drogas deveriam ser tratados como uma questão de saúde pública – e, por isso, o assunto era um tabu, condenando muitos trabalhadores a ficarem expostos a acidentes de trabalho e acumulando prejuízos financeiros para as empresas (Gray et al., 2019).

A mudança de atitude das corporações, que passaram a entender a importância de ações preventivas, foi impulsionada quando o alcoolismo foi reconhecido como doença, em 1967, pela Organização

Mundial de Saúde. É relevante destacar que hoje o abuso de substâncias como álcool e outras drogas está em terceiro lugar entre os transtornos mentais que levam ao suicídio. Calcula-se que 37% dos suicídios e 40% das tentativas de suicídio são precedidas do uso agudo de álcool (Diehl, Cordeiro, & Laranjeira, 2019).

Curiosamente, outro fator foi determinante para que as empresas passassem a adotar medidas de prevenção: o crescimento do número de carros nas grandes cidades fez com que o trânsito brasileiro passasse a ser o que mais matava no mundo na década de 1960. Assim, tornou-se urgente uma legislação sobre o tema, o que culminou com a aprovação da Lei 5.108, de 21 de setembro de 1966, que instituiu o Código Nacional de Trânsito, e previa a cassação da habilitação de motoristas flagrados sob o efeito de álcool ou outras drogas, sendo atualizado posteriormente em 1997 (Lei n. 9.503, de 23 de setembro de 1997).

Empresas do setor automobilístico foram pioneiras na implementação de serviço de prevenção para o consumo abusivo de álcool criando programa de recuperação do empregado com alcoolismo e compreendendo esta condição chamada alcoolismo como "doença na qual o consumo de qualquer bebida alcoólica, por parte do empregado, interfere definida e repetidamente no rendimento de seu trabalho ou na sua saúde". Outras empresas precursoras ao apoiar programas de tratamento de dependência química para seus funcionários, por meio do Programa de Assistência ao Empregado (PAE) demonstraram interesse em desenvolver políticas de prevenção ao uso abusivo de álcool e outras drogas e investiram em palestras e capacitação de funcionários e gestores. Outras empresas contrataram psicólogos, médicos e assistentes sociais que desenvolveram programas de prevenção e avançaram bastante na mudança da cultura comportamental desses ambientes de trabalho, diminuindo consideravelmente o índice de acidentes e as faltas não justificadas dos funcionários. Programas de assistência, como o Programa de Atenção ao Empregado e a Empresa (PAEE), conseguem evitar que o trabalhador chegue às últimas consequências, sendo afetado pelo uso abusivo de álcool e outras drogas, desenvolvendo transtornos de ansiedade, depressão, tendo pensamentos suicidas e precisando se afastar para um tratamento mais intensivo (Barreto & Pinto, 2022).

Foi no final da década de 1970 e início dos anos 1980 que os programas de atenção ao empregado se instituíram de forma mais consistente nos Estados Unidos – conhecidos mundialmente pela sigla Employee Assistance Program (EAP), eles foram desenvolvidos com o objetivo de orientar, acolher, informar e/ou auxiliar trabalhadores afetados por problemas sociais, pessoais, familiares e/ou de trabalho. Esses programas serviram como modelo de política para os demais países, inclusive o Brasil, sendo chamados aqui de Programa de Assistência ao Empregado (PAE), como já mencionado anteriormente (Barreto; Pinto, 2022).

As empresas foram aderindo progressivamente ao PAE, tendo como base essa "nova política", sobretudo no final da década de 1980, quando a questão do uso abusivo de álcool e de outras drogas tornou-se relevante. Assim, considerando que esses programas envolvem não só o empregado, mas também as empresas, houve uma valorização das políticas de atenção e de prevenção no que diz respeito às consequências decorrentes do uso e abuso de álcool e outras drogas (Edwards, 2005).

O uso de álcool e outras drogas pode se refletir na vida do trabalhador, interferindo de diversas maneiras em sua rotina pessoal e profissional, causando problemas como:

Quadro 2 – Principais problemas associados ao consumo de substâncias pelo trabalhador

✓ Faltas e atrasos frequentes	✓ Acidentes de trânsito
✓ Absenteísmo e presenteismo	✓ Distúrbios de conduta e nas relações interpessoais
✓ Queda da produtividade	✓ Doenças crônico-degenerativas
✓ Acidentes e incidentes de trabalho.	✓ Violência (urbana e nos ambientes de família e da empresa)
✓ Aumentos dos custos com os seguros de saúde	✓ Vulnerabilidade da empresa aos prejuízos pessoais e patrimoniais
✓ Aposentadoria precoce	✓ Aumento das licenças médicas referentes à saúde mental do trabalhador

Fonte: Adaptado de Barreto & Pinto, 2022.

Como implementar um programa de prevenção em ambientes corporativos?

As empresas devem estimular que os ambientes de trabalhos sejam espaços de convivência agradáveis e de qualidade. Uma boa relação entre os membros da equipe, a percepção do funcionário de que é visto de uma maneira integral, os bons exemplos dados pelos gestores, além de orientação sobre como buscar equilíbrio entre a vida pessoal e a laboral, a fim de evitar transtornos mentais, faz com que o colaborador se sinta valorizado e garante ao empresário zelar pelo seu maior patrimônio: o capital humano.

Os líderes das empresas precisam de treinamento contínuo para que estejam aptos a incentivar iniciativas que reduzam o estresse, os conflitos pessoais do cotidiano e possam encaminhar o empregado para a equipe de recursos humanos (RH) ou de saúde. É essencial que a corporação tenha um bom canal de informação para comunicar sobre:

- A importância da prática de atividades físicas.
- O incentivo a uma alimentação saudável.
- A procura por ajuda especializada, no caso de a pessoa estar passando por algum trauma ou dificuldade psicológica.
- A relevância de evitar o tabagismo e o consumo de risco de drogas e outras substâncias psicoativas.
- A valorização de um ambiente que preze pela diversidade.

Para a implementação do PAEE, é fundamental que o setor de RH da empresa seja envolvido e que participe de toda a construção do programa de assistência aos funcionários. Normalmente, uma empresa de consultoria é contratada para dar suporte e orientar na criação desse programa, instituindo formas de atender aos trabalhadores de uma maneira fácil e direta, como criando uma linha de atendimento 0800. A construção do PAEE deve-se seguir quatro etapas (Barreto, & Pinto, 2022):

1ª Implantação de atenção à empresa

Refere-se à criação da política que irá nortear o programa. O PAEE deve ser elaborado de acordo com a realidade da empresa e a extensão que o programa pretende ter. É importante que os problemas relacionados ao álcool e a outras drogas sejam contemplados nas diretrizes que serão definidas, assim como suporte psicológico para questões emocionais, orientação para os problemas financeiros e para as questões jurídicas.

2ª Implementação do programa de atendimento e assistência ao empregado

Depois que as diretrizes estiverem prontas, é o momento de apresentar o PAEE e seus benefícios para toda a força de trabalho, reforçar quais são os procedimentos do programa em relação ao álcool e outras drogas no ambiente corporativo, abordar as questões referentes à saúde mental – ansiedade, depressão, angústia etc.

3ª Apresentar a rede de atendimento e suporte

É preciso reforçar que os empregados terão uma linha, por meio da qual é possível agendar uma consulta com a rede de assistência, a qual foi montada, e que esse contato é totalmente confidencial, preservando a privacidade do funcionário.

O programa de atendimento ao empregado foca em dar apoio psicológico, orientação jurídica e financeira aos funcionários.

No acompanhamento psicológico, o indicado é que se tenha como base teórica a Psicoterapia Breve (PB), que tem como objetivo eleger a principal queixa dos trabalhadores e priorizá-la, investindo para que a resolução dessa questão possa garantir melhor qualidade de vida.

4ª Ações de prevenção continuada

As ações de prevenção devem difundir informações e, assim, estimular maior reflexão e mudanças de comportamento, visando a maior qualidade de vida.

Os exames toxicológicos referentes a substâncias psicoativas é uma forma de prevenção para algumas empresas de risco.

É preciso incentivar a busca do PAEE para melhorar a saúde mental e o clima organizacional.

É preciso fazer a entrega de folhetos educativos e informativos e o envio de mensagens nas redes internas da empresa, como a intranet, aproveitando as datas de campanha oficiais do Ministério da Saúde, como o Setembro Amarelo, por exemplo, para prevenção de suicídio.

Considerações finais

As mudanças são intrínsecas à evolução do mundo, mas desde o advento das tecnologias, essas transformações vêm ocorrendo mais rapidamente e influenciando diretamente o homem e suas relações sociais e profissionais. A sociedade sofreu intensas transformações nas últimas décadas e o resultado disso se reflete no dia a dia das empresas e no comportamento das pessoas.

O ser humano não está preparado para lidar com tantas mudanças num espaço curto de tempo. Disputar emprego com máquinas, ser avaliado por elas, estar constantemente sendo cobrado por produtividade e metas; as consequências vão aos poucos se manifestando: angústia, ansiedade, sensação de inadequação, dependência química e tantas outras, além da busca diária pela realização pessoal. Tudo isso impacta a saúde mental e vai se refletir no comportamento de cada trabalhador no seu ambiente profissional. Não faz sentido nos dias de hoje falar em produtividade e eficiência sem enxergar as pessoas de forma integrativa. Os limites entre a vida na empresa e a vida em casa estão menos delimitadas e uma interfere na outra sem que seja possível impedir que isso aconteça.

Antigamente, assuntos como a saúde e o bem-estar do funcionário passavam por situações muito específicas, como a preocupação com acidentes de trabalho, a escolha do plano de saúde e a manutenção de um ambiente cuidado e saudável. No entanto, outras questões foram se impondo com as demandas de uma sociedade que evolui: desigualdade salarial entre gêneros, diversidade, empatia, inteligência emocional, adaptabilidade às novas tecnologias, entre outras.

O ambiente de trabalho é o local onde a maior parte das pessoas permanece por muitas horas das suas vidas. Logo, é natural que seja lá também que se manifestem muitas das suas angústias e problemas. Uma empresa que pense no futuro do trabalho tendo como ponto de partida as pessoas será capaz de criar um ambiente seguro e estimulante para sua equipe. Pensar em prevenção é agir com responsabilidade social, colaborando para que o profissional possa desenvolver a sua potencialidade com propósito, confiança e segurança.

Referências

Atroszko PA, Demetrovics Z, & Griffiths MD. (2020) Work Addiction, Obsessive-Compulsive Personality Disorder, Burn-Out, and Global Burden of Disease: Implications from the ICD-11. *Int J Environ Res Public Health*. Jan 20;17(2):660. doi: 10.3390/ijerph17020660.

Barreto, S. F., & Pinto, L. G. R. *Dependência Química: uma história a se tratar*. Rio de Janeiro: Medbook, 2022.

Brasil. Ministério da Saúde. Biblioteca virtual em saúde. *OMS divulga Informe Mundial de Saúde Mental: transformar a saúde mental para todos*. [20-?]. Recuperado em 1 dez. 2022, de https://bvsms.saude.gov.br/oms-divulga-informe-mundial-de-saude-mental-transformar-a-saude-mental-para-todos/.

Carbinatto, B. Saúde mental no trabalho: um guia para empresas. *VC S/A*. 2022. Recuperado em 1 dez. 2022, de https://vocesa.abril.com.br/carreira/saude-mental-no-trabalho-um-guia-para-empresas/.

Desafios ENAP. *Detecção de riscos à saúde mental no trabalho*. 2022. Recuperado em 1 dez. 2022, de https://desafios.enap.gov.br/pt/desafios/deteccao-de-riscos-a-saude mental no trabalho.

Diehl A, Cordeiro DC, & Laranjeira R. (2019). *Dependência Química: Prevenção, Tratamento e Políticas Públicas* (2 ed.) Editora Artmed: Porto Alegre, 2019.

Edwards, C. E. (2005). *Escritório de redução da demanda. Erradicação de drogas nos locais de trabalho e nas escolas* (2. ed.). Arizona.

Gray P, Senabe S, Naicker N, Kgalamono S, Yassi A, & Spiegel JM. (2019). Workplace-Based Organizational Interventions Promoting Mental Health and Happiness among Healthcare Workers: *A Realist Review. Int J Environ Res Public Health*. Nov 11;16(22):4396. doi: 10.3390/ijerph16224396.

Jones EAK, Mitra AK, & Bhuiyan AR. (2021). Impact of COVID-19 on Mental Health in Adolescents: A Systematic Review. *Int J Environ Res Public Health*. Mar 3;18(5):2470. doi: 10.3390/ijerph18052470.

Ministério da Saúde. (2017b). Portaria n. 3.588, de 21 de dezembro de 2017. Altera as portarias de consolidação n. 3 e n. 6, de 28 de setembro de 2017, para dispor sobre a rede de atenção psicossocial, e dá outras providências. Recuperado em 27 mar. 2024, de https://bvsms.saude.gov.br/bvs/saudelegis/gm/2017/prt3588_22_12_2017.html

Nações Unidas Brasil. (2022). *OMS e OIT publicam novas diretrizes sobre saúde mental no trabalho*. 29 set. 2022. Recuperado em 1 dez. 2022, de https://brasil.un.org/pt-br/201450-oms-e-oit-publicam-novas-diretrizes-sobre-saude-mental-no-trabalho.

Organização Pan-Americana de Saúde. *Álcool*. [20-?]. Recuperado em 1 dez. 2022, de https://www.paho.org/pt/topicos/alcool.

Park J, Han B, & Kim Y. Association of Job Satisfaction and Security With Subjective Health and Well-Being in Korean Employees. *J Occup Environ Med*. 2018 Oct;60(10):e525-e532. doi: 10.1097/JOM.0000000000001418.

Presidência da República – Casa Civil (1997). Lei n. 9.503, de 23 de setembro de 1997. Recuperado em 27 mar. 2024, de https://www.planalto.gov.br/ccivil_03/leis/l9503compilado.htm.

Roman PM, & Blum TC. (2002). The workplace and alcohol problem prevention. *Alcohol Res Health*. 26(1):49-57.

Torales J, O'Higgins M, Castaldelli-Maia J M, & Ventriglio A. (2020). The outbreak of COVID-19 coronavirus and its impact on global mental health. *Int J Soc Psychiatry*. 2020 Jun;66(4):317-320. doi: 10.1177/0020764020915212. Epub, mar 31.

Lista de colaboradores

Alessandra Diehl

Psiquiatra. Especialista em Dependência Química pela Universidade Federal de São Paulo (UNIFESP), Especialista em Sexualidade Humana pela Universidade de São Paulo (USP). Educadora Sexual pelo Centro Universitário Salesianos (UNISAL). Mestre em Ciências pela UNIFESP, Doutora em Ciências pela UNIFESP, Pós Doutora pela Escola de Enfermagem de Ribeirão Preto (EERP), USP de Ribeirão Preto. Atual Embaixadora da *International Society of Addiction Medicine* (ISAM) no Brasil e membro do Conselho Consultivo da Associação Brasileira de Estudos do Álcool e outras Drogas (ABEAD.)

Alexandre Kieslich da Silva

Psiquiatra com Residência em Psiquiatria pelo Hospital Psiquiátrico São Pedro, psiquiatria de Adição pelo Hospital de Clínicas de Porto Alegre (HCPA). Mestre em Ciências da Saúde pela Universidade Federal do Rio Grande do Sul (UFRGS), Formação em Terapia Comportamental Dialética pelo *Behavioral Tech Institute*. Docente do Curso de Medicina na Universidade do Vale do Taquari (UNIVATES) e professor das Residências de Psiquiatria do Hospital Bruno Born e Divina Providência.

Aline Coraça Trevelin

Terapeuta Ocupacional. Especialista em Saúde Mental pelas Faculdades Integradas Espírita (UNIBEM). Especialista em Dependência Química pela Universidade Federal de São Paulo (UNIFESP). Especialista em Neuropsicologia pelo Centro de Diagnóstico

Neuropsicológico(CDN). Capacitação em Reabilitação Cognitivo Funcional pelo Instituto Bairral de Psiquiatria. Secretária da Associação Brasileira de Estudos de Álcool e outras Drogas (ABEAD) gestão (2023-2025). Membro da Associação Brasileira dos Terapeutas Ocupacionais (ABRATO). Membro do Colégio Brasileiro de Medicina do Estilo de Vida (CBMEV). Suplente do Conselho Estadual de Políticas sobre Drogas de São Paulo (CONED-SP).

Amilton dos Santos Júnior

Psiquiatra. Professor Associado do Departamento de Psiquiatria da Faculdade de Ciências Médicas da Universidade Estadual de Campinas (UNICAMP) e membro da ABEAD.

André Almeida

Empreendedor. Especialista em Recursos Humanos e MBA em Gestão de Projetos. Co-Fundador da startup My Journey Health. Associado da Sociedade Internacional de Profissionais de Prevenção e Tratamento do Uso de Substâncias (ISUUP) e da ABEAD.

Carlos Salgado

Psiquiatra. Doutor e mestre em Psiquiatria pela Universidade Federal do Rio Grande do Sul (UFRGS). Especialista em Psiquiatria (MEC/HPSP e AMB/ABP). Especialista em dependência química (UNIFESP).

Carolina Costa

Psiquiatra do Programa de Estudos e Assistência ao Uso Indevido de Álcool e outras Drogas (PROJAD) do Instituto de Psiquiatria da Universidade Federal do Rio de Janeiro (IPUB) e do Serviço de Psiquiatria do Hospital Universitário Clementino Fraga Filho (UFRJ). Mestre em Psiquiatria pelo IPUB/ UFRJ. Vice-Presidente ABEAD (gestão 2023-2025).

Daniel Tornaim Spritzer

Psiquiatra. Especialista em Psiquiatria da Infância e Adolescência (HCPA/UFRGS). Doutor e mestre em Psiquiatria pelo Programa de Pós-graduação em Psiquiatria e Ciências do Comportamento da UFRGS. Coordenador do Grupo de Estudos sobre Adições Tecnológicas (GEAT). Membro da diretoria da *International Society for the Study of Behavioral Addictions* (ISSBA). Participante do grupo de trabalho da Organização Mundial de Saúde sobre uso problemático de jogos digitais. Professor da disciplina de Dependência de Tecnologia do Programa de Residência em Psiquiatria, do Hospital Psiquiátrico São Pedro (HPSP). Seus principais interesses de pesquisa são *Gaming Disorder* e outras dependências tecnológicas, assim como o impacto do uso da tecnologia digital sobre o desenvolvimento psicossocial de crianças e adolescentes.

Eduardo Ferezim

Psicólogo formado pela PUC-SP. Trabalha atualmente como acompanhante terapêutico, tanto de forma autônoma como pelo Grupo D20.

Elizabeth Carneiro

Psicóloga. Especialista em Dependência Química pela UNIFESP; Terapia Familiar Sistêmica e Psicoterapia Focal. Treinadora oficial de Entrevista Motivacional pela Universidade do Novo México; Treinada em ***Dialectical Behavioral Therapy*** (DBT) por Marsha Lineham, em *Mindfulness como Base para Prevenção de Reatividades* (MBRP) por Sarah Bowen e *Eye Movement Desensitization and Reprocessing* (EMDR) pela Delphos. Diretora do Espaço Clif.

Gisele Aleluia

Psicóloga. Mestre em psicologia clínica pela PUC Rio de Janeiro, terapeuta familiar, Professora da Graduação da Psicologia na PUC Rio de Janeiro, Professora Supervisora da Pós Graduação em Transtornos Aditivos da PUC Rio de Janeiro.

Higor Caldato

Graduação em Medicina pelo Instituto Tocantinense Presidente Antônio Carlos (ITPAC/FAHESA). Psiquiatra pela Universidade Federal do Rio de Janeiro (UFRJ), Especialista em Transtornos Alimentares também pela Universidade Federal do Rio de Janeiro (UFRJ).

Ivelise Fortim

Psicóloga. Especialista em Orientação Profissional pelo Sedes Sapientiae. Docente dos cursos de Psicologia e de Bacharelado em jogos digitais da PUC-SP, onde coordena o Janus – Laboratório de Estudos de Psicologia e Tecnologias da Informação e Comunicação. Doutora em psicologia clínica (PUC-SP). Mestre em Ciências Sociais (PUC--SP). Sócia da Homo Ludens Research & Consulting.

Julia Ducatti

Psicóloga. Pós-graduanda em Psicologia Fenomenológica e Hermenêutica, pelo Instituto Dasein. Trabalha atualmente no Grupo de Dor do Instituto de Ortopedia e Traumatologia do Hospital das Clínicas.

Kátia Isicawa de Sousa Barreto

Graduação em Ciências Sociais pela Universidade Estadual Paulista (UNESP). Especialização em Psicopedagogia Clínica e Institucional pelo Centro Universitário Barão de Mauá. Mestre em Ciências pela Universidade Federal de São Paulo (UNIFESP).

Leandro Xavier de Camargo Schilitler

Médico psiquiatra. Psiquiatra da infância e adolescência. Mestre e doutorando do programa de Pós Graduação em Saúde da Criança e do Adolescente da Faculdade de Ciências Médicas da Universidade Estadual de Campinas (UNICAMP). Supervisor da graduação de medicina e da residência médica de psiquiatria do Hospital de Clínicas da UNICAMP. Coordenador da Enfermaria de Psiquiatria do Hospital de Clínicas da UNICAMP.

Marcos Mendanha

Médico, diretor e professor da Faculdade CENBRAP, onde realiza e coordena estudos, cursos e eventos sobre Psiquiatria e saúde mental do trabalhador há mais de 10 anos. Especialista em Medicina do Trabalho (RQE: 5868), Medicina Legal e Perícia Médica (RQE: 8461). Advogado especialista em Direito do Trabalho. Pós-graduado em Filosofia. Professor convidado da pós-graduação em Medicina do Trabalho, da Faculdade de Medicina da Universidade de São Paulo (FM-USP).

Autor dos livros *O que ninguém de contou sobre Burnout – Aspectos práticos e polêmicos* (Editora Mizuno), *Medicina do Trabalho e Perícias Médicas – Aspectos práticos e polêmicos* (Editora LTr), e *Limbo Previdenciário Trabalhista – Causas, consequências e soluções à luz da jurisprudência comentada* (Editora Mizuno), e coautor de várias obras. Coordenador do Congresso Brasileiro de Psiquiatria Ocupacional (CBPO) e do Congresso Brasileiro de Medicina do Trabalho e Perícias Médicas (CBMTPM).

Nathália Janovik

Psiquiatra e Psicoterapeuta, com Área de Atuação em Psiquiatria de Adição Hospital de Clínicas de Porto Alegre (HCPA); Formação em Terapia Comportamental Dialética pelo *Behavioral Tech-Linehan Institute* nos Estados Unidos da América (EUA); Doutora em Psiquiatria e Ciências do Comportamento pela Universidade Federal do Rio Grande do Sul (UFRGS).

Neide A. Zanelatto

Psicóloga Clínica pela Universidade Metodista de São Paulo (UMESP) com formação em Terapia Cognitivo Comportamental, Especialista em Dependência Química pela UNIFESP e Mestrado em Psicologia da Saúde pela UMESP.

Pedro Coser

Psiquiatra. Mestre em Ciências pela Universidade Estadual de Campinas (UNICAMP). Associado da Associação Brasileira de Estudos de Álcool e outras Drogas (ABEAD).

Raquel Constantino Nogueira

Psicóloga. Educadora infantil. Psicóloga clínica formada pela PUC Rio de Janeiro. Terapeuta de família, casal e individual sistêmica. Atua há mais de 20 anos em programas de saúde mental e dependência química. Certificada em Educação na Primeira infância e Sala de aula em disciplina positiva. *Positive Teaching Couple and Parenting The Positive Discipline Way, certified by Positive Discipline Association.* Terapeuta *Eye*

*Movement Desensitization and Reprocessing (*EMDR). Vice presidente da ABEAD (gestão 2023-2025).

Renata Brasil Araujo

Psicóloga. Doutora em Psicologia, com Formação em Terapia do Esquema. Diretora do Modus Cognitivo- Núcleo de Terapia Cognitivo-Comportamental e Coordenadora e Supervisora dos Programas de Dependência Química e Terapia Cognitivo-Comportamental do Hospital Psiquiátrico São Pedro, Ex-Presidente da Associação de Terapias Cognitivas do Rio Grande do Sul (ATC-RS) e da Associação Brasileira de Estudo do Álcool e outras Drogas.

Rogério Adriano Bosso

Psicólogo. Mestre em Ciências pela UNIFESP. Doutorando pelo PPG Enfermagem Psiquiátrica da Escola de Enfermagem de Ribeirão Preto (EERP) da Universidade de São Paulo (USP). Coordenador do curso de Psicologia do Centro Universitário Salesiano (Unisal) em Campinas.

Sabrina Presman

Psicóloga. Especialista em Dependência Química pela UNIFESP. Ex-Coordenadora do Programa de Controle de Tabagismo do município e Estado do Rio de Janeiro. Especialista em Psicoterapia Breve e cursando Mestrado Internacional na Fundação Getúlio Vargas (FGV) em Gestão de Serviços de Saúde. Membro do Conselho Consultivo da Aliança de Controle de Tabaco e Membro do Conselho Consultivo da ABEAD. Diretora do Espaço Clif.

Selene Franco Barreto

Psicóloga. Pós -graduação em Prevenção às Drogas pela Universidade Cândido Mendes e Pós-graduação em Gestão em Saúde pela Fundação Getúlio Vargas (FGV). Fundadora da Evolução Clínica e Consultoria e do Instituto Re-evolução e Transformação Social (Irets). Presidente da ABEAD (gestão 2023 – 2025).

Thiago Pianca

Psiquiatra. Especialista em Psiquiatria da Infância e Adolescência pela Universidade Federal do Rio Grande do Sul (UFRGS). Especialista em Dependência Química pela UNIFESP. Doutor em Psiquiatria pelo Programa de Pós-Graduação em Psiquiatria da UFRGS. Médico Contratado do Hospital de Clínicas de Porto Alegre, atua no Serviço de Psiquiatria da Infância e Adolescência, na Internação Psiquiátrica de Adolescentes, e no ambulatório de psicoterapias.

Verena Barroso Bastos

Psicóloga. Especialista em Dependência Química pela UNIFESP. Mestre em Neurociência Clínica pela *University College of London* no Reino Unido. Treinamento intensivo em ***Dialectical Behavioral Therapy*** (DBT) pela *Behavioral Tech, Linehan Insititute*, e DBT para Transtorno por uso de substâncias (TUS) pelo *Portland DBT Institute* nos Estados Unidos da América (EUA).

Anotações

Construindo ideias
e conectando mentes

Este livro foi composto com tipografia Bembo
e impresso em papel Offset 90g. em novembro de 2025.